Octavians unentbehrliche Helfer

Die Männer hinter seinem Aufstieg zum Augustus

Günter Aumann

Reichert | Wiesbaden | 2022

Coverabbildung:
Cicero – Wikimedia Commons (Glauco92); Cornelius Gallus – Wikimedia Commons (Cleveland Museum, Tim Evanson); Maecenas – Nikolaus Turner, Villa Massimo; Agrippa – Wikimedia Commons (Marie-Lan Nguyen, user: Jastrow); Augustus-Aureus – Gorny & Mosch, Giessener Münzhandlung, München, Auktion 276, Los 497; Detail der ara pacis, erzeugt unter Verwendung von Wikimedia Commons (Joonas Lyytinen)

Bibliografische Information der Deutschen Nationalbibliothek:
Die Deutsche Bibliothek verzeichnet diese Publikation in der Deutschen Nationalbibliografie; detaillierte bibliografische Daten sind im Internet über http://dnb.dnb.de abrufbar.

Gedruckt auf säurefreiem Papier (alterungsbeständig – pH 7, neutral)

www.reichert-verlag.de.
ISBN: 978-3-7520-0686-5 (Print)
eISBN: 978-3-7520-0238-6 (E-Book)
https://doi.org/10.29091/9783752002386

Inhaltsverzeichnis

Vorwort

Der junge Alexander eroberte Indien.
Er allein?
Cäsar schlug die Gallier.
Hatte er nicht wenigstens einen Koch bei sich?
Bertold Brecht, Fragen eines lesenden Arbeiters

Große Aufgaben verlangen große Helfer.
Velleius Paterculus, Römische Geschichte 2.127.2

Caesar schreibt in seinen Kommentaren zum gallischen Krieg zwar nichts über seinen Koch (da er beim Essen nicht wählerisch war,[1] hatte er wohl keinen eigenen), verschweigt aber keineswegs die Verdienste seiner Feldherrn und Truppen. Ein treffenderes Beispiel für Brechts lesenden Arbeiter wäre Augustus gewesen, der in den *Res gestae*, seinem Tatenbericht, neben (zahlreichen) eigenen Taten nur solche von Mitgliedern der kaiserlichen Familie erwähnt. Dies ist um so bemerkenswerter, als es selbst Augustus wohlgesonnenen Geschichtsschreibern kaum gelingt, seine Leistungen als Feldherr schönzureden. Daher lohnt der Versuch, seine Helfer etwas in den Vordergrund zu holen – auch wenn man dabei schnell an Grenzen stößt. Denn als „Meister der Selbstdarstellung"[2] hat es Augustus geschafft, dass Historiker die Leistungen seiner Unterstützer aus den Augen verlieren und insbesondere Ritter, also Angehörige des zweiten Standes, bei den senatorischen Geschichtsschreibern oft nur negativ – oder gar nicht – in Erscheinung treten. Eine Ausnahme bildet Maecenas, da dieser „zufällig die besten Dichter entdeckte, ermutigte und förderte",[3] die nicht nur auf Augustus, sondern auch auf ihren „Mäzen" Loblieder anstimmten.

Kaiser Augustus wurde am 23. September 63 v. Chr. als Gaius Octavius geboren. Nachdem er in aller Form Caesars Testament und seine darin verfügte Adoption akzeptiert hatte, hieß er offiziell Gaius Iulius Caesar. In der Regel führten Adoptierte einen Namenszusatz, der auf die Familie (*gens*) des leiblichen Vaters verwies. Doch „Octavianus" nannte sich der neue Caesar nie. Die Geschichtsschreiber hielten sich daran, so dass bei ihnen Adoptivvater und Adoptivsohn gleichermaßen Caesar heißen, wenn auch bisweilen bei Letzterem durch das Attribut „jung" ergänzt. Zur besseren Unterscheidung werden wir – bisweilen auch in Zitaten – Octavius nach seiner Adoption (und vor der Annahme des Titels *Augustus* im Jahr 27 v. Chr.) Octavian nennen.

In den Lebensläufen der Männer, die Octavians Aufstieg zum Augustus unterstützten, vielleicht sogar erst ermöglichten, spiegelt sich der Werdegang des späteren Kaisers. Verfolgt man deren Schicksale, entsteht somit nebenher eine kurzgefasste Biographie des Augustus, die seinem Verhalten gegenüber seinen Unterstützern breiteren Raum als üblich einräumt – was dem von der kaiserlichen Propaganda verbreiteten strahlenden Augustus-Bild bisweilen den Glanz nimmt.

Unter Octavians Helfern finden wir auch persönliche Freunde von ihm. Doch nicht jeder, den ein antiker Historiker einen Freund (*amicus*) des Octavian nennt, gehört dazu. Auch politische Gefolgsleute und Unterstützer, die sich lediglich einen eigenen Vorteil erhofften, werden von ihnen zu den *amici* gezählt. In einem Brief an seinen (echten, engen) Freund Atticus drückt dies Cicero ungeschminkt so aus: „Jene eigennützigen Scheinfreundschaften (*fucosae amicitiae*) sind ja nur ein Blendwerk für die Öffentlichkeit, für mein Privatleben bringen sie mir keinen Gewinn. So ist zwar mein Haus zur Morgenstunde voll und dicht umringt von Freundesscharen gehe ich aufs Forum; aber unter der ganzen Bande ist kein einziger, mit dem ich unbefangen scherzen oder vertraulich meinem Unmut Ausdruck geben könnte. Darum warte ich auf dich, sehne mich nach dir, ja rufe dich geradezu herbei.“[4] Wir werden sehen, dass Augustus solche Zweck-Freundschaften nach dem Erreichen der Macht auch früheren Gegnern anbot, um damit die Basis seiner Herrschaft zu verbreitern und seine Bereitschaft zum Ausgleich zu signalisieren. Zunehmend sind dann auch Angehörige alter Geschlechter in seiner Umgebung zu finden.

Anfangs stützte sich Octavian jedoch in der Mehrzahl auf Ritter oder *homines novi* (Neulinge), Männer aus ritterlichen Familien, die (als Erste) den Sprung in den Senat geschafft hatten. Diese hatten in Zeiten des Umbruchs meist nur *eine* Chance bei der Wahl ihres Patrons. Wurden sie von ihm fallen gelassen, war dies ihr Ende, entweder wörtlich oder in der öffentlichen Wahrnehmung. Angehörige alter Geschlechter konnten es sich leisten, zunächst mit den Caesar-Attentätern zu sympathisieren oder zwischen den Triumvirn zu pendeln und sich erst relativ spät auf die siegreiche Seite zu schlagen.

Die wichtigste Quelle für Octavians Jugendzeit ist die um 20 v. Chr. entstandene und nur fragmentarisch erhaltene Augustus-Biographie des Nikolaos von Damaskus (hier zitiert nach [105]). Das griechisch geschriebene Werk fußt großenteils auf der einige Jahre früher erschienenen, bis zum Jahr 25 v. Chr. reichenden Autobiografie *De vita sua* des Augustus, die verloren gegangen ist, stellt also das Wirken des Augustus in rosigstes Licht. Der Kaiser schätzte sicher die Arbeit des etwa gleichaltrigen Nikolaos als willkommene – vornehmlich den östlichen Teil des Reichs ansprechende – Ergänzung seiner (lateinisch geschriebenen) Autobiographie.

Ebenfalls aus der Sicht eines begeisterten Zeitgenossen berichtet der um 20 v. Chr. wohl in Capua geborene Velleius Paterculus. Er entstammte einer Familie aus dem Ritterstand, die sich seit mehreren Generationen im Militärdienst bewährt hatte. Auch er folgte dieser Tradition und begleitete als Offizier viele Jahre den späteren Kaiser Tiberius bei seinen Feldzügen. Als dieser für seine Erfolge in Germanien im Jahr 12 n. Chr. mit einem Triumph geehrt wurde, durften Velleius Paterculus und sein Bruder „zusammen mit den großartigsten Männern Roms, die im Schmuck der großartigsten Ehrengaben prangten, an diesem Triumphzug teilnehmen“.[5] Drei Jahre später wurden beide sogar „als Kandidaten Caesars zu Prätoren gewählt, und zwar unmittelbar nach Männern aus höchstem Adel und solchen, die Priesterämter innegehabt hatten. Und auf uns traf zu, dass wir die letzten Kandidaten des Augustus und zugleich die ersten des Tiberius waren."[6] Augustus hatte sie also kurz vor seinem Tod als Kandidaten vorgeschlagen und Tiberius hatte diese Liste unverändert übernommen. Velleius widmete sein Werk seinem Freund Marcus Vinicius, dem Sohn seines ersten militärischen Vorgesetzten Publius Vinicius und Enkel des uns später als Freund des Augustus begegnenden Marcus Vinicius.

Einen unmittelbaren Eindruck von den ersten Schritten, die Octavian als Caesars Erbe unternahm, vermitteln die Briefe des Marcus Tullius Cicero. Eine überragende Redegabe, großer Ehrgeiz und eine Portion Glück hatten den im Jahr 106 v. Chr. geborenen *homo novus* bis zum Konsulat geführt, das er im Jahr 63 v. Chr. zum frühest möglichen Zeitpunkt erreichte. Als Konsular (ehemaliger Konsul) gehörte er nun zu den *nobiles*, den ranghöchsten Senatoren. Doch während die meisten von ihnen mit ruhmvollen Taten einer bis in die mythische Frühzeit Roms zurückreichenden Ahnenreihe beeindrucken konnten, blieb ihm nur der – etwas zu oft vorgetragene – Verweis auf eigene Leistungen, weswegen man ihm Eitelkeit vorwarf. Ciceros Briefe sind nicht für die Nachwelt formuliert, sondern an einen Adressaten gerichtet, der auch feine Anspielungen versteht. Wenn er sich etwa über Caesars Verhalten beklagt, spricht er oft nur von „ihm" oder „jenem". Dies zu durchschauen, fällt dem heutigen Leser wesentlich schwerer als dem Empfänger des Briefs. Kasten hat dies in den Tusculum-Bänden [29], [33], [34] (denen wir meist in der Datierung – nicht aber in der Nummerierung – folgen) elegant durch Großbuchstaben gelöst: ER oder IHN meint stets Caesar. Diese Schreibweise wird hier teilweise übernommen.

Der für seinen prägnanten Stil gerühmte Geschichtsschreiber Publius Cornelius Tacitus wurde in der Mitte des ersten nachchristlichen Jahrhunderts geboren. Den Höhepunkt seiner senatorischen Laufbahn erreichte er im Jahr 97 als *consul suffectus* (Suffektkonsul hieß ein im Laufe des Jahres nachrückender Konsul im Unterschied zum angeseheneren *consul ordinarius*, der sein Amt am 1. Januar antrat). In seinen mit dem Tod des Augustus einsetzenden „Annalen" blickt er bisweilen auf die uns interessierende Zeit zurück.

Der um 75 n. Chr. geborene Gaius Suetonius Tranquillus entstammte dem Ritterstand. Von seinen zahlreichen Schriften blieb lediglich sein nach 120 erschienenes Werk *De vita Caesarum* mit Biographien der zwölf römischen Herrscher von Caesar bis Domitian vollständig erhalten. Sueton konnte dafür Informationen nutzen, die ihm unter Trajan als Leiter der kaiserlichen Bibliothek und unter Hadrian als dessen Kanzleichef zugänglich waren. Einen breiten Raum nehmen allerdings den Absatz steigernde pikante Details aus dem Privatleben der Kaiser ein.

Wohl ab 150 n. Chr. schrieb der um 95 in Alexandria geborene und nach 160 in Rom gestorbene Appian seine „Römische Geschichte". Das in griechischer Sprache verfasste, aus 24 Büchern bestehende und nur zum Teil erhaltene Werk behandelt die Kriege Roms vom Beginn bis zum Ende der Republik. Sein historischer Wert wird sehr unterschiedlich beurteilt. Trotz seiner Octavian-freundlichen Tendenz schimmern bisweilen Kritikpunkte der von ihm benutzen Quellen durch.

Im Gegensatz zu Tacitus trauerte der aus dem kleinasiatischen Bithynien stammende Cassius Dio der untergegangenen Republik nicht mehr nach. Er erlebte den Höhepunkt seiner senatorischen Karriere im Jahr 229 n. Chr., in dem er als *consul ordinarius* sein zweites Konsulat als Amtskollege des Kaisers Severus Alexander bekleidete. Mit diesem Jahr endet auch seine 80 Bücher umfassende, griechisch geschriebene „Römische Geschichte“. Große Teile davon sind verloren, doch ist der hier betrachtete Zeitraum davon kaum betroffen. Bei den Zitaten folgen wir in Bucheinteilung und sonstiger Nummerierung Veh [40].

Manche Ergänzungen liefern die Auszüge, die am Beginn des zweiten nachchristlichen Jahrhunderts Florus aus dem umfangreichen Geschichtswerk *Ab urbe condita* des Titus Livius erstellte, sowie die Parallelbiographien, die der um 45 n. Chr. im griechischen Chaironeia geborene Plutarch ab dem Jahr 96 verfasste. Im Interesse einer gelungenen Charakterstudie geht Plutarch darin allerdings bisweilen sehr frei mit seinen Quellen um. Auch in der monumentalen „Naturgeschichte“ des – im August 79 n. Chr. beim Ausbruch des Vesuv gestorbenen – älteren Plinius stößt man auf interessante Notizen. Bei Zitaten hieraus wird die Kapitelzählung von [113] übernommen.

Einige Äußerungen, insbesondere zu Maecenas, verdanken wir (dem jüngeren) Seneca. Sie lassen erkennen, dass der Konsular dem Ritter Maecenas seinen Einfluss bei Octavian/Augustus neidete, während er sich (letztlich vergeblich) als Erzieher Neros abplagen musste. Auch sein Vater, der ältere Seneca, kommt gelegentlich zu Wort.

Wegen der geringen Zahl römischer Vor- und Familiennamen (Gentilnamen) lassen sich bei Aussagen über Verwandtschaftsbeziehungen letzte Zweifel oft nicht ausräumen. Daher wird bei Beziehungen mit einer hohen Wahrscheinlichkeit nicht stets ein einschränkendes „sehr wahrscheinlich“ oder „ziemlich sicher“ eingefügt.

Jahreszahlen ohne weitere Angabe meinen im Folgenden stets Jahre vor Christus.

Ich danke dem Dr. Ludwig Reichert Verlag für die positive Aufnahme und kompetente Begleitung meines Buchprojekts.

Bretten, im August 2022 *Günter Aumann*

Helfer, Freunde, Verwandte

Von Octavians Jugendfreunden kennen wir zwei namentlich: Marcus Vipsanius Agrippa und Quintus Salvidienus Rufus. Beide kamen aus kleinen Verhältnissen, beide leisteten wichtige Dienste als Feldherrn. Doch während Octavian Agrippa zum zweiten Mann im Staat aufsteigen ließ, sprach er über Salvidienus das Todesurteil. Zu Octavians ältesten Freunden könnte auch der – an einer politischen Karriere nicht interessierte – Ritter Gaius Proculeius zählen, der uns als intimer Vertrauter begegnet. Der nach Agrippa wichtigste General Octavians war Titus Statilius Taurus, ein *homo novus*, der es bereits unter Caesar in den Senat geschafft hatte. Seine Karriere zeigt, dass auch er schon früh zu Octavians engerem Freundeskreis gehörte.

Auf die Ritter aus Caesars engster Umgebung konnte Octavian von Beginn an zählen. Ohne deren Unterstützung wäre sein Aufstieg zumindest anfangs wesentlich holpriger verlaufen, womöglich sogar früh gescheitert. Zu nennen sind hier Cornelius Balbus, Gaius Oppius, Gaius Matius und Rabirius Postumus. Caesars Intimus Balbus wurde später der erste Konsul, der nicht als römischer Bürger geboren wurde.

Hochrangige Senatoren hielten sich nach Caesars Ermordung dagegen eher bedeckt. Gnaeus Domitius Calvinus, dem Caesar wichtige Kommandos und Aufgaben übertragen hatte, war zunächst der einzige Konsular, der sich auf Octavians Seite stellte. Ebenfalls von Anfang an zu Octavians Lager gehörten Lucius Cornificius, der einer senatorischen Familie aus der zweiten Reihe entstammte, und Gaius Carrinas, dessen Vater wohl als erstes Familienmitglied dem Senat angehörte. In der Mehrzahl waren Octavians Gefolgsleute jedoch *homines novi*, wie der Prätorier (gewesene Prätor) Gaius Calvisius Sabinus oder Gaius Norbanus Flaccus, Prätor im Jahr 43. In diese Reihe gehört wahrscheinlich auch der *homo novus* Marcus Lurius.

Einen besonderen Platz unter Octavians Helfern und Ratgebern nimmt der Ritter Gaius Cilnius Maecenas ein, der lieber im Hintergrund agierte oder sich den schönen Künsten widmete. Nach seinem Tod wurde der Ritter Gaius Sallustius Crispus, der Großneffe des bekannten Geschichtsschreibers, zum wichtigsten Berater des Kaisers.

Ein Helfer wider Willen war Marcus Tullius Cicero. Sein Versuch, Octavian gegen Marcus Antonius auszuspielen und so das republikanische Lager zu stärken, brachte das Zweite Triumvirat – und ihm Proskription und Tod.

Selbst Proskribierte konnten unter Octavian Karriere machen – sofern es ihnen gelang, den Mordkommandos der Triumvirn zu entkommen. Der Patrizier Marcus Valerius Messalla Corvinus kämpfte bei Philippi im Heer des Cassius und Brutus gegen die Triumvirn, wechselte nach der Niederlage wohl zunächst zu Marcus Antonius, dann zu Octavian, in dessen engerem Umfeld wir ihn bald finden. Ähnlich wechselvoll verlief der Werdegang des *homo novus* Lucius Arruntius. Von den Triumvirn proskribiert flüchtete er zu Sextus Pompeius, wurde später begnadigt und befehligte bei Actium das Zentrum von Octavians Flotte.

Bei Actium kämpfte auch der *homo novus* Lucius Tarius Rufus, der in den Geschichtsbüchern kaum auftaucht, aber wohl ein engerer Freund des Augustus war.

Nach der Schlacht von Actium hören wir erstmals von den beiden Rittern Vedius Pollio und Cornelius Gallus. Vedius Pollio rechnen die antiken Historiker zwar zu den Freunden des Augustus, überliefern von ihm aber kaum mehr als seine angebliche Vorliebe, missliebige Sklaven seinen Muränen zum Fraß vorzuwerfen. Cornelius Gallus, dem Octavian das eben eroberte Ägypten anvertraute, machte seinem Leben durch Selbstmord ein Ende.

In den späteren Jahren zählen sicher Marcus Vinicius und Publius Silius Nerva, die im Bürgerkrieg nicht in Erscheinung traten, zu den engeren Freunden des Augustus. Sie waren etwa so alt wie der Kaiser und wurden seine Spielpartner beim von ihm sehr geschätzten Würfeln.

Viele weitere Männer, die Octavians Weg an die Macht ebneten, bleiben im Verborgenen. Von einigen erfahren wir zumindest Bruchstückhaftes, etwa vom *homo novus* Quintus Laronius, der als Feldherr auf Sizilien agierte, oder von Marcus Lollius, dem Augustus im Jahr 25 die anspruchsvolle Aufgabe übertrug, das Königreich Galatien dem römischen Reich einzugliedern. Was sie vorher geleistet hatten, ist nicht bekannt. Von der Freundschaft des Patriziers Paullus Fabius Maximus mit dem Kaiser hören wir gar erst, als er sie verliert.

Schließlich sei noch Octavians (Stief-)Verwandtschaft erwähnt (siehe dazu den Stammbaum auf S. 24; Kaiser sind dort gelb, besonders interessierende Personen aus Octavians (Stief-)Verwandtschaft blau hervorgehoben). Unter seinen Verwandten treten am ehesten die über Caesars Schwestern mit ihm verwandten Miterben Quintus Pedius und Lucius Pinarius Scarpus in Erscheinung. Pedius, der ältere von den beiden, ließ sich von Octavian für dessen Zwecke einspannen, was ihm nicht gut bekam. Scarpus trat erst auf Octavians Seite, als dieser als Sieger feststand. Weitere männliche Verwandte Octavians waren Claudius Marcellus, der Sohn seiner Schwester Octavia minor, sowie Sextus und Marcus Appuleius, die Söhne seiner Halbschwester Octavia maior. Von ihnen spielte lediglich Marcellus bei dynastischen Überlegungen eine Rolle.

Octavians Stiefverwandtschaft hatte eigene Interessen. Sein Stiefvater Marcius Philippus versuchte zunächst, Octavians Ambitionen zu bremsen, und ging dann, um die Karriere seines gleichnamigen Sohnes nicht zu gefährden, in das Lager des Marcus Antonius über. Im Unterschied dazu distanzierte sich der jüngere Marcius Philippus früh von Antonius und machte unter seinem Stiefbruder Octavian eine standesgemäße, aber nicht hervorstechende Karriere.

1 Vor den Iden des März

Auf der ersten Etappe seines Wegs an die Spitze des *Imperium Romanum* erhält der spätere Augustus wesentliche, ja unverzichtbare Unterstützung von zwei Seiten, die sich gut kennen, teilweise sogar schätzen, politisch jedoch gegensätzliche Ziele verfolgen. Auf der einen steht der große Redner, produktive Autor und erfolgreiche Politiker Marcus Tullius Cicero (Abb. 1 zeigt eine augusteische Replik einer Mitte des letzten vorchristlichen Jahrhunderts entstandenen Büste), dessen Einsatz für ihn politisch desaströs und persönlich tragisch enden wird, auf der anderen Caesars engste Umgebung. Deren Unterstützung konnte Octavian dank Caesars Vorarbeit sicher sein.

1.1 Cicero und Caesars Drahtzieher

Ein Ende November 46 geschriebener Brief Ciceros gibt uns einen Einblick in Caesars nächste Umgebung: „Ich habe das Glück, mich mit allen Vertrauten Caesars durch engen Kontakt und Wohlwollen verbunden zu wissen; gehen sie von ihm fort, so führt sie der nächste Weg zu mir. So machen es Pansa, Hirtius, Balbus, Oppius, Matius, Postumus; sie alle schätzen mich außerordentlich."[1] Vibius Pansa Caetronianus und der *homo novus* Aulus Hirtius machten unter Caesar eine steile Senatskarriere, die im Jahr 43 das Konsulat krönen sollte. Da Caesar in diesem Jahr im Osten Krieg gegen die Parther führen wollte, zeigt dies, dass sie sein vollstes Vertrauen besaßen. Dagegen strebten die Ritter Cornelius Balbus, Gaius Oppius, Gaius Matius und Rabirius Postumus keine senatorischen Ämter an (obwohl Caesar sie ihnen hätte verschaffen können). Wegen ihrer beträchtlichen Machtfülle und der – reichlich genutzten – Möglichkeit, große Reichtümer zu erwerben, fiel es ihnen wohl nicht schwer, auf einen solchen sozialen Aufstieg zu verzichten. Doch ihnen war klar, dass ihre Stellung einzig auf Caesars Macht und Gunst fußte.

Dass Caesar einen solchen Kreis um sich scharte, war nichts Außergewöhnliches. Jeder Amtsträger brauchte einen solchen Stab, da es infolge der jährlich wechselnden Magistrate keine eingespielte Verwaltung gab, auf die er zurückgreifen konnte. Doch bei Caesar sprengte dieser Zirkel den üblichen Umfang. Zum einen lag dies an Caesars Arbeitspensum und Arbeitstempo. Er hatte es „durch dauernde Übung so weit gebracht, dass er im Reiten Briefe diktieren und zwei, nach Oppius' Zeugnis gar noch mehr Schreiber gleichzeitig beschäftigen konnte".[2] Vornehmlich lag es aber daran, dass Caesar immer mehr Kompetenzen an sich zog und den Senat selbst bei wichtigen Entscheidungen überging. Der Einfluss, den in der Folge Ritter aus Caesars Stab gewannen, empörte viele Senatoren. Noch bei Tacitus klingt dies nach: „Gaius Oppius und Cornelius Balbus waren die Ersten, die aufgrund der Macht Caesars Friedensbedingungen stellen und freie Entscheidungen über

Abb. 1: Marcus Tullius Cicero

einen Krieg treffen konnten."[3] Dem Senator konnte es nicht gefallen, dass Ritter Aufgaben übernahmen, die zur Kernkompetenz des Senats gehörten. Auch den oben genannten Gaius Matius zählt Tacitus zu den höchst einflussreichen Rittern.

Die vier Ritter, die Cicero nach seinen eigenen Worten so außerordentlich schätzten, werden später für Octavians erste Schritte auf seinem Weg zur Macht eine wichtige Rolle spielen. Verfolgen wir zunächst ihren Werdegang unter Caesar. Einen guten Eindruck davon – und bis Mitte des Jahres 43 auch von ihrem Wert für Octavian – vermitteln uns Ciceros Briefe. Obwohl bei weitem nicht alle gesammelt und überliefert wurden, beeindruckt deren Fülle. Auch Ciceros Part wird in ihnen sichtbar. Bis zuletzt kämpfte er für die im Niedergang begriffene Republik. Dass er als Mann des Wortes in einer Zeit, in der die Legionen zählten, letztlich chancenlos war, wurde ihm erst spät bewusst.

Die wichtigsten Ritter in Caesars Umgebung waren Balbus und Oppius. Während seiner Abwesenheit vertraten sie in Rom seine Interessen. Sie hielten Kontakt zu allen ambitionierten und einflussreichen Männern, die sie durch Gefälligkeiten, aber auch durch dezente Hinweise auf mögliche Gefahren in den Bannkreis Caesars zu ziehen versuchten. Dass ihr Wort Gewicht hatte, wusste nicht nur Cicero, der „immer wieder die Erfahrung gemacht hatte, dass alle von Oppius und Balbus in Caesars Abwesenheit getroffenen Maßnahmen grundsätzlich von diesem bestätigt"[4] wurden.

Lucius Cornelius Balbus – zur Unterscheidung von seinem gleichnamigen Neffen oft maior (der Ältere) genannt – war knapp zehn Jahre jünger als Cicero. Er wurde Anfang des letzten Jahrhunderts v. Chr. in der spanischen Stadt Gades (dem heutigen Cádiz; siehe Abb. 27 auf S. 115) geboren. Für Römer kam er also vom Ende der Welt. Der um Christi

Geburt lebende Strabo schreibt, dass die Bewohner von Gades „die meisten und die größten Handelsschiffe aussenden und zwar in das Mittelmeer ebenso wie in den Ozean, obwohl sie weder eine große Insel bewohnen, noch auf der gegenüberliegenden Küste viel Land besitzen oder über andere Inseln herrschen. Vielmehr wohnen sie die meiste Zeit auf dem Meer, nur wenige bleiben zuhause oder verbringen ihre Zeit in Rom. ... Ich habe gehört, dass bei einer Steuerschätzung unserer Zeit in Gades 500 Ritter [also Personen mit einem Jahreseinkommen von mindestens 400 000 Sesterzen] aufgelistet wurden, eine Zahl, die selbst in Italien nur von Patavium [Padua] erreicht wird."[5] Auch an der Peripherie des *Imperium Romanum* konnte man also reich werden.

Balbus war nicht seit Geburt römischer Bürger. Das Bürgerrecht wurde ihm erst von Gnaeus Pompeius Magnus verliehen. Er belohnte damit „Mühe, Ausdauer, Kampfesmut und Tapferkeit", die Balbus in den Jahren 79 bis 72 in Flotte und Heer bei schweren Kämpfen in Spanien – zuletzt unter dem Kommando des Pompeius – bewiesen hatte. „Keinen Strapazen, keiner Belagerung, keinem Kampf"[6] sei er ausgewichen, unterrichtet uns Cicero in einer Rede, die er im Jahr 56 als einer der Verteidiger des Balbus hielt, der angeklagt war, die Staatsbürgerschaft illegal erworben zu haben. Eigentlich ging es bei diesem Prozess nicht um Balbus (wenn auch sein großer Reichtum Neid hervorrief[7]), sondern um Caesar, dessen treuer Gefolgsmann Balbus inzwischen geworden war. Viele haderten mit dem zwischen Caesar, Pompeius Magnus und Marcus Licinius Crassus geschlossenen und später Erstes Triumvirat genannten Bund, doch niemand traute sich, den Machthabern offen entgegenzutreten. Daher bot sich Balbus als Opfer an, zumal Caesar „sehr weit entfernt ist und sich gerade in Gegenden aufhält, die durch ihre Lage die Welt, infolge seiner Taten den Machtbereich des römischen Volks begrenzen".[8]

Sicher hatte Caesar den berühmtesten Anwalt seiner Zeit gedrängt, sich an der Verteidigung seines Vertrauten zu beteiligen. Doch aufgrund seiner langjährigen guten Kontakte zu Balbus dürfte Cicero diese Aufgabe nicht ungern übernommen haben. Insbesondere war er Balbus dankbar für sein Verhalten während seiner – Cicero schwer zusetzenden – Verbannung in den Jahren 58/57. Politische Gegner konnten diese einfädeln, da Cicero während seines Konsulats fünf führende Köpfe der Catilinarischen Verschwörung – mit Billigung des Senats, aber ohne Urteil eines Volksgerichts – hatte hinrichten lassen. „Cornelius dachte nicht daran, über meinen Sturz und eure Trauer zu frohlocken, ja er hat während meiner Abwesenheit meinen Angehörigen mit allen Zeichen seiner Hilfsbereitschaft, mit seinen Tränen, seiner Fürsorge, seinem Trost zur Seite gestanden. Ihr Zeugnis und ihre Bitten haben mich veranlasst, Cornelius diesen Gegendienst zu erweisen."[9]

Cicero wies die Richter auf die enge Beziehung zwischen Balbus und Caesar hin: Balbus „machte als junger Mann seine Bekanntschaft, er bestand vor seinem kritischen Urteil; unter all den vielen Freunden war er ihm so nahe wie nur irgendeiner. Als Prätor, als Konsul machte Caesar ihn zum *praefectus fabrum*; er schätzte seinen Rat, er wusste seine Ergebenheit zu würdigen, er begegnete seinen aufmerksamen Diensten mit Hochachtung. Vormals teilte Cornelius mit Caesar viele Mühen; sollte er nun nicht auch an einigen Annehmlichkeiten teilhaben?" Die Richter sollten doch an Caesar denken: „Lasst es nicht dazu kommen, dass die bittere Nachricht zu ihm gelangt, … ein Mann, der ihm überaus teuer, der eng mit ihm befreundet ist, sei durch euer Urteil schwer getroffen worden – nicht wegen eines von ihm begangenen Verbrechens, sondern wegen eben dieser Freundschaft."[10] Schließlich sollten sie nicht vergessen, „dass sie nicht über eine Missetat des Lucius Cornelius, sondern über eine Wohltat des Gnaeus Pompeius befinden".[11] Die Richter verstanden den Wink. Balbus behielt sein Bürgerrecht.

Spätestens seit 61 finden wir demnach Balbus als *familiarissimus*[12] in der engsten Umgebung Caesars, der in diesem Jahr als Proprätor die Provinz *Hispania ulterior* verwaltete.[13] Balbus ist dort als *praefectus fabrum* Caesars rechte Hand.[14] Ende 60 begegnet er uns in Rom, wie er bei Cicero für ein Ackergesetz wirbt, das Caesar im folgenden Jahr als Konsul einbringen wollte: „Ich könnte dem Ackergesetz entschlossen entgegentreten – das würde Kampf bedeuten, aber ruhmvollen – … oder den Antrag unterstützen; das erwartet Caesar angeblich von mir und ist fest überzeugt, dass ich es tue, denn Cornelius ist bei mir gewesen – ich meine diesen Balbus, Caesars Vertrauten. Er versicherte mir, jener werde in jedem Falle meinen und Pompeius' Rat beherzigen und sich außerdem bemühen, Crassus mit Pompeius zu versöhnen. So steht es also: Ich bin eng liiert mit Pompeius, und wenn es mir passt, auch mit Caesar; das würde Aussöhnung mit meinen Feinden, Frieden mit der Masse und ein ruhiges Alter bedeuten."[15] Der Dreierbund zwischen Caesar, Pompeius und Crassus war zu diesem Zeitpunkt wohl noch nicht geschlossen. Doch Cicero ergriff die ihm hier gebotene Chance nicht, so sehr sich Caesar und Cicero auch persönlich respektierten. Nach Caesar habe Cicero sogar „größeren Lorbeer erworben als alle triumphierenden Feldherrn, da es mehr bedeutet, die Grenzen des römischen Geistes als die des Römischen Reichs erweitert zu haben."[16] Ciceros Einflussmöglichkeiten wären allerdings angesichts ihrer konträren politischen Auffassungen nur marginal gewesen. Für Caesar war die alte Republik gestorben, „ein Name ohne Körper und Gestalt".[17] Cicero dagegen war bis zu seinem Tod davon überzeugt, dass sie wiedererstehen würde, wenn nur die Ämter in die richtigen Hände kämen.

Dass das Verhältnis zwischen Balbus und Cicero über das rein Geschäftliche hinausging, zeigt ein Brief, den Cicero im September 54 an seinen Bruder Quintus schrieb, der als Legat – also als höherer Offizier und Legionskommandeur – Caesars in Gallien weilte (auch wenn er darin etwas dick aufträgt, da er davon ausgehen musste, dass Caesar diesen Brief zu Gesicht bekam): „Du schreibst von Caesars herzlicher Liebe zu uns. Halte sie uns warm, wie auch ich sie auf jedwede Weise steigern werde. … Ganz unendlich freue ich mich über deine Mitteilung, dass du von Caesar täglich mehr geschätzt wirst; Balbus, der das nach deinen Worten fördert, liebe ich wie meinen Augapfel. … Wie du sagst, wird Balbus demnächst wohlbegleitet nach Rom kommen und bis Mitte Mai fortwährend mit mir zusammen sein. Das ist mir überaus lieb und angenehm."[18]

Wie Balbus wurde auch der oben erwähnte Postumus von Cicero vor Gericht verteidigt. Cicero übernahm im Winter 54/53 diese Aufgabe gern, da Rabirius Postumus ein Neffe und Adoptivsohn jenes Gaius Rabirius war, den Cicero knapp zehn Jahre zuvor verteidigt hatte, wofür der Neffe bei Ciceros Verbannung großzügige Dankbarkeit gezeigt hatte: „Mir steht noch die für die Meinen jammervolle Nacht vor Augen, in der du dich mir mit all deinen Hilfsquellen zur Verfügung gestellt hast. Bei meinem Weggang hast du mich durch Begleiter, eine Schutzwache und Gold – in solcher Menge, wie es die damaligen Umstände erforderten – unterstützt. Und während ich abwesend war, hast du es an nichts meinen Kindern, an nichts meiner Frau fehlen lassen."[19]

Die Vorgeschichte des Prozesses ist kurz folgende: Im Jahr 58 floh der ägyptische König Ptolemäus XII – möglicherweise in Begleitung seiner elfjährigen Tochter Kleopatra – nach Rom, um seiner Entmachtung (und Ermordung) zu entgehen. Auf Anordnung des Pompeius sorgte Gabinius, der Statthalter der Provinz *Syria*, im Jahr 55 mit seinen Legionen dafür, dass Ptolemäus wieder die Herrschaft übernehmen konnte. Die 10 000 Talente, die der König dem Statthalter dafür versprochen hatte, dürften dessen Eifer deutlich erhöht haben. Während Gabinius wieder nach Syrien abzog, sollte sich Postumus als Finanzminister des Ptolemäus insbesondere um die Eintreibung dieser riesigen Summe kümmern. Postumus war wohl ein ähnlich risikofreudiger Finanzier wie sein (leiblicher) Vater, der „der erste Mann im Ritterstand und ein tüchtiger und vermögender Steuerpächter"[20] war.

Gegen Gabinius wurden nach seiner Statthalterschaft mehrere Prozesse angestrengt. Im ersten, in dem es um Hochverrat ging, wurde er freigesprochen – sehr zum Missfallen Ciceros, der es Gabinius nachtrug, dass er als Konsul an seiner Verbannung mitgewirkt hatte. Zu verdanken hatte Gabinius seinen Freispruch dem massiven Einsatz des Pompeius Magnus. So mancher Richter sorgte dafür, dass sein Votum Pompeius nicht verborgen blieb: Domitius Calvinus, dem Cicero in einem früheren Prozess noch eine „charakterfeste und vortreffliche Gesinnung" bescheinigt hatte,[21] „stimmte offen für Freispruch, jeder konnte es sehen."[22] Calvinus wurde im Jahr 53 – dank sehr freundlich aufgenommener Spiele und großzügiger Spenden[23] – Konsul, konnte aber sein Amt erst im Juli antreten, da die Wahlen wegen eines skandalumwitterten Wahlkampfs mehrfach verschoben wurden. Doch auch danach kam die Stadt nicht zur Ruhe. Bei Tumulten wurde sogar der neue Konsul Calvinus verletzt.[24] Domitius Calvinus wird uns noch als Caesars Gefolgsmann und einer der ersten Unterstützer Octavians begegnen.

Im zweiten Prozess gegen Gabinius ging es um Untertanenerpressung, nicht zuletzt wegen der erwähnten 10 000 Talente. Cicero wäre in diesem Prozess gern als Ankläger aufgetreten. Doch zu seinem Leidwesen musste er auf Veranlassung der Triumvirn dessen Verteidigung übernehmen. Dies tat er wohl eher schlecht als recht; Gabinius wurde nämlich schuldig gesprochen. Da er aber die festgesetzte Entschädigungssumme nicht aufbringen konnte, sollte an seiner Stelle Postumus zur Rechenschaft gezogen werden, der vom erpressten Geld des Gabinius profitiert habe.

Cicero zeichnet in diesem Prozess ein nicht gerade vorteilhaftes Bild von Postumus. Es sei dumm von ihm gewesen, in die Dienste des Ptolemäus zu treten. „Denn was ist törichter, als dass sich ein römischer Ritter aus dieser Stadt – das heißt ein Bürger des Staates, in dem die größte Freiheit herrscht und seit je geherrscht hat – dorthin begibt, wo er einem anderen gehorchen und dienen muss? Soll ich nun für Postumus, einen Mann von bescheidener Bildung, in einer Sache kein Verständnis aufbringen, in der sich, wie ich sehe, selbst die erlesensten Geister getäuscht haben?“[25] Ciceros Briefe, in denen Postumus mehrfach erwähnt wird,[26] bieten ein anderes Bild von ihm.

Letztlich versuchte Cicero, das Gericht mit einem schlagenden Argument zu überzeugen: Postumus könne sich in Ägypten gar nicht bereichert haben, da er bei seiner Rückkehr nach Italien so gut wie pleite gewesen sei. Wortreich – aber wenig glaubhaft – versuchte er, die nicht wegzudiskutierenden Schiffsladungen, die Postumus von Alexandria nach Italien geschickt hatte, kleinzureden. Natürlich „wurden Umsätze erzielt, kamen Schiffe des Postumus nach Puteoli, hat man von Waren gehört und Waren gesehen. Ein trügerischer Schein, da nur Papier, Leinen und Glas eintrafen; viele Schiffe waren voll davon, und so deckte der Erlös nicht einmal die Transportkosten. Diese Landung in Puteoli, das damalige Gerede, die Geschäftigkeit und Wichtigtuerei der Seeleute, schließlich der bei Missgünstigen wenig geschätzte Name des Postumus: All das hat uns, weil man sich wer weiß was für Summen vorstellte, während eines Sommers, nicht länger, mit derlei Geschwätz die Ohren vollgestopft.“[27]

Cicero lenkte den Blick der Richter auf den – seine Rolle als armer Schlucker sicherlich gut spielenden – Angeklagten: „Ihr seht nur noch den Schatten und das Scheinbild eines römischen Ritters vor euch.“[28] Gerettet hätten Postumus nur sein enges Verhältnis zu Caesar und dessen grenzenlose Großzügigkeit. „Einen römischen Ritter und langjährigen Freund, der ihm ergeben, ihm zugetan, ihm treu ist, jemanden, der nicht durch Genusssucht, durch Einbußen und Verluste aus bösen Leidenschaften, sondern durch den Versuch, sein Vermögen zu vergrößern, ins Wanken geraten war, fing er auf, ließ er nicht zusammenbrechen, stützte und hielt er mit seinem Geld, Namen und Kredit, und er hält ihn noch immer und duldet nicht, dass der vom Sturz bedrohte Freund zusammenbricht.“[29] Dass dies nicht die ganze Wahrheit war, Postumus vielmehr weiterhin gut im Geschäft war, zeigen schon die zahlreich gefundenen Ziegelstempel POST(umus) CVR(tius). Ciceros Verteidigung war wohl trotz dieser Ungereimtheiten erfolgreich.

Der einer alten ritterlichen Familie entstammende Gaius Oppius steht etwas im Schatten des Balbus, mit dem er oft auftritt. Dass auch er zu Caesars engstem Kreis gehörte, zeigt eine von Plutarch überlieferte Begebenheit: „Einmal, als Caesar unterwegs war, trieb ihn ein Unwetter in die Hütte eines armen Bauern, wo er nichts fand als eine einzige Kammer, kaum groß genug, einen Menschen zu beherbergen. Da sagte er zu seinen Freunden: ‚Die Ehrenplätze muss man den Vornehmsten abtreten, die notwendige Ruhestätte aber gebührt dem Schwächsten.‘ So hatte sich [der erkrankte] Oppius auf seinen Befehl hin drinnen hinzulegen, während er selber mit den andern unter dem Wetterdach vor der Türe schlief.“[30]

Oppius war wohl für Caesars Korrespondenz zuständig[31] und auch selbst schriftstellerisch tätig. Daneben kümmerte er sich um Finanzielles, etwa um den Erwerb von Grundstücken, da Caesar als Bauherr nicht hinter Pompeius zurückstehen wollte. Cicero, der ebenfalls dabei mitwirken sollte, schreibt dazu im Juli 54 bestens gelaunt an seinen Freund Atticus: „Caesars Freunde – ich meine mich und Oppius, magst du auch vor Wut platzen – haben für das Bauvorhaben, für das du dich seit je so begeistert hast, die Erweiterung des

Forums und seine Erstreckung bis zum Libertas-Heiligtum, die Kleinigkeit von 60 Millionen aufgewendet; billiger konnten wir mit den privaten Eigentümern nicht abschließen. Wir werden etwas ganz Prachtvolles zustande bringen: Auf dem Marsfeld wollen wir für die Tributkomitien gedeckte Abstimmungsräume aus Marmor bauen und mit Arkaden umgeben, die sich über eine Meile erstrecken."[32]

Matius, den vierten ritterlichen Vertrauten Caesars, beschreibt Cicero als „äußerst angenehmen und hochgebildeten Mann"[33] und Plinius als Freund des Kaisers Augustus und Fachmann für das Beschneiden von Bäumen.[34] Er tritt früh als Unterstützer Octavians in Erscheinung, verschwindet dann aber aus dem Blickfeld der Geschichtsschreibung. Wir werden ihn durch seine Korrespondenz mit Cicero etwas näher kennenlernen.

Im Jahr 54 starb Caesars Tochter Iulia, die von ihrem Vater zur Festigung des Triumvirats im Jahr 59 mit Pompeius verheiratet worden war. Trotz des politischen Arrangements und des großen Altersunterschieds war die Ehe glücklich. Den Versuch Caesars, mithilfe seiner Großnichte Octavia minor (siehe den Stammbaum auf S. 24) wieder eine verwandtschaftliche Beziehung zu Pompeius zu schaffen, lehnte dieser ab. Nachdem Crassus, der dritte Mann des Dreierbunds, auf der Suche nach Ruhm in den Osten gezogen war und im Jahr 53 nach einer vernichtenden Niederlage gegen die Parther den Tod gefunden hatte, kühlte sich das Verhältnis weiter ab. Ein Konflikt zwischen Caesar und Pompeius war absehbar, ein Krieg nicht mehr ausgeschlossen.

Für den nicht eben entscheidungsfreudigen Cicero – sein schnelles Handeln bei der Catilinarischen Verschwörung (siehe S. 15) hatte ihn ja in die Verbannung geführt – wurde es ungemütlich, zumal er bei Caesar beträchtliche Schulden hatte. Wie sehr ihn dieses Darlehen bedrückte, zeigen mehrere Briefe an Atticus. Anfang Mai 51 schreibt er ihm: „Mit Oppius [der sich um Caesars Finanzen kümmerte] ist es ganz nach meinen Wünschen gegangen, besonders, dass du ihm die 800 000 in Aussicht gestellt hast; diese will ich auf jeden Fall bezahlt wissen, und sei es durch eine Anleihe; er soll nicht warten müssen, bis der letzte Heller meiner Außenstände eingetrieben ist."[35] Mitte Mai schiebt er hinterher: „Vor deiner Abreise muss unter allen Umständen die Sache mit den 820 000 Sesterzen erledigt sein; sieh das bitte als deine wichtigste und dringlichste Aufgabe an."[36] Doch offenkundig zog sich die Sache hin. Im Dezember 50 lesen wir nämlich: „ER schreibt mir schmeichelhafte Briefe, und ebenso Balbus in seinem Namen. Ich bin entschlossen, nirgends auch nur einen Finger breit von dem Standpunkt, den mir die Ehre gebietet, abzuweichen. Aber du weißt ja, wieviel er noch zu fordern hat. Glaubst du also, dass mir das wahrscheinlich jemand vorhält, wenn ich zu lau bin, oder, bin ich zu forsch, er sein Geld fordert? Was ist zu tun? ‚Zahlen wir!' sagst du. Also gut, dann wollen wir bei Caelius borgen! Überleg' dir doch bitte die Sache; ich fürchte, wenn ich einmal im Senat unverblümt für den Staat eintrete, sagt dein Freund aus Tartessus [Balbus] beim Nachhausegehen zu mir: ‚Sei doch so gut und lass das Geld überweisen!'"[37]

Am 10. Januar 49 überschritt Caesar mit einer relativ kleinen Truppe den Rubikon, der die Grenze zwischen seiner Provinz *Gallia cisalpina* und Italien bildete. Damit hatte der Krieg zwischen ihm und der von Pompeius (mehr schlecht als recht) geführten Senatsallianz begonnen. Wenige Wochen vorher war Cicero von seiner Statthalterschaft aus der kleinasiatischen Provinz *Cilicia* nach Italien zurückgekehrt – hinter zwölf Liktoren, deren Rutenbündel (*fasces*) mit Lorbeer umkränzt waren, weil ihn seine Soldaten nach einem Gefecht zum *Imperator* ausgerufen hatten. Liebend gerne hätte er in Rom einen Triumph gefeiert. Doch der Senat hielt ihn hin. Um seinen Anspruch nicht zu verwirken, musste er sich deshalb wochenlang von diesen Liktoren begleiten lassen. Er schimpfte über die hinderliche und kostspielige Pflicht: „Wie lästig ist es, diesen Hemmschuh, also diese lorbeerumkränzten Rutenbündel, mitzuschleppen!“[38] Statt eines Triumphs folgte für Cicero eine schwierige Zeit. Er missbilligte das Machtstreben Caesars, hielt aber wenig von Pompeius. Am 18. März schreibt er über ihn aus Formiae an Atticus: „Am 17. Januar sah ich den Mann, vor Angst schlotternd. Schon damals wurde mir klar, worauf er hinauswollte. Fortan bin ich nie mehr mit ihm einverstanden gewesen; fortgesetzt hat er einen Fehler nach dem andern gemacht. Inzwischen keine Zeile an mich; sein einziger Gedanke: Flucht.“[39]

Caesar dagegen hält weithin Kontakt mit Cicero und umwirbt ihn. „Gestern Abend, am 24. [Februar 49], kam Balbus minor zu mir … Der sagte mir, Caesar wünsche nichts sehnlicher als Pompeius noch einzuholen – was ich gern glauben will – und sich mit ihm auszusöhnen – was ich nicht glaube. Ich befürchte vielmehr, dass dieses ganze Gerede von Milde auf den einen großen Akt der Grausamkeit angelegt ist. Balbus maior schrieb mir, Caesar wolle nichts lieber, als unter Anerkennung von Pompeius’ Vorrang ohne Furcht leben. Ich vermute, dass du das glaubst.“[40]

Eine Woche später schreibt ihm Balbus: „Ich beschwöre dich, mein lieber Cicero, bemühe dich, wie es deiner Tatkraft entspricht, mit allen Mitteln die alte Eintracht zwischen Caesar und Pompeius, die nur die Hinterhältigkeit der Menschen entzweit hat, wiederherzustellen. Glaube mir, Caesar wird sich nicht nur entgegenkommend zeigen; er wird erklären, dass du ihm einen unschätzbaren Dienst erwiesen hast, wenn du dich dazu durchringst. Wenn nur Pompeius ebenso darüber dächte! Aber dass er unter den augenblicklichen Umständen zu irgendeiner Übereinkunft gebracht werden könnte, ist mehr mein Wunsch, als dass ich es zu hoffen wagte. Doch hat er sich einmal irgendwo festgesetzt und keinen Grund mehr, sich zu fürchten, wird in mir wieder die Hoffnung keimen, dass dein Einfluss sehr viel bei ihm ereichen kann.“[41] Als Cicero einem Brief an Atticus eine Kopie dieses Briefes beilegt, bemerkt er dazu, er tue dies nur, damit dieser ihn bedauere und sehe, wie er zum Besten gehalten werde. Cicero weiß, dass seine Möglichkeiten äußerst begrenzt waren. Doch trotz Ciceros Zweifel: Balbus meint es ernst, zumal er ja nicht nur Caesar, sondern auch Pompeius verpflichtet ist, der für seine Einbürgerung gesorgt hatte (siehe S. 15). Er wisse bestimmt, dass Caesar „vollauf zufrieden sein wird, wenn du dich in keiner Weise an einem Krieg gegen ihn beteiligst und dich nicht auf die Seite seiner Gegner schlägst. Damit begnügt er sich nicht nur bei einem so angesehenen Mann, wie du es bist; auch mir hat er von sich aus zugestanden, mich nicht bei den Verbänden zu verwenden, die Lentulus oder Pompeius gegenüberstehen würden, da ich ihnen hoch verpflichtet sei; er sei zufrieden, so sagte er, wenn ich ihm meine zivilen Dienste in der Hauptstadt zur Verfügung stellte, die ich auch jenen leisten könnte, wenn ich es wünschte.“[42]

Dass auch Matius ernstlich um den Frieden bemüht ist, zeigt ein Brief, den Cicero am 20. März von Formiae aus an Atticus schickt: „Gestern hat mich Matius besucht, wie mir schien, wirklich ein gesetzter, kluger Mann; er galt ja stets als einer, der für den Frieden eintritt. Mit den Zuständen hier schien er mir wenig einverstanden und hatte Angst vor jener Höllenmeute, wie du sie nennst. Ihm habe ich während unserer langen Unterhaltung auch Caesars Brief gezeigt, von dem ich dir neulich eine Abschrift geschickt habe, und ihn gebeten, mir zu erklären, was es wohl damit auf sich habe, wenn er schreibe, er wolle sich meines Rates, meines Einflusses, meiner Würde und Hilfe in jeder Beziehung bedienen. Er meinte, zweifellos sei es ihm um meinen Einfluss und meine Mithilfe bei einer Friedensvermittlung zu tun. O dürfte ich doch in dieser trostlosen Lage des Vaterlands eine staatsmännische Tat vollbringen und dabei mitwirken! Matius ist überzeugt, dass er es wirklich so meint, und hat mir versprochen, dafür einzutreten."[43] Noch am selben Tag zerbricht diese Hoffnung, als Cicero erfährt, dass Pompeius in Brundisium (dem heutigen Brindisi) eingeschlossen ist.[44] Am 25. erreicht ihn ein Brief des Matius, in dem er liest, „dass Pompeius am 17. März mit allen Truppen, die er bei sich hatte, von Brundisium abgefahren sei. Caesar sei tags darauf in die Stadt eingerückt, habe eine Ansprache gehalten und sei dann nach Rom geeilt."[45]

Postumus rechnet dagegen von Anfang an mit einem Krieg, wie zwei Briefen Ciceros an Atticus zu entnehmen ist.[46] Am 8. März 49 schreibt Cicero: „Kaum hatte ich deinen Brief gelesen, da erschien [Rabirius] Postumus Curtius bei mir. Er jagte zu IHM und redete von nichts anderem als von Flotten und Armeen, entriss uns schon die spanischen Provinzen und hatte bereits Asien, Sizilien, Afrika, Sardinien in der Hand." Zwei Tage später beschäftigt ihn der Besuch des Postumus immer noch: „Postumus ist hier gewesen, und ich habe dir ja schon geschrieben, wie er mir auf die Nerven fiel."

Anfang Mai 49 lesen wir in einem Brief Ciceros: „Dass für Oppius das Amtskleid schon in Arbeit ist, hast du wohl gehört. Und unser Curtius denkt gar an das doppelt gefärbte Gewand [des Augurs]; aber der Färber [Caesar] hält ihn hin. Dies zur Würze, damit du siehst, dass ich bei allem Ärger das Lachen nicht verlernt habe."[47] Cicero war selbst seit dem Jahr 53 Augur. Wie wichtig ihm dieses Amt war, zeigt ein Brief, den er im April 59 an Atticus geschrieben hatte. Eine Augurenstelle „wäre das Einzige, womit sie mich ködern könnten. Sieh einmal an, wie charakterlos ich bin!"[48] Dass ein Ritter auf eine solche Stelle hofft, kann Cicero nur als Witz empfinden. Doch zum Scherzen ist Cicero nicht zumute. Er hat Angst, dass ihm „die Furien auf den Fersen bleiben".[49] Den Plan, sich nach Malta abzusetzen, lässt er schnell wieder fallen. Nach langem Ringen entschließt sich Cicero im Juni 49, Pompeius nach Griechenland zu folgen.

Im August 48 kommt es bei Pharsalos zur entscheidenden Schlacht. Im Vorfeld sehen wir den uns schon bekannten Domitius Calvinus (siehe S. 17) sowie den *homo novus* Calvisius Sabinus als Legaten auf Seiten Caesars. Er schickte „Calvisius Sabinus mit fünf Kohorten und einigen Reitern nach Ätolien; da diese Gebiete nahe lagen, trug er ihnen nachdrücklich auf, sich um den Nachschub an Lebensmitteln zu kümmern. Domitius Calvinus entsandte er mit zwei Legionen … und 500 Reitern nach Makedonien. … Calvisius, der gleich bei seiner Ankunft von allen Ätolern mit offenen Armen empfangen wurde, … brachte ganz Ätolien in seine Hand. … Gleichzeitig traf Domitius in Makedonien ein."[50] Dort kommt es zu einigen taktischen Manövern, aber nicht zu entscheidenden Kämpfen. Domitius gerät sogar in die Gefahr, von gegnerischen Truppen in die Zange genommen zu werden, kann aber sein Heer mit Caesars Truppen vereinen. Bei Pharsalos kommandiert Domitius das Zentrum von Caesars Armee, während Marcus Antonius den linken Flügel führt und Caesar beim rechten steht.[51]

Trotz zahlenmäßiger Überlegenheit unterliegen die Truppen des Pompeius den Legionen Caesars. Auf die aufmunternde Bemerkung, sieben *aquilae*, also Legionsadler, seien ja im Lager des Pompeius geblieben, antwortet der deprimierte Cicero sarkastisch: „Das wäre ein ausgezeichneter Trost, wenn wir mit Dohlen zu kämpfen hätten."[52] Zwar gibt es noch Gegner Caesars in Afrika (um den jüngeren Cato) und Spanien; doch die kämpfen – spätestens nachdem Pompeius Ende September in Ägypten ermordet worden war – letztlich auf verlorenem Posten.

Cicero schließt nach Pharsalos mit dem Krieg ab und setzt im Oktober 48 nach Brindisi über. Es geht ihm schlecht. Gegenüber Atticus klagt er über „kaum glaubliche seelische und körperliche Beschwerden".[53] Mut machen ihm Oppius und Balbus. „Sie versichern mir, Caesar werde darauf bedacht sein, dass meine Würde nicht nur unangetastet bleibt, sondern sogar noch erhöht wird, und reden mir zu, guten Mutes zu sein; ich dürfe mir in jeder Beziehung die größten Hoffnungen machen. Das versprechen sie mir hoch und heilig."[54] Doch es bleibt ein Wechselbad der Gefühle. Im Dezember teilt ihm Marcus Antonius mit, dass Anhängern des Pompeius die Rückkehr nach Italien nicht erlaubt sei, gestattet ihm jedoch wenig später, in Brindisi zu bleiben.[55] Eine quälend lange Zeit des Wartens auf Caesar beginnt. „Balbus' Briefe werden von Tag zu Tag flauer. Wahrscheinlich bombardiert man ihn von allen Seiten mit Schreiben gegen mich. An meinem eigenen Fehler gehe ich zugrunde; nicht ein Zufall hat mich ins Unglück gebracht, alles ist mein eigenes Verschulden."[56] Schließlich war er nach Griechenland gegangen, obwohl er voraussah, wie die Sache ausgehen würde, „da die eine Seite völlig unvorbereitet und unentschlossen, die andere bestens zum Kampf gerüstet" war.

Caesar verbringt unterdessen einige Monate in Ägypten mit Kleopatra, bevor er in einem nur fünf Tage dauernden Feldzug im August 47 beim kleinasiatischen Zela den bosporanischen König Pharnakes vernichtend schlägt. Einige Monate zuvor hatte dieser noch Domitius Calvinus, dem Caesar die Provinz *Asia* samt den angrenzenden Provinzen anvertraut hatte, besiegt.[57] Caesar meldet seinen Sieg in einem Brief an Matius nach Rom mit den bekannten Worten „*veni, vidi, vici*"[58] (ich kam, ich sah, ich siegte).

Im September 47 hat Ciceros Warten endlich ein Ende. Am 24. landet Caesar in Tarent, am nächsten Tag wird er in Brindisi erwartet. Cicero „machte sich auf den Weg ihm entgegen, nicht gerade mit schlimmen Erwartungen, aber doch beschämt, dass er in Gegenwart vieler Menschen die Gnade eines ihm feindlichen und nun siegreichen Mannes erproben musste. Aber er hatte es nicht nötig, etwas zu tun oder zu sagen, was unter seiner Würde gewesen wäre. Denn sowie Caesar ihn, den anderen weit voraus, entgegenkommen sah, stieg er ab, begrüßte ihn und ging in Unterhaltung allein mit ihm ein großes Stück – viele Stadien – weiter."[59] Sorgen um sein Leben muss sich Cicero also nicht machen. Warum hätte auch Caesar gerade ihm gegenüber, dessen Intellekt er ebenso bewunderte wie er dessen politische Blindheit bemängelte, seine – gegenüber römischen Widersachern gern demonstrierte – sprichwörtliche Milde (*clementia*) vergessen sollen?

1.2 Ein Erbe wird aufgebaut

Caesar hatte keine männlichen Nachkommen. Seine einzige Tochter Iulia war im Jahr 54 gestorben, ohne Kinder zu hinterlassen (siehe zum Folgenden den Stammbaum auf S. 24). Wollte Caesar sein Erbe einem männlichen Blutsverwandten vermachen, blieben ihm nur Söhne und Enkel seiner beiden Schwestern Iulia maior und Iulia minor. Nach Sueton[60] hatten diese drei Enkel.

Die zwei Enkel der älteren Iulia waren Lucius Pinarius Scarpus, von dem die Quellen erst nach Caesars Ermordung sprechen, und Quintus Pedius, der unter Caesar Karriere machte. Pedius kämpfte spätestens 57 als Caesars Legat in Gallien, wo er Legionen befehligte und die Reiterei in den Kampf führte.[61] Aus einer Rede Ciceros erfahren wir, dass sich der *homo novus* im Jahr 55 vergeblich um das Amt des Ädils beworben hatte.[62] Cicero nennt Pedius darin einen „tapferen Mann"; die militärischen Fähigkeiten des Pedius waren ihm also bekannt. Dass dessen Kontakt zu Caesar nicht abriss, belegen Briefe Ciceros aus dem Jahr 49. In einem teilt er Atticus mit, dass Pedius einen Brief Caesars an ihn weitergeleitet habe.[63] In einem anderen lesen wir, dass Caesar, nachdem er Cicero in dessen Villa in Formiae besucht hatte, zu Pedius weitergereist war.[64] Im Jahr 48 – als Caesar zum zweiten Mal Konsul wurde – erreichte Pedius die Prätur. Seine Laufbahn zeigt, dass er um 88 geboren wurde, also lediglich etwa 12 Jahre jünger als Caesar war. Selbst wenn Iulia maior deutlich älter als Caesar war, kann sie unmöglich die Großmutter des Pedius gewesen sein. Sueton irrt hier also; Pedius war zweifellos ihr Sohn.

Caesars jüngere Schwester Iulia minor hatte mit Atius Balbus eine Tochter Atia. Diese war in erster Ehe mit Gaius Octavius verheiratet (für ihn war es die zweite Ehe). Octavius machte eine erfolgversprechende Karriere, die allerdings 61 mit der Prätur endete, da er bereits im Frühjahr 59 starb. Das Paar hatte zwei Kinder, die Tochter Octavia minor (aus der ersten Ehe des Octavius gab es bereits eine Octavia maior) und den am 23. September 63 geborenen Sohn, der wie sein Vater Gaius Octavius hieß. Von seinen drei (Groß-)Neffen kam für Caesar schon früh nur Octavius als Erbe in Frage. Pedius war zu alt, Pinarius spielte anscheinend nie eine Rolle.

Bereits im Jahr 48 wird deutlich, dass Caesar große Stücke auf Octavius hält. Nachdem dieser im Oktober die Männertoga angelegt hatte, ließ er ihn in das Kollegium der *pontifices* aufnehmen. Es bot sicher Gesprächsstoff, dass in dieser angesehenen Priesterschaft ein 15-Jähriger für einen bei Pharsalos gefallenen Konsular nachrückte. Neu war Derartiges aber nicht. Im Jahr 63 war Caesar gegen wesentlich ältere und würdigere Konkurrenz sogar *pontifex maximus* geworden (und so einem Bankrott entgangen). Im Frühjahr des folgenden

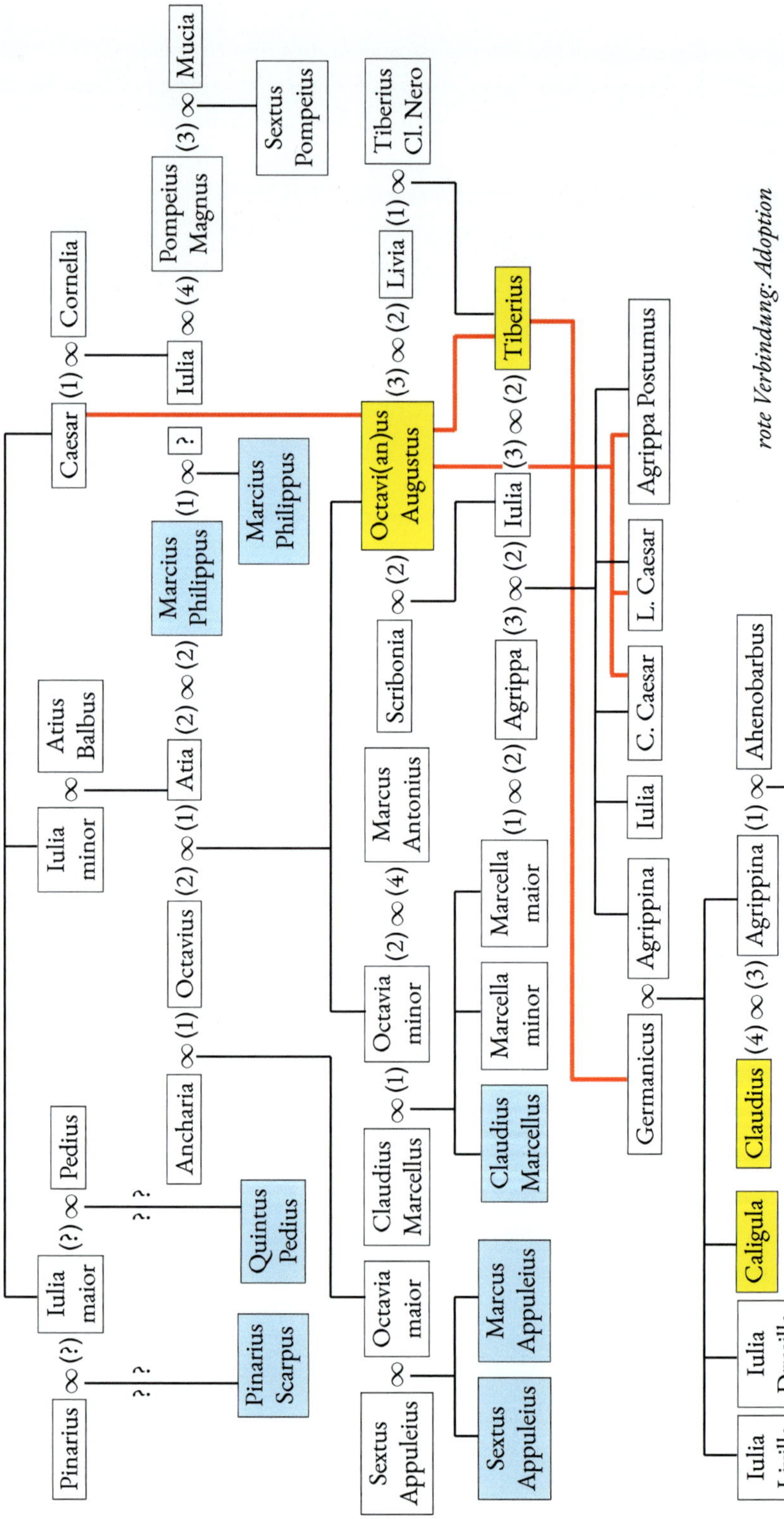

Abb. 2: Octavians Stammbaum

Jahres machte Caesar seinen Großneffen für die Dauer der *Feriae Latinae*, während der die Magistrate zum Vollzug eines altehrwürdigen Rituals in die Albaner Berge zogen, zum *praefectus urbi* und damit zum nominellen Stadtoberhaupt, zu dieser Zeit ein Amt mit wenig Kompetenzen, aber hohem Prestige.[65]

Noch vor Ende des Jahres 47 bricht Caesar zum Kampf gegen seine aus Griechenland nach Nordafrika geflohenen Gegner auf. Eigentlich sollte ihn Octavius dabei begleiten. Doch seine schwache Konstitution – die sich während seines gesamten (langen) Lebens in entscheidenden Situationen häufig zeigte – und die Sorge seiner Mutter verhindern dies.

Domitius Calvinus ist auch bei diesem Krieg als Kommandeur mehrerer Legionen dabei.[66] Postumus leistet mehrfach logistische Unterstützung. „Caesar schickte Boten mit schriftlichen Anweisungen nach Sardinien und in die übrigen Nachbarprovinzen, sich sofort darum zu kümmern, Hilfstruppen, Proviant und Getreide herbeizuschaffen; den Rabirius Postumus schickte er mit dem Teil der Kriegsschiffe, die entladen waren, nach Sizilien, um eine zweite Nachschublieferung herzuholen.“[67] Einige Wochen später „schickte er nach Sizilien an Allienus und Rabirius Postumus durch ein Spähschiff den schriftlichen Befehl, ihm ohne Aufschub und irgendeine Entschuldigung wegen des Winters oder der Stürme das Heer möglichst schnell herüberzubringen“.[68]

Caesars Feldzug ist rasch beendet. Nach einer verheerenden Niederlage der pompeianischen Truppen Anfang April 46 begeht Cato Selbstmord; den Söhnen Sextus und Gnaeus des Pompeius Magnus gelingt die Flucht nach Spanien. Caesar richtet die neue Provinz *Africa nova* ein – die bereits seit dem Ende des 3. Punischen Kriegs bestehende Provinz *Africa* heißt nun *Africa vetus* – und ernennt den durch seine Schriften bekannten Sallustius Crispus zum ersten Statthalter.

Bereits Ende Juli war Caesar wieder in Rom, wo er einen vierfachen Triumph für seine seit der Eroberung Galliens errungenen Siege feierte. Eine von Nikolaos überlieferte Episode, die sich nach Caesars Rückkehr abspielte, zeigt uns erstmals Agrippa als Begleiter des Octavius. „Agrippa war ein enger Vertrauter und Freund des jungen Caesar, mit ihm zusammen erzogen und ihm kameradschaftlich aufs Innigste verbunden. Dessen Bruder hielt sich bei Cato auf; er war von Cato sehr freundschaftlich behandelt worden und hatte am afrikanischen Feldzug teilgenommen; jetzt befand er sich in Kriegsgefangenschaft. Obwohl er [Octavius] bisher noch nie etwas von Caesar erbeten hatte, wollte er um seine Freilassung bitten, zögerte aber aus Respekt; zugleich sah er, wie Caesars Stimmung gegenüber den in jenem Feldzug Gefangenen war. Als er Mut gefasst hatte, bat er um die Freilassung und erhielt sie. Darüber war er sehr erfreut, denn er hatte den Bruder seines Freundes gerettet.“[69] Wahrscheinlich wäre Agrippas Bruder auch ohne die Fürsprache des Octavius begnadigt worden. Caesar pflegte nur jene Gegner hinrichten zu lassen, die er schon einmal begnadigt hatte.[70] Cato nahm sich sogar das Leben, um nicht Caesar für seine – absehbare – Begnadigung zu Dank verpflichtet zu sein.

Marcus Vipsanius Agrippa, der später zum zweiten Mann im Reich aufsteigen sollte, wurde Ende 64 oder Anfang 63 geboren, war also etwa so alt wie Octavius. Nach Tacitus war er niedriger Abkunft, nach Plinius hatte er gar eine elende Jugend (und kranke Füße).[71]

Man weiß weder, wo er in Italien zur Welt kam, noch irgendetwas über seinen Vater (Inschriften verraten uns lediglich, dass er den Vornamen Lucius trug[72]). Agrippa, der neben dem oben genannten (älteren) Bruder eine Schwester namens Polla[73] hatte, ließ den an seine dunkle Herkunft erinnernden Familiennamen Vipsanius fallen; auf keinem offiziellen Dokument taucht er auf.

Während Caesars Aufenthalt in Rom ist Octavius oft an seiner Seite zu sehen. Bei Caesars Triumphen darf er gekleidet wie ein Teilnehmer des Feldzugs seinem Triumphwagen folgen. Bei Prozessionen und Opfern steht er neben ihm, wie Caesar richtet er Spiele aus. Doch als Caesar im November 46 zu einem Feldzug nach Spanien aufbricht, wo Sextus und Gnaeus Pompeius den letzten Widerstand gegen Caesar anführen, verhindert der Gesundheitszustand des Octavius wieder seine Teilnahme.

Dass Caesar im Spätherbst mit einem großen Heer nach Spanien geht, lässt die immer verzweifelter klingenden Nachrichten erahnen, welche er von seinen dort erfolglos agierenden Legaten Quintus Pedius und Quintus Fabius Maximus erhält.[74] Nach einem mühevollen Winterkrieg gelingt es Caesar im April 45, das – zahlenmäßig überlegene – pompeianische Aufgebot beim andalusischen Munda entscheidend zu besiegen. Gnaeus Pompeius, der wie sein jüngerer Bruder Sextus zunächst entkommt, wird einige Wochen später gefangen genommen und hingerichtet.

Octavius, der um die Bedeutung militärischer Erfahrungen weiß, versucht, möglichst schnell wieder auf die Beine zu kommen. Dennoch trifft er erst nach dem entscheidenden Sieg bei Caesar ein, was Nikolaos nicht davon abhält, ihn trotzdem überschwänglich zu rühmen. Eine in diesem Zusammenhang überlieferte kleine Episode ist für uns interessant. Als sich Caesar nach Carthago Nova einschiffte, „wurde ihm [Octavius] befohlen, zusammen mit fünf Sklaven dasselbe Schiff wie Caesar zu besteigen. Er selbst aber ließ aus Zuneigung noch drei Freunde zusätzlich zu den Sklaven einsteigen und fürchtete, Caesar würde ihn tadeln, wenn er dies erführe. Aber das Gegenteil war der Fall: Caesar freute sich darüber, dass er ein treuer Freund sei.“[75] Zu den drei Gefährten gehörte sicherlich Agrippa, wohl auch Salvidienus, der Octavius ebenso wie Agrippa nach Apollonia begleiten wird. Beim dritten könnte es sich um Lucius Cornificius gehandelt haben (siehe S. 51).

Im Juni 45 waren die spanischen Angelegenheiten geregelt, im September traf Caesar wieder in Rom ein. Auf dem Weg dahin durfte Octavius in Caesars Wagen mitfahren. Er saß allerdings hinter ihm, den Ehrenplatz neben ihm bekam Marcus Antonius.[76] In Rom feierte Caesar einen weiteren glanzvollen Triumph. Auch Quintus Pedius und Quintus Fabius Maximus gewährte er wenig später Triumphe, obwohl sie doch „nur Unterfeldherren gewesen waren und keine eigenen Erfolge erzielt hatten“.[77] Die Ausstattung war allerdings kümmerlich. Das Volk machte sich darüber lustig, dass lediglich hölzerne, statt wie üblich elfenbeinerne Darstellungen den Zug schmückten.

Dass Sextus Pompeius noch am Leben war, trübte die Siegesfreude nur wenig. „Wegen seiner Jugend und Unerfahrenheit hatte man ihm nämlich nicht zugetraut, etwas Großes zustande zu bringen. Und so irrte er auf dem Meer mit einigen wenigen Begleitern umher und gab sich nicht als Pompeius zu erkennen. Da sich, um Seeraub zu betreiben, eine größere Menge um ihn sammelte, entstand schließlich eine starke Truppe, was ihn veranlasste, seinen Namen zu offenbaren. Sogleich fanden sich alle, die unter seinem Vater oder Bruder gedient hatten und ein unstetes Leben führten, bei ihm als ihrem natürlichen Führer zusammen. … So mehrten sich seine Streitkräfte, seine Taten überstiegen bald an Bedeutung bloße Seeräuberei, und da er ringsum von Platz zu Platz flüchtete, verbreitete sich sein Name überall in Spanien, der weiträumigsten aller Provinzen. Er hütete sich indes vor einer gewaltsamen Auseinandersetzung mit den von Caesar dort eingesetzten Statthaltern."[78] Gegen Ende des Jahres reagierte Caesar und schickte den Prätorier Gaius Carrinas – Sohn eines *homo novus*, der als Anhänger des Marius den Sprung in den Senat geschafft hatte, aber 82/81 nach dem Sieg Sullas hingerichtet worden war[79] – mit einem Heer gegen Sextus. Doch dieser „verstand es geschickt, immer wieder plötzlich aufzutauchen und dann zu verschwinden. Dadurch zermürbte er Carrinas und konnte sich in den Besitz einer Anzahl kleinerer und größerer Städte setzen." Weder Carrinas noch sein von Caesar geschickter Nachfolger konnten gegen den taktisch klug agierenden Sextus Pompeius etwas Entscheidendes ausrichten. Noch Octavian wird mit ihm seine liebe Mühe haben. Carrinas wird dann wieder dabei sein.

Caesar hatte nicht vor, sich lange in der Hauptstadt aufzuhalten. Im März 44 wollte er zu einem großen Feldzug gegen die Parther aufbrechen. Bis dahin war Einiges zu regeln. So wurden die Konsuln bis zum Jahr 42 festgelegt: im Jahr 44 Caesar und Marcus Antonius, 43 wie schon erwähnt Vibius Pansa und Aulus Hirtius, 42 Decimus Brutus und der *homo novus* Munatius Plancus.[80] Doch eine andere Sache brannte Caesar wohl noch mehr auf den Nägeln: Bereits am 13. September überarbeitete er sein Testament. Octavius wurde darin von ihm adoptiert und zum Haupterben eingesetzt.[81]

Octavius scheint Caesar beeindruckt zu haben – trotz seiner Unpässlichkeiten und der daraus resultierenden militärischen Defizite. Unterstrichen wird dies durch die Aufnahme des Octavius unter die Patrizier[82] und die Rolle, die der *dictator* Caesar ihm künftig zugedacht hatte: Er designierte ihn zum *magister equitum*, also zu dem Amt, das „in seiner Anwesenheit das zweite, in seiner Abwesenheit das erste und beinahe einzige"[83] ist. Im Jahr 46 hatte Marcus Aemilius Lepidus in diesem Amt Marcus Antonius abgelöst. Für die Jahre 43 und 42 sollten dieses Amt – wohl in dieser Reihenfolge – Octavius und Domitius Calvinus übernehmen.[84] Dies zeigt das Vertrauen, das Caesar in den jungen Octavius und den etwa 50-jährigen Konsular Calvinus setzte. Es verband auch diese beiden. Calvinus war der erste (und für längere Zeit einzige) Konsular, der nach Caesars Ermordung auf Octavians Seite trat.

Wohl im Frühherbst 45 setzte Octavius auf Caesars Befehl nach Illyrien über. „Da Octavius noch ein junger Mann war, hatte ihn Caesar nach Apollonia am Ionischen Meer [siehe Abb. 5 auf S. 35] zur Ausbildung und zur Einübung im Kriegswesen geschickt, damit er ihn auf seinen Feldzügen begleiten könne. Reiterabteilungen aus Makedonien suchten ihn abwechselnd in Apollonia auf, um mit ihm gemeinsam zu üben, und ebenso kamen zu ihm als dem Verwandten Caesars wiederholt Armeeoffiziere. Da Octavius alle freundlich empfing, wurde er durch seine Besucher beim Heer bekannt und erwarb sich dessen Zuneigung."[85] Bemerkenswert daran ist, dass Octavius nicht wie andere angehende Senatoren Truppenteile besuchte, um das Kriegshandwerk zu erlernen, sondern dass die Soldaten zu ihm kamen. Octavius hielt Hof! Entsprechend werden ihn die in Apollonia versammelten Offiziere behandelt haben.

Doch der Achtzehnjährige verlor in Apollonia auch seine Bildung nicht aus den Augen. „Er verwandte nämlich nicht geringen Eifer auf das Studium der griechischen Sprache und Literatur. Und sogar auf diesem Gebiet tat er sich hinlänglich hervor. Sein Redelehrer war Apollodor von Pergamon, den er trotz seines hohen Alters mitnahm. ... Doch brachte er es nicht so weit, dass er Griechisch fließend sprechen konnte oder es gewagt hätte, etwas auf Griechisch abzufassen. Wenn es einmal erforderlich war, brachte er seine Gedanken auf Latein zu Papier und gab sie jemandem, der sie übersetzte."[86] Fraglos kam dieser Unterricht auch den Begleitern des Octavius zugute. Zwei davon kennen wir namentlich: Agrippa und Quintus Salvidienus Rufus (Salvius).[87] Ähnlich wie Agrippa war Salvidienus „von höchst zweifelhafter Herkunft"[88] oder – weniger herablassend formuliert – ein *homo novus*. Syme vermutet aufgrund des seltenen Namens Salvidienus, dass er in einem Gebiet nördlich von Corfinium (siehe Abb. 5) geboren wurde.[89] Salvidienus wird in den folgenden Jahren hoch aufsteigen – und tief fallen.

Cicero ist politisch kaltgestellt, hält aber weiterhin engen, freundschaftlichen Kontakt zu Caesars Vertrauten. Auch mit Caesar bleibt er in Verbindung, nachdem ihn Atticus nachdrücklich aufgefordert hatte, „ein etwas umfangreicheres Schreiben an Caesar zu verfassen".[90] Es fiel wohl sehr versöhnlich aus. Zumindest schwärmten Balbus und Oppius, denen er wie gewohnt vorab eine Abschrift hatte zukommen lassen, „es sei das Beste, was sie je gelesen hätten". Im Dezember 45 fällt Caesar sogar in Puteoli (siehe Abb. 4 auf S. 33) mit großem Gefolge bei Cicero ein. Dieser hatte das Anwesen erst vor Kurzem im Rahmen einer Erbschaft erworben und sich dabei verschuldet, um die Miterben auszuzahlen.[91] Cicero ist hin- und hergerissen: „Was für ein unsympathischer Gast! Und doch ist es mir nicht leid; es war nämlich äußerst nett. Also: Am zweiten Tag der Saturnalien traf er abends bei Philippus ein, und gleich war dessen Haus derartig von den Soldaten mit Beschlag belegt, dass sich in dem Speisezimmer, wo Caesar selbst speisen sollte, kaum noch ein Platz fand; es waren nämlich 2 000 Mann. Mir wurde ziemlich bange, wie das anderntags gehen würde; aber [mein Nachbar] Barba Cassius sprang mir bei. Der stellte mir Posten; Biwak auf freiem Feld, mein Anwesen wurde abgesperrt. Er blieb am dritten Saturnalientag bis 1 Uhr mittags bei Philippus; vorgelassen wurde niemand; wahrscheinlich finanzielle Besprechungen mit Balbus. Den Weg von dort zu mir machte er zu Fuß am Strand entlang."[92]

Hier begegnet uns erstmals Lucius Marcius Philippus, der Stiefvater des Octavius. Er war wohl etwas älter als Caesar, hatte im Jahr 62 die Prätur und im Jahr 56 das Konsulat erreicht. Im Jahr 58 hatte er in zweiter Ehe die verwitwete Atia, die Mutter des Octavius, geheiratet. Aus seiner ersten Ehe hatte er einen (gleichnamigen) Sohn. Im Krieg zwischen Caesar und Pompeius verhielt er sich neutral.[93] Er sollte vermutlich dadurch andere Konsulare (wie Cicero) ermutigen, sich ebenfalls aus dem Konflikt heraus- und insbesondere von Pompeius fernzuhalten.

Abb. 3: Die ruhmreiche gens Marcia

Der Sohn war im Jahr 56 Münzmeister, also über 10 Jahre älter als (der damals 7-jährige) Octavius. Der in Abb. 3 gezeigte Denar, den er in diesem Amt prägen ließ, führt dem Betrachter die stolze Geschichte der *gens Marcia* vor Augen. Auf dem Avers sehen wir den mythischen vierten König ANCVS Marcius, von dem abzustammen sich dieses Geschlecht ebenso rühmte wie auch – über eine Großmutter – Iulius Caesar.[94]

Die Rückseite dominiert neben dem Namen PHILIPPVS des Münzmeisters ein Reiterstandbild, das der Senat Anfang des 3. vorchristlichen Jahrhunderts dem Marcius Tremulus vor dem Kastortempel hatte errichten lassen – eine äußerst seltene Ehrung.[95] In seiner 6. Philippischen Rede nannte es Cicero daher eine unglaubliche Frechheit, dass neben diesem Standbild eines für Lucius Antonius, den Bruder des späteren Triumvirn, aufgestellt worden war.[96]

Den unteren Teil des Revers quert ein Aquädukt, zwischen dessen fünf Bögen AQVA MAR(cia) zu lesen ist. Dazu schreibt Frontinus: Im Jahr 144, als zwei ältere Wasserleitungen „baufällig geworden waren und auch von Privatleuten in betrügerischer Weise Wasser abgezweigt wurde, gab der Senat dem Marcius, welcher damals als Prätor zwischen Bürgern Recht sprach, den Auftrag, diese Leitungen wiederherzustellen und zu schützen. Und weil das Wachstum der Stadt eine größere Wassermenge zu fordern schien, sollte er sich ferner überlegen, inwieweit man noch andere Wasserläufe in die Stadt leiten könnte. Er stellte die beiden älteren wieder her und errichtete eine dritte mit gesünderem Wasser. … Aber weil zur Vollendung des aufgetragenen Werkes die Dauer der Prätur nicht genügte, wurde sie ins nächste Jahr verlängert."[97] Die neue Wasserleitung maß über 90 km und verlief mehr als 80 km davon unterirdisch, sonst großenteils auf mächtigen Bögen. Die Wasserqualität scheint überragend gewesen zu sein: „Das berühmteste Wasser auf der ganzen Erde, dem nach dem Urteil Roms wegen seiner Kälte und gesunden Beschaffenheit die Palme gebührt, ist das marcische. … Der erste, welcher es der Stadt zuführte, war der König Ancus Marcius. "[98] Letzteres ist natürlich eine – von der *gens Marcia* sicher gepflegte – Legende.

Der Stammbaum auf S. 24 zeigt, dass Octavius bei Caesars Tod neben seinem Stiefvater und Stiefbruder und den mit ihm über Caesars Schwestern entfernt verwandten Pinarius Scarpus und Quintus Pedius weitere männliche Verwandte besaß: Claudius Marcellus, den Sohn seiner Schwester Octavia minor, sowie Sextus und Marcus Appuleius, die Söhne seiner Halbschwester Octavia maior.

Marcellus wurde 42 geboren, spielte daher bei Octavians Aufstieg keine Rolle. Als engster männlicher Verwandter wurde er aber schon früh von Augustus dynastisch vereinnahmt. Sextus und Marcus Appuleius machten als Angehörige der *gens Appuleia* eine ihrer Herkunft angemessene Karriere. Der „schwer greifbare und geheimnisvolle"[99] Sextus wurde als Amtskollege Octavians im Jahr 29 *consul ordinarius*, danach Statthalter in Spanien und für seine dortigen Leistungen im Jahr 26 mit einem Triumph belohnt.[100] Sein jüngerer Bruder Marcus wurde im Jahr 20 *consul ordinarius*. Auch der Sohn des Sextus erreichte das Konsulat, mit dessen Sohn scheint aber dieser Zweig der Familie geendet zu haben.[101]

2 Octavians Weg zum Konsulat

Am 15. März 44 fällt der Diktator Caesar einem Attentat zum Opfer. Die Hoffnung der Verschwörer um Marcus Brutus und Gaius Cassius, damit die Republik wiederhergestellt zu haben, verfliegt rasch. Knapp anderthalb Jahre später ist Octavian, der neue Caesar, Konsul; der Senat ist entmachtet. Geebnet haben Octavians Aufstieg zum einen Cicero, zum anderen die Ritter aus der engsten Umgebung des Diktators.

Octavian wie Marcus Antonius buhlten um Caesars Klientel und Soldaten. Dies wollte Cicero nutzen, um das Lager der Cäsarianer zu spalten und so zu schwächen. Dazu musste er Octavian gegen Antonius in Stellung bringen. Er war überzeugt, den unerfahrenen „Knaben" (*puer*) lenken und notfalls beiseite schieben zu können, falls er nicht spurte.

Über die meist diskret im Hintergrund ablaufenden Aktivitäten von Caesars Vertrauten wüssten wir ohne Ciceros Briefe kaum etwas. Aus ihnen erfahren wir wenigstens bruchstückhaft von ihren beträchtlichen Krediten für den anfangs in großen finanziellen Nöten steckenden Octavian (etwa durch Matius und Rabirius Postumus bei den glanzvollen Spielen zu Ehren seines Adoptivvaters) oder von den (erfolgreichen) Bemühungen des Balbus und Oppius, Cicero auf Octavians Seite zu ziehen.

Bis auf Balbus, der für diese Dienste später mit dem Konsulat belohnt wird, verschwinden mit dem Ende von Ciceros Korrespondenz diese Ritter aus dem Blickfeld.

2.1 Caesar ist tot

Wenige Stunden nach dem Attentat auf Caesar schreibt Cicero an einen der Mitverschwörer: „Dir wünsche ich Glück, mir schenke ich Freude."[1] Zwei Tage später sehen wir Cicero nochmals im Senat agieren. Er ist wesentlich an dem an diesem Tag verabschiedeten Kompromiss beteiligt: Die Attentäter erhalten Straffreiheit, Caesars Verfügungen bleiben in Kraft. Doch der erzielte Ausgleich beruhigt die Lage nur kurz.

Caesars Agenten haben ihre Macht verloren. Hirtius und Pansa können zumindest nach den jüngsten Senatsbeschlüssen hoffen, im nächsten Jahr – wie von Caesar verfügt – das Konsulat anzutreten. Die Ritter aus Caesars Kreis brauchen dagegen einen neuen mächtigen Verbündeten, um wieder an Einfluss zu gewinnen. Eigentlich hätte sich dafür Marcus Antonius angeboten. Doch den kannten sie wohl zu gut. Außerdem hatte er sich in ihren Augen durch den oben erwähnten Kompromiss kompromittiert. Sie werden eine andere Wahl treffen. Dass es eine solche gibt, wissen zumindest Balbus und Oppius, die als enge Vertraute Caesars Testament kennen. Bald ist es auch in ganz Rom bekannt. Schon am 19. März, einen Tag vor Caesars Einäscherung, wird es eröffnet.[2] Als dabei das Volk erfährt, dass der Erbe jedem Römer 300 Sesterzen auszuzahlen habe, wendet sich die Stimmung gegen die Attentäter. Bei der Einäscherung Caesars schlägt sie in blanke Wut um. „Das Volk marschierte mit Fackeln zum Haus des Brutus und Cassius und konnte nur mit Mühe vertrieben werden.“[3]

So wird in Rom die Lage der Attentäter und ihrer Sympathisanten von Tag zu Tag schwieriger. Anfang April, zwei Wochen nach Caesars Ermordung, verlässt Cicero Rom. Seine Abwesenheit wird – bis auf einen kurzen Zwischenstopp Anfang Juli – bis Ende August dauern. Rastlos hetzt er von einem Ort zum anderen. Selten hält er sich in einer seiner Villen mehr als ein paar Tage auf. Die Abbildung 4 kann helfen, Ciceros Odyssee nachzuvollziehen: Sie zeigt in grün seine erste, in grau die Anfang Juli beginnende zweite Tour. Die labile Situation in Rom, die er – auch im Kontakt mit Caesars Vertrauten – stets im Blick behält, und das in seinen Augen stümperhafte Verhalten der Attentäter machen ihm zu schaffen. Ciceros Gedanken und Sorgen spiegeln sich tagebuchartig in den zahlreichen Briefen wider, die er in dieser Zeit schreibt. Die meisten gehen an seinen drei Jahre älteren engen Freund Titus Pomponius Atticus (einige davon haben wir schon auszugsweise gesehen). Atticus, der nie eine Senatskarriere anstrebte, entstammte einer wohlhabenden und angesehenen ritterlichen Familie. Durch geschicktes Wirtschaften und große Erbschaften konnte er ein beträchtliches Vermögen aufbauen. Seine Schwester war mit Quintus Tullius Cicero, dem jüngeren Bruder des bekannteren Marcus, verheiratet. „Diese [wohl nicht sehr glückliche] Ehe hatte Marcus Cicero gestiftet, der mit Atticus seit ihrer Schulzeit in tiefer Freundschaft verbunden war. Er stand ihm sogar viel näher als Quintus.“[4] Leider sorgte Atticus dafür, dass seine Antwortschreiben nicht in die uns vorliegende Sammlung der Briefe aufgenommen wurden.

Auf dem Weg nach Tusculum besucht Cicero am 7. April Matius in dessen Villa, um mit ihm die Lage zu besprechen. Sogleich schreibt er an Atticus: „Ich habe einen Abstecher zu dem gemacht, von dem wir heute morgen gesprochen haben. Es war fürchterlich: Das Chaos sei ganz unentwirrbar: ‚Wenn ER mit seinem Genie schon keinen Ausweg fand, wer soll ihn jetzt finden?‘ Da hast du’s. Alles sei aus, sagte er, und vielleicht hat er recht, aber man merkte ihm an, wie er sich darüber freute; in kaum drei Wochen, so versicherte er, werde in Gallien ein Aufstand ausbrechen. … Da lobe ich mir Oppius mit seiner Zurückhaltung, der IHN nicht weniger schmerzlich vermisst, aber kein Wort über seine Lippen kommen lässt, das einen Ehrenmann verletzen könnte.“[5] Matius glaubt also nicht, dass der brüchige Frieden lange halten wird.

Zwei Tage später klingt Cicero etwas hoffnungsvoller. Am 9. schreibt er aus Tusculum an Atticus: „Deine Briefe sind voll von Frieden. Bliebe es doch recht lange so! Matius hält das nämlich für unmöglich. … Doch spüre einmal Antonius’ Absichten nach! Ich glaube, es geht ihm mehr ums Tafeln, als dass er Böses im Schilde führt.“[6] Doch der Schein trügt. Antonius baut seine Stellung Schritt für Schritt aus, indem er (angebliche) Verfügungen Caesars, die nur er kennt, für seine Ziele nutzt.

Cicero liebte sein Tusculanum, seine Villa vor den Toren Roms (sein *suburbanum*). Schon im November 68 schrieb er an Atticus, er „finde einzig an jenem Orte Ruhe nach allen Mühen und Beschwerden“.[7] Als seine Villa (ebenso wie jene in Formiae und sein Haus

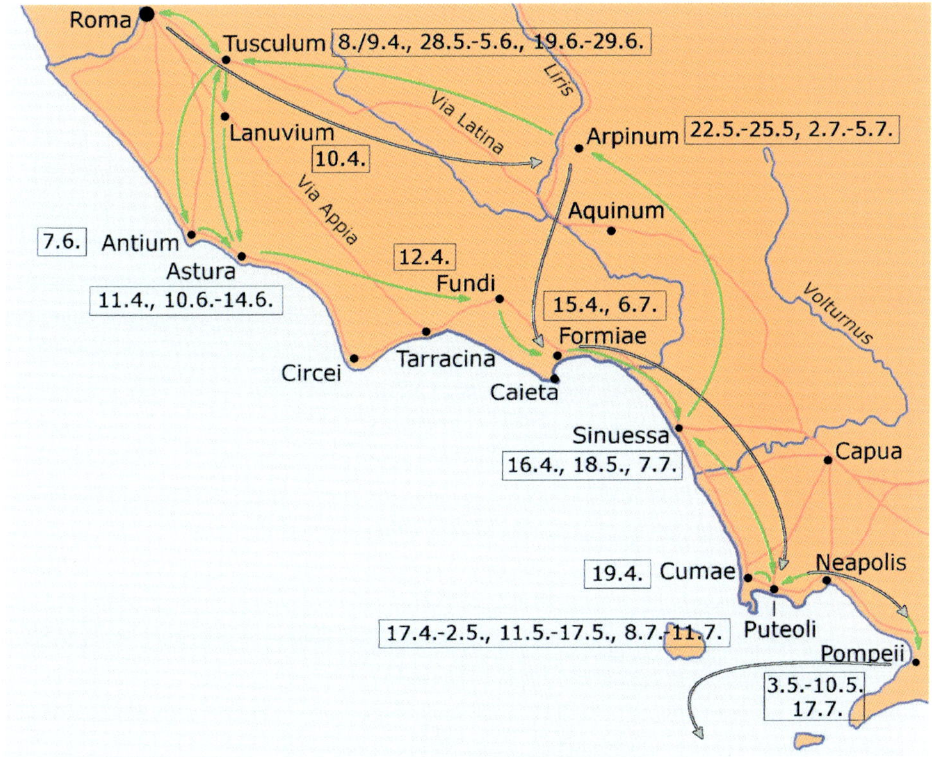

Abb. 4: Nach Caesars Tod: Cicero rastlos

in Rom) zehn Jahre später von den Banden des Clodius, der seine Verbannung durchgesetzt hatte, verwüstet wurde, ließ er sie nach seiner Rehabilitierung mit der ihm dabei zugesprochenen Entschädigungszahlung wieder aufbauen. Im Jahr 45, als er abermals politisch im Abseits stand und Trost in der Philosophie suchte, entwarf er hier seine berühmten *Tusculanae Disputationes*.

Doch im April 44 findet Cicero in Tusculum keine Ruhe. Schon am 10. weilt er in Lanuvium. Von dort lässt er Atticus wissen: „Die Dinge sind in Gärung. Denn wenn schon Matius so denkt, was glaubst du von den Übrigen? Mich freilich schmerzt, dass wir mit der Freiheit nicht auch die Republik wiedergewonnen haben. … Aber mag alles auf uns einstürmen, die Iden des März trösten darüber hinweg. Was unsere Helden, soweit es an ihnen lag, vollbringen konnten, das haben sie herrlich und ruhmreich vollbracht. Für das Übrige braucht es Geld und Soldaten; an beiden fehlt es uns.“[8] Am 11. (Cicero ist inzwischen in Astura) erwähnt Cicero erstmals den jungen Octavius: „Wissen möchte ich, wie Octavius' Ankunft verläuft, ob es zu Demonstrationen kommt, ob man mit einem Staatsstreich rechnen muss. Doch wohl nicht; immerhin, ich bin neugierig, mag es gehen, wie es will.“[9] Cicero eilt weiter; über Fundi (12.4.), Formiae (15.4.) und Sinuessa, wo er regelmäßig auf seinem Weg nach Kampanien übernachtet, geht es nach Puteoli, das er am 17.

April erreicht. Schon wenige Tage später wird es hier zu einer ersten Begegnung zwischen Cicero und Octavius kommen.

2.2 Der neue Caesar betritt die Bühne

Um den 25. März erreicht Octavius in Apollonia – wohl durch einen Freigelassenen, der einen Brief seiner Mutter Atia überbrachte – die Nachricht, „Caesar sei im Senatsgebäude von der Hand seiner vertrautesten und damals bei ihm einflussreichsten Untergebenen ermordet worden. Von den sonstigen Umständen drang noch nichts durch. Angst und Unsicherheit erfassten daher Octavius, ob hinter der Tat der ganze Senat stehe oder ob sie sich nur auf die Mörder beschränke; es war ihm auch unklar, ob … das Volk das Geschehene billige.“[10]

Die Nachricht von Caesars Tod schreckt das gesamte Heerlager auf. „Sogleich kamen die Offiziere der in der Nähe stationierten Legionen zu ihm und boten ihm ihre Unterstützung und die ihrer Soldaten an. Salvidienus und Agrippa rieten ihm, ein solches Angebot nicht von der Hand zu weisen.“[11] Doch Octavius ist vorsichtig. „Er hielt es für richtig, sich erst einmal ruhig zu verhalten, nach Rom zu gehen, sich vorher aber, nach der Ankunft in Italien, über die Ereignisse nach Caesars Tod zu informieren und zusammen mit den dortigen Freunden über die gesamte Lage zu beraten.“[12]

Obwohl das Meer noch winterlich bewegt war, stach Octavius mit der in Apollonia gelagerten Kriegskasse Caesars und einer ausgesuchten Truppe Richtung Italien in See.[13] „Er nahm jedoch nicht Kurs auf Brundisium; denn ohne mit den dortigen Truppen Erfahrungen gemacht zu haben, wollte er dieses Risiko nicht eingehen.“[14] Statt dessen „landete er am nächstgelegenen Vorgebirge Kalabriens, wo den Einwohnern noch nichts Genaueres über die Umwälzungen in Rom bekanntgeworden war. Dort verließ er sein Schiff und begab sich zu Fuß nach Lupiae [dem heutigen Lecce], wo er auf Leute stieß, die beim Begräbnis Caesars [dabei gewesen waren]. … Sie berichteten ihm unter anderem, dass er im Testament als Caesars Sohn adoptiert worden sei und drei Viertel des Vermögens für ihn bestimmt seien.“[15] Er erfuhr auch, dass die Attentäter beim Volk wenig Sympathien genossen: „Ohne von jemandem dazu angestiftet worden zu sein, habe das Volk die Häuser der Caesarmörder belagert, weil es wegen seiner Zuneigung für Caesar über den Mord erbittert war.“[16]

Nachdem Octavius einige Tage die Lage sondiert und dabei „erfahren hatte, dass sich keiner seiner Gegner dort aufhielt, begab er sich nach Brundisium.“[17] Veranschlagt man vier Tage für die Beratungen in Apollonia, zwei Tage für die Überfahrt und einen Tag für den Marsch nach Lupiae, so ist Octavius dort um den 3. April eingetroffen.[18] In Brindisi erreichen ihn Briefe von seiner Mutter Atia, die sich um das Leben ihres Sohnes sorgt, und von seinem Stiefvater Philippus. Dieser bittet ihn, „das Erbe Caesars nicht anzutreten; er solle sich in Acht nehmen vor dem Namen, dessentwegen Caesar dies erlitten habe. Er rät ihm, sich politisch ruhig zu verhalten und ein ungestörtes Leben zu führen.“[19] Glaubt man Appian, so war Letzteres für Octavius nie eine Option. Schon in Brindisi ha-

Abb. 5: Italien

be er unmissverständlich zum Ausdruck gebracht, dass er Caesars Testament annehmen werde: „Er brachte ein Opfer dar und nahm sogleich den Namen Caesar an“,[20] den er nun konsequent führte, ohne – wie eigentlich üblich – mit dem Beinamen Octavianus an seine Herkunft zu erinnern. Trotzdem werden wir ihn so nennen, um Verwechslungen mit seinem Adoptivvater zu vermeiden.

Was hatte Octavian, der nicht zu überstürzten Handlungen neigte, bewogen, seinen Anspruch in Brindisi öffentlich zu machen? Ausschlaggebend war jedenfalls nicht der Rat seiner – ebenso wie er politisch unerfahrenen – Freunde, die wir aus Apollonia kennen. Er hörte vielmehr „auf den Rat der ältesten und erfahrensten seiner Freunde.“[21] Wegen seiner reservierten Haltung gehört sein Stiefvater sicher nicht dazu. Es kann sich also nur um Männer handeln, die er in der Umgebung Caesars kennengelernt und dabei gesehen und – wohl auch von Caesar selbst – gehört hatte, dass sie das unbedingte Vertrauen seines Adoptivvaters genossen. An erster Stelle ist hier an Balbus und Oppius zu denken. Es lässt sich nicht belegen, dass er die beiden bereits in Brindisi traf. Doch das Geschehen der nächsten Tage und Wochen legt dies nahe. Auch der Plan, Cicero zu besuchen, dürfte dabei entwickelt worden sein.

Am 17. April weilt Balbus jedenfalls in Puteoli, wo er sich wiederholt mit Cicero trifft. Als Cicero von ihm erfährt, dass sich die Germanen an die mit Caesar getroffenen Abmachungen halten wollen, schreibt er freudig an Atticus: „Also? Alles atmet Frieden, ganz anders als der Kahlkopf [Matius] es mir angekündigt hat.“[22] Doch die gelöste Stimmung ist schon zwei Tage später verflogen. In einem Brief aus Cumae trauert Cicero den von den Verschwörern nach dem Attentat auf Caesar vergebenen Chancen nach. „Entsinnst du dich noch, wie ich gleich am ersten Tag auf dem Kapitol erklärte, die Prätoren sollten den Senat zu einer Sitzung auf dem Kapitol einberufen? Mein Gott! Was hätte sich damals alles erreichen lassen, wo alle anständigen Leute frohlockten und ebenso die halbwegs lauteren Elemente, die Gauner aber zerschmettert am Boden lagen! Du machst mir unser Verhalten am 17. März zum Vorwurf. Was hätte damals denn noch geschehen können? Es war ja schon längst aus mit uns! Entsinnst du dich noch, wie du ausriefest, alles sei verloren, wenn ER in feierlichem Leichenbegängnis zu Grabe getragen werde? Und was geschah? Er wurde gar auf dem Forum verbrannt, sein Tod in preisenden Reden beklagt, Sklaven und elendes Gesindel mit Feuerbränden auf unsere Behausungen losgelassen.“[23] Im gleichen Brief erfahren wir, dass Balbus zwischen Cicero und Octavian, der um den 12. April Brindisi in Richtung Kampanien verlassen hat, hin- und herpendelt: „Octavius ist am 18. in Neapel eingetroffen. Dort hat Balbus ihn heute früh aufgesucht und war danach bei mir in Cumae. Wie er sagt, will jener sein Erbe antreten. Aber du hast recht, es wird zu schweren Konflikten mit Antonius kommen.“

Balbus hat gut vorgearbeitet: Cicero ist von Octavian zunächst sichtlich angetan. Am 21. April schreibt er aus Puteoli an Atticus: „Balbus, Hirtius und Pansa sind hier; kürzlich ist auch Octavius eingetroffen, und zwar wohnt er in nächster Nachbarschaft, bei Philippus; er ist mir mit Leib und Seele ergeben.“[24] Doch schon am nächsten Tag schwingt Skepsis mit: „Octavius verkehrt hier freundschaftlich und höchst ehrerbietig mit mir. Seine Leute reden ihn mit ‚Caesar‘ an; Philippus nicht, und so tue auch ich es nicht. Ich behaupte, dass es für ihn unmöglich ist, ein guter Bürger zu sein; dafür umschwärmen ihn zu viele, die unsere Freunde mit Verderben bedrohen und sagen, dass es so es nicht weiter gehe. Was meinst du, wenn der Knabe nach Rom käme, wo sich unsere Befreier schon jetzt nicht sicher fühlen können? Deren Ruhm wird ewig dauern und das Bewusstsein ihrer herrlichen Tat wird ihnen gar ein Gefühl des Glücks verleihen; aber wir werden höchstwahrscheinlich nichts mehr zu melden haben. … Die beiden designierten Konsuln [Hirtius und Pansa] gefallen mir schon gar nicht; jetzt zwingen sie mich gar, Redeübungen mit ihnen abzuhalten, und lassen mich nicht einmal am Meer meine Ruhe finden.“[25] Je näher der Antritt ihres

Abb. 6: Lucius Antonius als Konsul

Konsulats rückt, desto weniger hält er von ihnen, wie ein Brief seines Bruders Quintus an Ciceros langjährigen Sekretär Tiro ungeschminkt zeigt; der Brief verrät auch, dass der im Haus geborene, im Jahr 53 freigelassene Sklave Tiro längst zu einem engen Vertrauten geworden war: „Was mein Bruder mir – natürlich aus Zurückhaltung und weil er es eilig hatte – nur mit ein paar knappen Worten mitgeteilt hat, hast du mir unverblümt so, wie es ist, geschrieben, vor allem das von den designierten Konsuln. Ich kenne sie in- und auswendig; sie strotzen von Begierden und sind völlig verweichlichte Schlappschwänze. … Wenn nichts unternommen wird, wickelt sie der Strolch [Marcus Antonius] durch Teilnahme an ihren Ausschweifungen noch ein.“[26] Als Konsuln werden die beiden jedoch zeigen, dass die Vorbehalte, die Ciceros Familie ihnen gegenüber hatte, unbegründet sind.

So sehr Cicero seine Besitzungen in Cumae und Puteoli liebt und sich über Besuche freut, nach zwei Wochen wird ihm der dort herrschende Trubel zu viel. Am 2. Mai besteigt er ein Ruderboot, um sich für einige Tage in das ruhigere Pompeji zurückzuziehen.[27] In seinem Pompeianum – seiner südlichsten Besitzung und ihm so lieb und (nicht nur im übertragenen Sinn) teuer wie sein Tusculanum[28] – scheint er ins Grübeln gekommen zu sein. Er schreibt an Atticus: „Im Übrigen – das darfst du mir glauben – habe ich die Überzeugung gewonnen, dass man zu Lebzeiten des Tyrannen mit geringerem Risiko gegen die Verbrecherbande losziehen konnte als jetzt, wo er tot ist. Sonderbarerweise hatte er ja gerade für mich eine Schwäche.“[29]

Octavian war inzwischen nach Rom aufgebrochen, wo er am 6. oder 7. Mai eintraf. Zwei Brüder des Marcus Antonius ermöglichten ihm dort die ersten großen Auftritte – was zeigt, dass nicht nur Cicero den Machtwillen Octavians unterschätzte. Zunächst nahm Octavian umgehend vor dem dafür zuständigen Prätor Gaius Antonius offiziell Caesars Testament an. Danach bot ihm der Volkstribun Lucius Antonius, der eine Blitzkarriere machen und uns im Jahr 41 als Konsul begegnen wird (siehe Abb. 6), die Möglichkeit, vor dem Volk eine Rede zu halten. Octavian versprach darin, die von Caesar zugesagten Legate auszuzahlen und die Spiele zu Ehren der siegreichen Venus und der von Caesar errungenen Siege, die eigentlich die *pontifices* hätten ausrichten müssen, auf eigene Kosten abzuhalten. Dies war allerdings leichter versprochen als eingehalten. Zwar hatte er laut Testament Anspruch auf Caesars Vermögen (seine Miterben Pinarius Scarpus und Quintus Pedius hatten ihm ihren Anteil abgetreten), doch Marcus Antonius weigerte sich, Caesars Barschaft herauszugeben. So war Octavian gezwungen, Ländereien Caesars und seiner Familie zu verkaufen, wobei er vieles wegen offener Rechtsfragen billig anbieten musste.[30] Dass er diese Ausgaben stemmen und trotzdem im Herbst 44 „mit nicht wenig Geld im Gepäck"[31] nach Süditalien ziehen konnte, um Truppen anzuwerben, zeigt die hervorragende, ja unverzichtbare Arbeit von Caesars Bankiers.

In einem am 9. Mai in Lanuvium verfassten Brief informiert Atticus umgehend Cicero über diese Vorgänge. Dessen am 11. in Puteoli verfasste Antwort verrät Ciceros Interesse daran: „Wenn wirklich Lucius Antonius, wie du annimmst, Octavius in der Volksversammlung vorgestellt hat, bin ich doch gespannt, was er gesagt hat." Aus demselben Brief erfahren wir, dass Cicero weiter intensiven Kontakt zu den ihm nahestehenden Cäsarianern hält. Marcus Brutus und Gaius Cassius „wünschen also, ich solle Hirtius bessern; nun, ich gebe mir Mühe, und was er sagt, klingt sehr schön; zudem sind er und Balbus ein Herz und eine Seele, und was der sagt, klingt ebenfalls gut. Was du davon glauben willst, überlasse ich dir. … Pansa hat mich in Pompeii besucht und mir klar und deutlich dargelegt, dass er guten Willens sei und Frieden wünsche. Aber ich sehe ebenso klar, dass man nach einem Vorwand für einen Krieg sucht."[32]

Noch am selben Tag schickt Cicero einen zweiten Brief hinterher: „Gleich als ich Cassius' Kurier abgefertigt hatte, kam Balbus. Du lieber Gott! Es war wirklich nicht schwer dahinterzukommen, dass er den Frieden fürchtet. Du kennst ihn ja, wie reserviert er ist; trotzdem erzählte er mir, was Antonius im Schilde führt: Jener bearbeite die Veteranen, Caesars Regierungsakte zu sanktionieren und sich eidlich darauf zu verpflichten. Sie sollten sich alle Waffen beschaffen und die städtischen Magistrate diese allmonatlich kontrollieren. … Für mich besteht kein Zweifel, dass wir dem Kriege zutreiben. Denn jene Tat ist zwar mit Mannesmut, aber mit dem Verstand von Kindern vollbracht worden. Jeder hat doch gesehen, dass man [bei der Ermordung Caesars] den Thronerben [Marcus Antonius] vergessen hatte. … Morgen gedenke ich bei Hirtius zu speisen, dem einzigen, der von dem fünfblättrigen Kleeblatt noch da ist. … Ich erwarte deinen Bericht über Octavius' Rede und was es sonst gibt."[33]

Am 14. Mai 44 stellt er in Puteoli ernüchtert fest: „Worauf sie hinauswollen, ist mir vollkommen klar, denn mein Schüler [Hirtius], der heute bei mir speist, liebt ihn, den unser Brutus zu Tode getroffen hat, mit ganzer Seele. Wenn du es wissen willst, ich bin genau im Bilde: Sie fürchten den Frieden und ihr Text, den sie überall hersagen, lautet: Ein herausragender Mann ist ermordet und durch seinen Tod das gesamte Staatswesen ins Chaos gestürzt worden. Alles, was er getan habe, wäre sofort null und nichtig, wenn wir uns nicht mehr fürchten. Seine Milde habe ihn ins Unglück gestürzt; hätte er sie nicht walten lassen, so hätte ihm nie etwas Derartiges zustoßen können."[34] Drei Tage später wird Cicero noch deutlicher: „Als Hirtius am 16. von hier nach Neapel ging, um dort mit Pansa zusammenzutreffen, habe ich vollkommen durchschaut, wie er in Wahrheit denkt. Ich habe ihn nämlich ins Gebet genommen und zum Frieden ermahnt. Natürlich konnte er nicht gut sagen, er wünsche den Krieg; aber er habe vor unseren Waffen nicht weniger Angst als vor denen des Antonius; beide Parteien seien nicht ohne Grund auf ihren Schutz bedacht; er aber fürchte beider Waffen. Wie du siehst, nicht Fisch und nicht Fleisch."[35]

Als Cicero am 18. Mai 44 zwischen Sinuessa und Arpinum unterwegs ist, drückt er seinen Ärger über Octavians Aktivitäten in Rom aus: „Über Octavius' Rede denke ich genau wie du, und die großartigen Vorbereitungen für seine Spiele sowie Matius und [Rabirius] Postumus als seine Agenten wollen mir gar nicht gefallen. ... Alle diese Kerle, da hast du vollkommen recht, haben genau soviel Angst vor dem Frieden wie wir vor dem Krieg."[36] Cicero weiß also jetzt, dass so gut wie alle Ritter aus Caesars Umgebung in Octavians Lager gewechselt sind – im Gegensatz zu dessen Adoptivvater, wie wir in einem Brief lesen können, den Cicero im September 44 an Cassius schickt: „Eins ist mir unerträglich: dass da einer in der Hoffnung, sein Sohn könne in eurem Jahre Konsul werden, unverhohlen diesem Räuberhauptmann [Marcus Antonius] dient."[37]

Philippus hoffte demnach, sein (leiblicher) Sohn, der im Jahr 44 ebenso wie Brutus und Cassius Prätor ist, könnte im Jahr 41 mit Hilfe des Antonius – zusammen mit oder anstelle des Cassius – Konsul werden. Keinem der beiden sollte dies gelingen. Doch während Cassius dieses Jahr nicht einmal erlebte, verzögerte sich die Karriere des jüngeren Philippus lediglich unwesentlich. Dies lag insbesondere daran, dass er schon als Prätor auf Abstand zu Antonius ging. Wir erfahren dies aus Ciceros am 20. Dezember vor dem Senat gehaltenen 3. Philippischen Rede: Zu den Männern, die – wie Cicero – die von Antonius vorgenommene Verteilung der Provinzen für unrechtmäßig hielten, gehöre auch Philippus, „ein Mann, der seines Vaters, seines Großvaters und seiner Ahnen vollauf würdig ist."[38] Das hier eingestreute Lob für dessen Vater steht in deutlichem Gegensatz zu Ciceros Äußerung im oben zitierten Brief.

Die nächsten Tage sucht Cicero zunächst in seinem Vaterhaus in Arpinum, dann in Tusculum Zuflucht. Weiter geht es nach Astura. Auf dem Weg dahin trifft er sich am 7. Juni in Antium[39] mit Brutus und Cassius. Es herrscht allgemeine Ratlosigkeit. Cicero verkneift es sich zwar, den Verschwörern abermals den Fehler vorzuhalten, Antonius nicht getötet zu haben. Doch seine Kritik an ihrem zögerlichen Handeln nach dem Attentat kommt nicht gut an.

Besonders herzlich war – bei aller politischer Übereinstimmung – das Verhältnis zwischen Cicero und Brutus ohnehin nicht. Den Grund kann man zwei ausführlichen Briefen entnehmen, die Cicero im Februar 50 an Atticus schickte. Im Jahr 53 hatte Brutus als Quästor seinen Schwiegervater in dessen Provinz *Cilicia* begleitet und diese Stellung genutzt, um über Mittelsmänner Geld zum Wucherzins von 48 % pro Jahr zu verleihen. Als im Jahr 51 Cicero Statthalter dieser Provinz wurde, forderte ihn Brutus auf, seine Agenten beim Eintreiben der Außenstände zu unterstützen. Zum einen hätte Cicero seine Amtsgewalt missbraucht, wenn er sich für die Geschäfte eines Privatmannes eingesetzt hätte. Zum anderen widersprach der Wucherzins seinen eigenen Dekreten, in denen er als Statthalter die Zinsen auf den (üblichen) Satz von 12 % pro Jahr festgesetzt hatte. „Wenn Brutus der

Meinung ist, ich hätte 48 % dekretieren sollen, während ich in der ganzen Provinz auf 12 % bestehe, dies auch in meinem Edikt zum Ausdruck gebracht habe und sogar die raffgierigsten Wucherer damit einverstanden sind, ... dann bedaure ich zwar, dass er mir zürnt, aber noch viel mehr, dass er nicht dem Bild entspricht, das ich mir von ihm gemacht hatte."[40]

Cicero ist nach dem Besuch bei Brutus und Cassius deprimiert: „Völlig aus den Fugen habe ich das Schiff vorgefunden oder vielmehr schon als Wrack. Alles planlos, unüberlegt, durcheinander. Also: Wenn ich auch schon vorher entschlossen war, von hier zu verschwinden, so jetzt erst recht, und zwar lieber heute als morgen."[41] Solange Antonius Konsul ist, glaubt Cicero nicht, etwas beeinflussen zu können. Es reift der Plan, nach Griechenland zu gehen, auch um seinen Sohn in Athen zu besuchen. Am 1. Januar 43, beim Amtsantritt der neuen Konsuln, will er wieder zurück sein.

Spätestens am 10. Juni trifft Cicero im ruhigen Astura ein, wo er einige Tage bleiben wird. Er überdenkt die Lage: „Octavian ist, wie ich mich überzeugen konnte, ein recht begabter junger Mann, der weiß, was er will, und wird sich zu unsern Heroen wahrscheinlich so stellen, wie wir es wünschen. Aber wir müssen sehr auf der Hut sein; wohin ihn sein jugendliches Alter, sein Name, sein Erbe, seine Erziehung schließlich einmal führt, weiß niemand. Sein Stiefvater, den ich hier in Astura getroffen habe, meint jedenfalls, ihm sei nicht zu trauen. Trotzdem müssen wir ihn fördern und insbesondere von Antonius fernhalten. Marcellus [der erste Gatte der Octavia minor; siehe den Stammbaum auf S. 24] erwirbt sich ein großes Verdienst, wenn er ihm unsere Ideen schmackhaft macht. Übrigens schien es mir so, als wäre Octavian ihm sehr zugetan. Pansa und Hirtius traut er nicht recht. Also: gute Grundlagen, wenn es dabei bleibt."[42]

Doch schon am 12. Juni plagt ihn die Langeweile: „Ich will dir etwas sagen: Die Gegend hier ist reizend, auf jeden Fall abgelegen, und wenn du etwas schreiben willst, schaut dir nicht immer gleich jemand über die Schulter. Aber ich weiß nicht, wie es kommt, daheim ist's halt am schönsten. So ziehen mich meine Füße nach dem Tusculanum. Dieses Stilllebens am Seeufer wird man scheint's doch schnell überdrüssig. "[43] Er wartet noch die Ankunft seines Sekretärs und Freundes Tiro ab[44] und bricht am 15. nach Tusculum auf. Auf dem Weg dorthin plagen ihn düstere Gedanken, wie ein unterwegs verfasster Brief an Atticus zeigt: „Mir scheint alles auf Mord und Totschlag hinzudeuten, und zwar in allernächster Zeit. Man sieht Soldaten, man sieht Waffen; kurzum, ich fühle mich bedroht."[45]

Cicero will fort, ist sich aber über das geeignete Vorgehen unsicher, wie er am 20. aus Tusculum an Atticus schreibt: „Also machen wir, dass wir wegkommen! Aber rate mir: von Brundisium oder Puteoli?"[46] Tags darauf scheint er entschlossen: „Tiro behauptet, du hieltest Brundisium nicht mehr für richtig; du hättest etwas von Soldaten gesagt. Aber ich habe mich bereits entschlossen, und zwar für Hydruntum [Otranto; siehe Abb. 5 auf S. 35]. Maßgebend dafür waren deine ‚fünf Stunden' [die du für die Überfahrt ansetzt]. Von hier ist die Fahrt doch gar zu lang. Aber wir werden sehen. ... Ich habe es eilig, vor Sextus wegzukommen, der angeblich im Anmarsch ist."[47]

In einem Brief an Atticus vom 29. treibt ihn die Sorge um, seine Abreise könnte als Flucht ausgelegt werden: „Über meine Reise höre ich die verschiedensten Ansichten; es kehren ja alle möglichen Leute bei mir ein. Aber lass dir bitte diese Frage durch den Kopf gehen; es hängt viel davon ab: Bist du einverstanden, wenn ich zum 1. Januar wieder da zu sein gedenke? Mir ist alles recht, nur möchte ich keinen Anstoß erregen.“[48] Als ihn Oppius diesbezüglich beruhigt, drückt er ihm Anfang Juli – als er sich kurz in Rom aufhält – seine Dankbarkeit aus: „Als mir, wie unser Atticus weiß, wegen meines ganzen Reiseplans Zweifel kamen, weil mir vieles dafür und vieles dagegen in den Sinn kam, trugen dein Urteil und Rat entscheidend dazu bei, alle Zweifel zu beheben. Denn du schreibst offen deine Meinung und außerdem hat mir Atticus von deinem Gespräch mit ihm berichtet. Es ist immer meine Überzeugung gewesen, dass du klug zu raten weißt und mit Zurückhaltung dein Wort verpfändest. In besonderem Maß habe ich dies erfahren, als ich zu Anfang des Bürgerkriegs brieflich bei dir anfragte, was ich deiner Meinung nach zu tun hätte, ob ich zu Pompeius gehen oder in Italien bleiben solle. Du rietest mir zu tun, was mir meine Ehre gebiete. Daran konnte ich deine anständige Gesinnung erkennen und habe deine Zuverlässigkeit und Gewissenhaftigkeit bei Erteilung eines Rates bewundert; obwohl du wusstest, dass dein Freund es anders wollte, galt dir meine Pflicht mehr als sein Wunsch.“[49] Ciceros Erleichterung wäre nicht so groß gewesen (und sein Dank nicht so wortreich ausgefallen), wenn er nicht Oppius noch immer für sehr einflussreich gehalten hätte.

Über Arpinum und Formiae, wo er einen Brief von Brutus erhält, den er mit dem Kommentar „Mein Gott, was für eine Ratlosigkeit!“[50] umgehend an Atticus weiterleitet, erreicht er am 7. Juli sein Puteolanum. Am 9. resümiert er enttäuscht nach einem mehrstündigen Besuch bei Brutus: „Mehr als einmal habe ich Brutus gegenüber ein Wort fallen lassen von einer etwaigen gemeinsamen Reise, aber er ging nicht so darauf ein, wie ich es erwartet hatte.“[51] So schifft er sich ohne dessen Begleitung am 17. in Pompeji Richtung Süden ein.[52]

Die von Octavian versprochenen und Ende Juli veranstalteten Spiele wurden durch ein unerwartetes himmlisches Zeichen ein voller Erfolg. Plinius berichtet darüber: „Nur an einem einzigen Ort auf der Erde, nämlich in Rom, wird ein Komet in einem Tempel verehrt, weil ihn der göttliche Augustus als ein sehr günstiges Zeichen für sich ansah. Dieser erschien nämlich zu Anfang seiner Regierung, während der Spiele, die er zu Ehren der Venus Genetrix … abhielt. Mit folgenden Worten drückte er seine Freude darüber aus: ‚In den Tagen meiner Spiele wurde ein Komet sieben Tage lang am nördlichen Firmament gesehen. Er entstand um die elfte Tagesstunde, war klar und in allen Ländern sichtbar. Das Volk glaubte, er bedeute die Aufnahme der Seele Caesars unter die unsterblichen Götter.‘ So legte er es öffentlich aus, aber im Herzen freute er sich und nahm an, der Stern sei seinetwegen erschienen und bedeute seine wachsende Größe.“[53] Zahlreiche Münzen zeigen diesen Kometen (siehe Abb. 7; man beachte den nach oben zeigenden Schweif), meist mit der Beischrift DIVVS IVLIVS. Sie rufen damit nicht nur die Erscheinung dieses Sterns, sondern auch die im Jahr 42 erfolgte Erhebung Caesars zum Staatsgott in Erinnerung.

Mitte August ist Ciceros Reise wegen positiver Signale des Antonius schon wieder vorbei. Am 6. sollte südlich von Rhegium (dem heutigen Reggio Calabria; siehe Abb. 5) die Überfahrt nach Griechenland beginnen. Doch heftiger Südwind treibt die Reisegesell-

Abb. 7: Der Komet

schaft zurück in den Hafen. Während man auf besseren Wind wartet, setzt bei Cicero ein Umdenken ein, wie er Atticus am 19. August noch auf dem Schiff, das ihn zurück nach Pompeji bringt, zu erklären versucht: „Es erschienen ein paar angesehene Bewohner Rhegiums, die eben aus Rom gekommen waren. Unter ihnen war ein Freund unseres Brutus, der diesen, wie er sagte, in Neapel getroffen hatte. Sie brachten die Nachricht mit, Brutus und Cassius hätten bekanntgemacht, dass am 1. [September] der Senat zusammentreten werde. Brutus und Cassius hätten sich brieflich an alle Konsulare und Prätorier gewandt mit der Bitte zu erscheinen. Sie versicherten, es bestehe die größte Aussicht, dass Antonius sich nachgiebig zeige, eine Versöhnung zustande komme und unsere Freunde nach Rom zurückkehren könnten. Sie fügten auch hinzu, man vermisse mich, tadle mein Vorhaben ein wenig. Auf diese Nachricht hin habe ich mich nicht lange besonnen und meinen Entschluss zu reisen fallen lassen; recht wohl dabei war mir ja weiß Gott auch vorher nicht gewesen.“[54]

Ende August ist Cicero wieder in Rom. Der Empfang ist überwältigend: „Eine solche Masse von Menschen strömte ihm zum Empfang entgegen, dass sich die Begrüßungen und Freudenbekundungen vom Stadttor bis zu seinem Haus fast den ganzen Tag hinzogen.“[55] Für die Senatssitzung am 1. September, in der Marcus Antonius Ehrungen für Caesar vorschlägt, entschuldigt er sich wegen der Strapazen der Reise. Antonius ist aufgebracht; zu gerne hätte er Cicero vor seinen Karren gespannt. Am 2. September, als Cornelius Dolabella die Sitzung leitet, hält Cicero die erste seiner 14 – schon von ihm selbst scherzhaft so genannten[56] – Philippischen Reden, mit denen er nach seinen eigenen Worten „den rülpsenden und kotzenden [Antonius] in Octavians Fangnetze getrieben habe“.[57]

Die erste Philippika ist noch maßvoll im Ton; keinesfalls will Cicero bei den gemäßigten Gefolgsleuten Caesars anecken. Er appelliert an die beiden Konsuln: „Ihr als Männer von nobler Herkunft, die sich hohe Ziele setzen, ihr wart, so glaube ich, doch nicht auf Geld aus, wie einige allzu Leichtgläubige vermuten, Geld, das doch gerade die bedeutendsten und angesehensten Männer stets verachtet haben. Ihr strebt auch nicht nach Macht und Gewalt und einer dem römischen Volk unerträglichen Despotie. Euch geht es doch um die Liebe eurer Mitbürger und den Ruhm! Ruhm aber ist die öffentliche Anerkennung rechter

Taten und großer Verdienste um den Staat, die von den Besten wie von der Menge bezeugt und bestätigt werden."[58] Mit einer scharfen Gegenrede besiegelt Antonius wenig später den Bruch mit Cicero. Im Gegenzug rechnet Cicero in seiner zweiten Philippika gnadenlos mit Antonius ab. Allerdings wurde diese „Rede" nie gehalten, sie erschien nur als (wohl erst nach Ciceros Tod veröffentlichte) Broschüre. Bemerkenswerterweise verlieren Antonius und Cicero in ihren Reden kein Wort über Octavian.

Wohl auf Mitte Oktober datiert ein vielfach besprochener Briefwechsel zwischen Cicero und Matius,[59] den der mit beiden befreundete Jurist Trebatius Testa ausgelöst hatte. Ihm gegenüber hatte sich Matius über die Kritik beklagt, die Cicero an ihm wegen seiner Beteiligung an den Spielen Octavians geübt habe. Solche Äußerungen seien nicht mit ihrer freundschaftlichen Beziehung vereinbar. Im Bestreben, diese Verstimmung aus der Welt zu schaffen, berichtet Trebatius Cicero darüber. Daraufhin versucht Cicero in einem ausführlichen Brief an Matius, die Sache wieder einzurenken.[60]

Er wundere sich, „dass du hast glauben können, ich hätte etwas verbrochen, was sich mit unserer Freundschaft nicht verträgt. … Aber du bist doch ein hochgebildeter Mann, und so kann es dir nicht entgehen, dass man – wenn Caesar ein monarchisches Regiment geführt hat und der Ansicht bin ich allerdings – über deine Handlung auf zweierlei Weise reden kann: entweder so, wie ich es tue, dass man deine Treue und edle Gesinnung anerkennen müsse, der du auch den verstorbenen Freund noch liebst, oder so, wie es manche tun, dass man die Freiheit des Vaterlands über das Leben des Freundes stellen müsse. Ach, hätte man dir doch von meinen Ausführungen bei diesen Erörterungen berichtet! Denn in der Tat: Wer spricht lieber und öfter als ich von deinen beiden größten Verdiensten, dass du nämlich zum einen [bei Caesar] energisch dafür eingetreten bist, den Bürgerkrieg nicht zu beginnen, zum anderen, sich im Siege zu mäßigen. Ich habe noch niemanden gefunden, der mir darin nicht zustimmte. Darum bin ich unserm Freund Trebatius dankbar, dass er mir Veranlassung zu diesen Zeilen gegeben hat. Willst du ihnen nicht glauben, dann erklärst du damit, dass ich bar jeden Pflichtgefühls und edler Gesinnung bin; das wäre das Schlimmste, was mir passieren könnte, und würde auch gar nicht zu dir passen." Cicero macht eindringlich klar, wie wertvoll für ihn die Freundschaft mit Matius ist. In der Sache bekräftigt er jedoch seinen Standpunkt, wenn er auch die Ehrenhaftigkeit der Haltung des Matius anerkennt.

Die Antwort des Matius[61] fällt ähnlich ausführlich aus. Bei aller Höflichkeit kann er allerdings nicht verbergen, dass er sich durch Cicero gekränkt fühlt. „Man wirft mir vor, dass ich schwer an dem Tod des mir nahestehenden Mannes trage und empört bin, dass er, den ich geliebt habe, ein solches Ende finden musste; man sagt nämlich, erst komme das Vaterland und dann der Freund, gerade als ob schon erwiesen wäre, dass sein Tod ein Segen für den Staat ist." Er habe weder den Bürgerkrieg gutgeheißen, noch sich nach dem Sieg Caesars „durch den Reiz von Geld und Ehren fangen lassen – Belohnungen, von denen alle Übrigen, obwohl sie weniger bei ihm galten als ich, einen maßlosen Gebrauch gemacht haben. Ja, an meinem eigenen Vermögen habe ich durch ein Gesetz Caesars Einbußen erlitten, durch dessen Entgegenkommen den meisten, die jetzt über Caesars Tod jubeln, ihre bürgerliche Existenz erhalten geblieben ist. Für die Schonung der unterlegenen Mitbürger habe ich gewirkt, als ginge es um mein eigenes Leben." Weiter klagt er: „Die einen wollen sich ihrer Tat rühmen, die andern dürfen nicht einmal ungestraft trauern! Dieses Recht hat doch selbst Sklaven niemand verwehrt." Schließlich rechtfertigt er seine Mitwirkung an Octavians Spielen: „Aber ich habe die Festspiele geleitet, die der junge Caesar zur Feier von Caesars Sieg veranstaltet hat! Nun, das ist ein persönlicher Dienst und bedeutungslos für Sein oder Nichtsein des Staates. Diesen Dienst zum Andenken und zu Ehren meines lieben Freundes auch noch nach seinem Tod zu leisten, fühlte ich mich verpflichtet und konnte ich dem jungen Mann, der zu den besten Hoffnungen berechtigt und Caesars durchaus würdig ist, nicht abschlagen." Matius ist also von Caesars Erben sehr angetan – und damit nicht weit von Ciceros anfänglicher Einschätzung entfernt.

Aus Puteoli oder Cumae schreibt Cicero am 28. Oktober an Atticus: „Du hast recht, ich darf weder in vorderster Front stehen noch die Nachhut führen; aber fördern muss ich die Sache doch. … Während ich dies schreibe, fällt mir ein, dass du meine Broschüre [der 2. Philippika] wohl schon in Händen hast. Ei, wie bangt mir vor deinem Urteil! Indessen, was kümmert es mich? Ehe nicht die Republik wiederhergestellt ist, kommt sie ja doch nicht ans Tageslicht. Welche Hoffnungen ich mir in dieser Beziehung mache, mag ich nicht schreiben."[62]

2.3 Im Auftrag des Senats

Im Oktober beginnen Antonius und Octavian aufzurüsten. Antonius hatte es geschafft, sich anstelle der ihm vom Senat für das Jahr 43 zugesprochenen Provinz *Macedonica* für fünf Jahre die Provinzen *Gallia cisalpina* und *Gallia Narbonensis* übertragen zu lassen und die vier in der makedonischen Provinz für Caesars Partherkrieg stationierten Legionen dorthin überführen zu dürfen. Nun möchte er dieses inzwischen bei Brindisi stehende Heer übernehmen. Doch dank Octavians Aktivitäten bekommt er dabei Probleme. Der versucht nämlich unterdessen in Kampanien, Caesars Veteranen für sich zu gewinnen – durch reichlichen Einsatz von Geld.

Darüber schreibt Cicero am 2. November aus Puteoli an Atticus: „Gestern Abend erhielt ich einen Brief von Octavian. Er hat große Pläne. Die Veteranen in Casilinum und Calatia [in der Nähe von Capua] hat er auf seine Seite gebracht; kein Wunder, gibt er doch jedem 500 Denare. Jetzt will er die übrigen Veteranensiedlungen besuchen. Ganz deutlich ist er darauf aus, dass es unter seiner Führung zum Kriege mit Antonius kommt. Also in absehbarer Zeit werden wir unter Waffen stehen. Und wem sollen wir uns anschließen? Bedenke seinen Namen, sein jugendliches Alter! Mich fordert er zunächst zu einer geheimen Besprechung auf, etwa in Capua oder in der näheren Umgebung von Capua. Kindisch zu glauben, das könne geheim bleiben, und so habe ich ihn brieflich darauf hingewiesen, dass es unzweckmäßig und unmöglich sei. Jetzt schickt er mir Caecina, … einen seiner Vertrauten; durch ihn lässt er mir sagen, Antonius sei mit der Haubenlerchen-Legion auf dem Weg nach Rom und lege den Landstädten Kontributionen auf; die Legion marschiere feldmarschmäßig. Er erwägt nun, ob er mit seinen 5 000 Veteranen ebenfalls nach Rom marschieren oder Capua halten und dem anrückenden Antonius den Weg verlegen soll, oder ob er zu den drei Legionen aus Makedonien gehen soll, die längs des Adriatischen Meeres auf dem Marsch sind und die er zu gewinnen hofft. Sie haben sich geweigert, von Antonius ein Handgeld anzunehmen – jedenfalls behauptet Caecina das –, haben ihn arg beschimpft und ihn, als er vor ihnen sprechen wollte, einfach stehen lassen. Kurz und gut, er [Octavian] wirft sich als Führer auf und erwartet, dass ich ihm dabei selbstverständlich sekundiere. Ich habe ihm geraten, auf Rom zu marschieren, denn wahrscheinlich wird er den Stadtpöbel auf seiner Seite haben und, wenn er Vertrauen erweckt, auch die Patrioten. Ach Brutus, wo bist du? Die beste Gelegenheit verpasst du! Prophezeit habe ich das zwar nicht, aber dass es so kommen würde, habe ich mir wohl gedacht."[63]

Bei Appian[64] erfahren wir den wohl wichtigsten Grund für das Verhalten der makedonischen Legionen. Antonius hatte den Soldaten, die natürlich von Octavians Großzügigkeit wussten, lediglich 100 Denare angeboten. Octavian gelingt es, zwei der makedonischen Legionen auf seine Seite zu ziehen, so dass er jetzt mit den beiden aus den kampanischen Veteranen gebildeten über vier Legionen verfügt. Antonius marschiert mit den zwei verbliebenen makedonischen Legionen und ebenfalls angeworbenen Veteranen in die *Gallia cisalpina*.

Auch wenn sich Augustus am Ende seines Lebens gleich zu Beginn seines Tatenberichts rühmt, er habe „mit 19 Jahren aus privater Initiative und aus eigenen Mitteln ein Heer aufgestellt" und damit dem Staat „die Freiheit wiedergegeben",[65] waren seine Anwerbungen illegal, da er über kein *imperium*, keine Machtbefugnis eines höheren Magistrats verfügte. Für eine Legalisierung braucht er Cicero.

Wie sehr Octavian ihn bedrängt, lesen wir am 4. November: „Gleich zwei Briefe an einem Tag von Octavian! Und zwar müsse ich gleich nach Rom; er wolle die Sache durch den Senat bringen. Ich habe ihm geantwortet, der Senat könne nicht vor dem 1. Januar zusammentreten, was ich auch wirklich glaube. ‚Mit deinem Rat' sagt er. Kurz gesagt: Er drängt und ich suche Ausflüchte. Ich traue seiner Jugend nicht, weiß nicht, was er im Schilde führt. Ich möchte keinen Schritt ohne deinen Freund Pansa tun. Womöglich ist Antonius doch der stärkere; auch entferne ich mich nur ungern von der Küste. Andererseits könnte etwas Großes geschehen, und ich bin dann nicht dabei gewesen. … [Der Knabe] hat eine starke Streitmacht hinter sich, kann [Decimus] Brutus für sich gewinnen; im Übrigen geht er ganz offen vor: organisiert seine Streitmacht in Capua, zahlt ihnen ihr Handgeld aus. Der Krieg steht offenbar vor der Tür."[66]

Derart verunsichert sucht Cicero wieder einmal Zuflucht in seinem Vaterhaus. Am 11. November schreibt er aus Arpinum an Atticus: „Sehnsüchtig erwarte ich deinen Rat. Ich möchte nicht gern fehlen, wenn es ehrenvoller für mich ist, dabei zu sein; aber aufs Geratewohl zu kommen wage ich nicht."[67] Von dort schickt er Anfang Dezember 44 auch den letzten uns erhaltenen Brief an Atticus: „Weiß Gott, du hast oft genug zu politischen Angelegenheiten Kluges gesagt, aber nie Klügeres als in diesem Brief: ‚Freilich hält dieser Knabe im Augenblick Antonius schön im Zaum, dennoch bleibt das Ende abzuwarten.'

Aber diese Rede vor dem Volk! Man hat mir nämlich davon berichtet. Da schwört er ‚so wahr ihm erlaubt sein möge, seines Vaters Ehren zu erlangen‘ und zeigt dabei auf dessen Standbild. Von so einem möchte ich nicht gerettet werden! Aber du hast recht, am Tribunat unseres Casca [einer der Attentäter, der am 10. Dezember sein Amt als Volkstribun antreten sollte] werden sich die Geister scheiden. Genau darüber habe ich mit Oppius gesprochen, als er mir zuredete, mich dem jungen Mann und überhaupt der ganzen Sache mitsamt der Veteranenbande zu verschreiben. Ich habe ihm gesagt, das könne ich nur tun, wenn ich die Überzeugung gewänne, dass er sich gegen die Tyrannenmörder nicht nur nicht feindlich, sondern ausgesprochen freundlich stelle. Er erwiderte, es werde so sein. Darauf ich: ‚Warum haben wir es dann so eilig? Vor Neujahr bedarf er ja meiner Hilfe nicht, wir aber werden noch vor den Iden des Dezember in der Sache Casca sehen, wie er sich zu verhalten gedenkt.‘ Darin stimmte er mir durchaus zu.“[68] Wenn auch Balbus häufiger in Erscheinung tritt, spielt also Oppius weiterhin eine wichtige Rolle bei der Festigung des Bündnisses zwischen Cicero und Octavian.

Trotz seiner immer wieder geäußerten Bedenken setzt Cicero alles auf eine Karte. Als am 1. Januar 43 die neuen Konsuln Pansa und Hirtius ihr Amt antreten, hält er im Senat seine 5. Philippika, mit der er Octavian schließlich die gewünschte Legitimität verschafft. Es ist eine Lobeshymne auf Octavian, den nun auch er Gaius Caesar nennt. „Ich komme nun zu Gaius Caesar, versammelte Väter. Wäre er nicht gewesen, wer von uns hätte bestehen können? Es eilte von Brundisium zur Hauptstadt mit einem Heer heran jener überaus gewalttätige Mensch, Antonius, glühend vor Hass und feindseliger Gesinnung gegen alle Wohlgesinnten. Was konnte man seiner Frechheit und seinem Frevel entgegensetzen? Wir hatten noch keine Heerführer, keine Truppen; es gab keinen Senat mehr, keine Freiheit. Man musste der Grausamkeit des Frevlers den Nacken anbieten. Wir alle dachten an Flucht, doch auch die bot keinen Ausweg. Wer hat uns, wer dem römischen Volk damals jenen göttlichen Jüngling gesandt, welcher Gott? Während jenem verderblichen Bürger alle Wege zu unserem Verderben offen standen, hat er sich wider aller Erwartung plötzlich und früher, als jemand bei ihm auch nur den Gedanken dazu vermutete, erhoben und ein Heer zusammengebracht, um es der Wut des Antonius entgegenzustellen. … Wir wollen also Caesar die Machtbefugnis (*imperium*) übertragen, ohne die es nicht möglich ist, das Kriegswesen zu verwalten, das Heer in Ordnung zu halten und Krieg zu führen. Er soll Proprätor sein mit allen Rechten im besten Sinne des Wortes. Obwohl diese Würde für sein Alter groß ist, dient sie den unweigerlich anstehenden Unternehmungen und nicht bloß dem Rang. … Es liegt in der Natur der Dinge, versammelte Väter, dass, wer Gefühl für wahren Ruhm in sich trägt und weiß, dass er vom Senat, von den Rittern, vom gesamten Volk als Bürger wert und der Republik nützlich erachtet wird, – dass ein solcher nichts kennt, was diesem Ruhm gleichzustellen wäre. Wäre es doch dem Gaius Caesar, ich meine den Vater, in jungen Jahre gelungen, beim Senat und überhaupt bei jedem Ehrenmann Anerkennung zu finden! Doch er unternahm nichts, um diese zu gewinnen, sondern verbrauchte die ganze Kraft seines überlegenen Geistes, um die schwankende Gunst des Volkes zu erlangen. Da er auf den Senat und die Rechtschaffenen nicht hören wollte, eröffnete er sich auf eigene Faust eine Bahn zur Vergrößerung seiner Macht, die der Stolz eines freien Volks nicht dulden konnte. Die Gesinnung seines Sohnes aber ist himmelweit von seiner verschieden. ... Ich kenne alle Gedanken des jungen Mannes. Nichts ist ihm teurer als die Republik, nichts wichtiger als euer Ansehen, nichts erwünschter als das Urteil wohlgesinnter Männer, nichts wertvoller als der wahre Ruhm. Daher habt ihr von ihm nichts zu befürchten, sondern dürft sogar noch Größeres und Besseres erwarten."[69]

Wie wir aus seinen Briefen wissen, ist Cicero in Wirklichkeit weit weniger von Octavians Qualitäten überzeugt. Doch er sieht keine andere Möglichkeit im Kampf gegen Antonius, als dem Senat Octavian als Retter anzupreisen. Cicero war damit erfolgreich. Der Senat beschloss für Octavian nicht nur ein proprätorisches *imperium*, also die einem Prätor gleichrangige (und einem Konsul untergeordnete) Amtsgewalt. „Ihm sollte außerdem ein vergoldetes Standbild errichtet und das Recht verliehen werden, schon jetzt unter den Konsularen im Senat sein Votum abgeben und sich zehn Jahre vor der gesetzlichen Altersgrenze um das Konsulat bewerben zu dürfen. Ferner bestimmte der Senat, dass den von Antonius zu ihm übergetretenen Legionen derselbe Geldbetrag ausbezahlt werde, den ihnen Octavian im Falle eines Sieges zugesagt hatte."[70]

Octavian marschiert unter dem Oberbefehl des Konsuls Hirtius nach Mutina (Modena; siehe Abb. 5 auf S. 35), wo Antonius den Statthalter Decimus Brutus – einen der Attentäter – belagert. Pansa hebt vier Legionen aus und rückt auf der Via Aemilia vor. Am 14. April 43 trifft er bei Forum Gallorum, einem gut 10 km östlich von Mutina gelegenen Dorf, auf die Truppen des Antonius. Trotz der von Hirtius geschickten Verstärkung unterliegt Pansa. Als Hirtius mit zwei Legionen zum Entsatz heranrückt, kann er die wegen ihres Sieges leichtsinnig gewordenen Truppen des Antonius vernichtend schlagen. Galba (Urgroßvater des gleichnamigen Kaisers), der in dieser Schlacht eine Legion kommandierte, berichtet stolz an Cicero: „Es wurden zwei Adler und sechzig Feldzeichen des Antonius eingebracht. Es war ein voller Erfolg."[71]

Am 21. April gelingt durch die Schlacht bei Mutina die Befreiung des Decimus Brutus. Hirtius fällt in dieser Schlacht, Pansa erliegt zwei Tage später den Verletzungen, die er bei Forum Gallorum erlitten hatte. Doch trotz des Todes der beiden Konsuln glauben viele Senatoren, dass der Sieg über Antonius greifbar nahe sei und es nun darum gehe, Octavian nicht zu mächtig werden zu lassen.

2.4 Octavian entmachtet den Senat

Der Senat übertrug den Oberbefehl über das Heer, das den nach Gallien zurückweichenden Marcus Antonius verfolgen sollte, dem noch von Caesar für 42 designierten Konsul Decimus Brutus, obwohl der keinen Anteil am errungenen Sieg hatte. Octavian sollte unter dessen Kommando an diesem Feldzug teilnehmen. Doch sich einem der Attentäter seines Adoptivvaters zu unterstellen, hätte Octavian die Achtung seiner Soldaten gekostet.

Eine weitere Demütigung für Octavian war der Beschluss des Senats, Decimus, nicht aber ihn mit einem Triumph zu ehren.[72] Cicero wollte Octavian bei Laune halten, indem er beantragte, ihn wenigstens in der Form der *ovatio* (eines kleinen Triumphs) in die Stadt einzuziehen zu lassen. Doch damit saß er zwischen allen Stühlen. Denn während Octavian diese *ovatio* als Brüskierung empfand, war sie für Marcus Brutus schon zu viel der Ehre, wie einem Brief Ciceros zu entnehmen ist.[73] Einen Triumph für Octavian zu fordern, wäre wohl Cicero auch aufgrund eigener Erfahrungen schwer gefallen (siehe S. 20).

Bald musste der Senat erkennen, dass seine militärische Lage trotz des Erfolgs bei Mutina prekär war. Gefahr drohte von Marcus Antonius wie von Octavian, über dessen Pläne Unklarheit herrschte. Eine entscheidende Verstärkung erhoffte man sich von zwei kampferprobten Legionen Caesars, die der Senat aus der Provinz *Africa nova* angefordert hatte, wie Cicero am 29. Mai 43 an Decimus Brutus schreibt.[74] Doch die afrikanischen Truppen lassen auf sich warten. Am 3. Juni macht Decimus Brutus Cicero gegenüber nochmals deutlich, wie dringend die Truppen benötigt werden.[75] Als sie am 28. Juli immer noch nicht eingetroffen sind,[76] zeichnet sich die Niederlage des Senats ab.

Um diese Zeit begegnet uns zum ersten Mal Valerius Messalla Corvinus, der auf dem Weg zu Marcus Brutus bei Cicero vorbeischaut. Cicero nutzt dies, um ihm einen Brief an Brutus mitzugeben.[77] Der wohl um 64 geborene Messalla Corvinus – Sohn eines Konsuls und Zensors – entstammte einem der angesehensten patrizischen Geschlechter Roms, dem der Valerii Maximi. Die Nachkommen des Manius Valerius Maximus, Konsul von 263, verzichteten auf den Beinamen Maximus und ersetzten ihn durch den ehrenden Beinamen Messalla, der diesem verliehen worden war, nachdem er von der mit den Römern verbündeten Stadt Messana (dem heutigen Messina) aus in Sizilien erfolgreich Krieg geführt hatte. Sein zweiter, individueller Beiname Corvinus erinnert an einen weiteren berühmten Vorfahren, den mehrfachen Konsul Marcus Valerius Corvus aus dem 4. Jahrhundert, dem ein legendärer Zweikampf mit einem Gallier den Beinamen *corvus* (Rabe) einbrachte.[78] Noch 300 Jahre später war er so bekannt, dass ihn Augustus unter die Feldherrn einreihte, „die er in den beiden Säulengängen seines Forums durch Statuen, die sie in der Pose des Triumphators zeigten, ehrte".[79]

Messalla galt als ausgezeichneter Redner. Im Juli 43 lobte ihn Cicero gegenüber Brutus in höchsten Tönen: Es sei ihm „unmöglich, all seine überragenden Verdienste einfach mit Stillschweigen zu übergehen. Du darfst nicht glauben, dass er, was Ehrbarkeit, Charakter, Interesse und Eifer für den Staat angeht, seinesgleichen hat, so dass bei ihm für das Lob seiner Beredsamkeit, in der er sich erstaunlich hervortut, kaum noch Platz zu sein scheint. Freilich zeigt sich gerade bei ihr seine Intelligenz in besonderem Maß; mit solch entschiedenem Geschmack und so viel Beharrlichkeit hat er sich im strengsten Redestil geübt!"[80] Noch Tiberius nahm sich seine Redekunst zum Vorbild: „Ihn hatte er schon als junger Mann verehrt, als Corvinus bereits älter war."[81]

Messalla Corvinus hatte sich also zur Freude Ciceros auf die Seite der Attentäter geschlagen. Der Hochadlige wird aber nicht mit ihnen untergehen, sondern (mehrmals?) geschmeidig die Seiten wechseln und schließlich zu den Siegern gehören.

Octavians kurzfristiges Ziel ist es, eines der beiden vakanten Konsulate zu erhalten. Marcus Brutus hält dies für brandgefährlich, wie er am 15. Mai Cicero wissen lässt: „Was das

Konsulat angeht, befürchte ich, dein Caesar könnte glauben, durch deine Maßnahmen so hoch emporgestiegen zu sein, dass er, wenn er erst einmal Konsul geworden ist, nicht wieder herunterzusteigen brauche."[82] Im Juni versucht Cicero[83] Brutus zu beruhigen: Octavian, „der sich bislang durch meine Ratschläge lenken ließ, der selbst vorzügliche Anlagen besitzt und bewundernswerte Festigkeit zeigte, haben gewisse Leute durch schändliche Briefe und intrigante Zwischenträger dazu verführt, sich sicherste Hoffnung auf das Konsulat zu machen". Cicero glaubt also noch immer, Octavian auf den rechten Weg bringen zu können. Doch auch er verkennt nicht den Ernst der Lage. „Man treibt ein Spiel mit uns, Brutus, die Soldaten mit ihrer Zügellosigkeit, die Feldherrn mit ihrer Anmaßung. Jeder beansprucht soviel Einfluss im Staat, wie seine Stärke ihm verschaffen kann; nicht Vernunft, Maß, Gesetz, Herkommen oder Pflicht gelten etwas, nicht gesundes Urteil, nicht Ansehen bei den Mitbürgern, nicht Scheu vor der Nachwelt." Cicero ahnt wohl, dass die – Caesar immer noch verehrenden – afrikanischen Legionen im Zweifel eher Octavian als dem Senat folgen würden.

Mitte Juli bietet Octavian einen Kompromiss an: Er verspricht, Cicero zu seinem Amtskollegen zu machen.[84] Cicero war sicher geschmeichelt, wusste aber auch – wie seinen Briefen zu entnehmen ist – um die Tücken dieser Einladung. Ihm blieb eine Entscheidung erspart, denn der Senat lehnte es ab, einem 19-Jährigen ein Amt zu verleihen, das regulär erst mit dem 43. Lebensjahr zu erreichen war. Octavian handelte umgehend. „Er überschritt von der gallischen Provinz aus in Richtung Italien den Rubikon, den Fluss, den in gleicher Weise auch sein Vater als ersten bei Beginn des Bürgerkriegs überquert hatte, und teilte dann seine Streitkräfte in zwei Gruppen. Der einen befahl er langsam nachzufolgen, während er die zweite und bessere, die sich aus ausgesuchten Leuten zusammensetzte, in Eilmärschen vorrücken ließ. Durch ihre Schnelligkeit wollte er die Einwohner Roms noch unvorbereitet antreffen."[85] Darüber war „der Senat zutiefst bestürzt, da ihm keinerlei Streitkräfte zur Verfügung standen, und, wie es in Schreckenszeiten zu geschehen pflegt, erhoben seine Mitglieder gegeneinander Vorwürfe. Die einen kritisierten, dass man Octavian den Oberbefehl im Feldzug gegen Antonius in verletzender Weise abgenommen habe, die anderen die Verweigerung des Triumphs, einer doch nicht unberechtigten Bitte."[86]

Das Eintreffen der afrikanischen Truppen in Rom ließ nochmals Hoffnung aufkeimen. Der Senat „übertrug den Prätoren den Schutz der Stadt. Sie ... besetzten sogleich das Ianiculum [den Gianicolo] mit den Soldaten, die in der Stadt standen, und denen, die aus Afrika eingetroffen waren."[87] Doch dies war ein Strohfeuer. Als Octavian in den Vororten Roms erschien, „erfasste die Leute Angst. Zunächst traten einige Senatoren, später auch viele aus dem Volk zu ihm über. Daraufhin kamen die Prätoren ebenfalls vom Ianiculum herunter und ergaben sich ihm samt ihren Soldaten."[88]

Die vom Senat versprochene Prämie wurde nun von Octavian ausgezahlt.[89] Jeder Soldat erhielt einen Beutel mit 100 Goldmünzen (*aurei*), die in der römischen Republik selten und erst unter Caesar in größerem Umfang ausgegeben, nun aber von den Prätoren Lucius Cestius und Gaius Norbanus Flaccus in enormer Zahl geprägt wurden. Auf dem Avers des in Abb. 8 gezeigten Aureus erkennt man an der Elefantenhaube (man beachte Ohr und

Abb. 8: Kriegsprägung

Rüssel) die Personifikation Afrikas als unmissverständlichen Hinweis auf den Zweck der Prägung. Auf dem Revers sehen wir einen kurulischen Stuhl, bei dem zwei obere Bögen der Beine als fliegende Adler gestaltet sind.[90] Auf dem Stuhl liegt ein korinthischer Helm. Für dieses Motiv gibt es zahlreiche Erklärungsversuche. Doch da Octavian im Folgejahr Denare prägen lässt, deren Rückseiten der nämliche Stuhl – nun aber mit der Aufschrift CAESAR DIC(tator) PER(petuo) und einem Kranz auf der Sitzfläche – ziert, handelt es sich wohl um Caesars goldenen Amtssessel. Dies legt nahe, dass die Münzen nicht lange vor (oder erst nach) Octavians Einzug in Rom geprägt wurden.

Am 19. August erzwingt Octavian das Konsulat für sich und seinen Vetter Quintus Pedius, der trotz seines Alters und seiner Karriere (siehe S. 23) nach Dio weniger Octavians Kollege als sein Untergebener war.[91] Da die Wahl möglichst schnell durchgezogen werden sollte, verlief sie nicht in der eigentlich nach dem Tod der beiden amtierenden Konsuln vorgeschriebenen Form, sondern unter der Leitung eines Prätors, der zwei Konsulare bestimmte, die während des Wahlakts als Konsuln fungierten. Betrachtet man die weitere Karriere, kann es sich bei diesem Prätor nur um Gaius Norbanus Flaccus gehandelt haben.[92] Auch die Verbindungen seiner Familie zu Marius[93] und die Karrieren seiner Nachkommen (ein Sohn war im Jahr 24 an der Seite des Augustus *consul ordinarius*, ein Enkel erreichte dieses Amt im Jahr 15 n. Chr.) sprechen für einen raschen Übertritt des Norbanus zu Octavian. „All das geschah natürlich mit Waffengewalt. Doch um jeden Anschein zu vermeiden, es werde Druck ausgeübt, ließ sich Caesar in der Volksversammlung nicht sehen – als ob es seine Anwesenheit, nicht aber seine Macht gewesen wäre, vor der man zitterte."[94]

Wenig später erbat Cicero – ebenso wie Octavians Stiefvater Marcius Philippus – von Octavian die Erlaubnis, den Senatssitzungen künftig fernbleiben zu dürfen. Er bekam sie auch; er hatte ja seine Schuldigkeit getan. Das erhaltene Fragment seines Dankschreibens ist die letzte uns überlieferte Äußerung Ciceros: „Der mir und Philippus gewährte Urlaub freut mich zweifach, hast du damit doch die Vergangenheit begraben und Hoffnung für die Zukunft geweckt."[95] Wie es weiterging, fasst Plutarch kurz so zusammen: „Nachdem der junge Mann von ihm emporgehoben worden und zur Konsulwürde gelangt war, ließ er Cicero fallen, versöhnte sich mit Antonius und Lepidus, vereinte seine Macht mit der ihrigen und teilte sich mit ihnen das Reich wie irgendeinen beliebigen Besitz."[96] Schnell ging es in der Tat: Es dauerte nur gut drei Monate, bis das *Imperium Romanum* unter Antonius, Octavian und Lepidus aufgeteilt und Cicero tot war.

Zunächst ging Octavian daran, die Amnestie der Caesarmörder aufheben und sie ächten zu lassen. Dazu brachte Pedius ein Gesetz zur Einrichtung eines entsprechenden Gerichtshofs ein. Vor diesem wurden die Verschwörer angeklagt, „den höchsten Amtsträger ohne Gerichtsverfahren und Urteil getötet zu haben. Dabei traten Lucius Cornificius als Ankläger gegen Brutus und Marcus Agrippa als Ankläger gegen Cassius auf. Die Angeklagten wurden verurteilt, weil sie nicht vor Gericht erschienen. Die Geschworenen wurden gezwungen, ihre Stimmen in diesem Sinn abzugeben."[97] Nur wenige wagten es, dagegen zu stimmen.[98] Zu den Verurteilten gehörte auch der Volkstribun Casca. Doch der hatte Octavians „Absicht im voraus geahnt und sich heimlich davongemacht, ehe dieser die Stadt betrat."

Lucius Cornificius, der uns hier erstmals begegnet, stammte aus einer senatorischen Familie, die aber keine ruhmreiche Geschichte vorweisen konnte. Mit ihm wird sich das ändern. Über sein Vorleben ist nichts bekannt. Auch wie ihn Octavian kennenlernte, wissen wir nicht. Sein Auftritt als Ankläger an der Seite Agrippas, die verantwortungsvollen Aufgaben in Octavians Kampf gegen Sextus Pompeius und sein ordentliches Konsulat, das er nur zwei Jahre später als Agrippa erreichte, lassen aber vermuten, dass er zu Octavians etwa gleichaltrigen Jugendfreunden gehört.

Zum ersten Mal nach Octavians Rückkehr aus Apollonia treffen wir hier wieder Agrippa, von dem – ebenso wie von Salvidienus – die Geschichtsschreiber seitdem nichts berichtet haben. Dies ist teilweise verständlich, da die beiden – im Unterschied zu Caesars Drahtziehern – Octavian auf dem römischen Parkett kaum helfen konnten. Tatenlos blieben seine Freunde aber sicher nicht.[99] Insbesondere kann man davon ausgehen, dass sie bei Mutina an der Seite Octavians gekämpft und seine Truppen nach Rom geführt haben. Doch Octavians Propaganda wollte seinen Aufstieg als dessen eigene, durch keinen Helfer geschmälerte Leistung erscheinen lassen.

3 Das Zweite Triumvirat

Im später Zweites Triumvirat genannten Bündnis zwischen Octavian, Marcus Antonius und Marcus Aemilius Lepidus, das schon bald über die Geschicke des römischen Reichs bestimmen wird, ist Octavian – nicht nur wegen seines Alters – zunächst der Juniorpartner. Nur wenige hochrangige Senatoren bekennen sich daher anfangs zu ihm. Neben dem Konsular Domitius Calvinus sind es im Wesentlichen drei Prätorier: der gut 40-jährige Gaius Carrinas, der bereits 43 für den verstorbenen Quintus Pedius Konsul wurde, ferner die etwas jüngeren Calvisius Sabinus und Norbanus Flaccus, die in den Jahren 39 bzw. 38 das ordentliche Konsulat erreichten. Letzterer führte wohl bei Philippi die Truppen des erkrankten Octavian.

3.1 Blutiger Einstand

Nachdem es Marcus Antonius gelungen war, seine Truppen mit denen des Lepidus zu vereinigen, befand sich Octavian in einer militärisch schwierigen Lage. Dio fasst seine Überlegungen wohl korrekt wie folgt zusammen: „Da er deren Stärke sah und um ihr verwandtschaftlich begründetes Einvernehmen wusste, fühlte er sich außerstande, Gewalt gegen sie anzuwenden. Zugleich hegte er die Hoffnung, Cassius und Brutus, damals schon mächtige Herren, mit ihrer Hilfe zu Fall zu bringen und dann auch sie selbst durch gegenseitiges Ausspielen niederzuzwingen."[1] Octavian verschleierte geschickt seine Absichten. Er zog gemäß den noch geltenden Senatsbeschlüssen gegen Antonius und Lepidus, „rückte aber nur langsam vor, da er abwarten wollte, wie sich der Senat weiterhin verhalte. Denn nach Octavians Abgang redete Pedius den Senatoren eindringlich zu, nicht ihre gegenseitigen Streitigkeiten unheilbar werden zu lassen, sondern sich mit Lepidus und Antonius friedlich zu einigen. Zwar ahnten die Senatoren, dass eine Aussöhnung weder ihrem eigenen Vorteil noch dem des Vaterlands diene, sondern nur eine Unterstützung Octavians gegen Cassius und Brutus bedeute, doch willigten sie angesichts ihrer Zwangslage ein und hoben die Beschlüsse auf, welche den Antonius und Lepidus, ferner die unter ihnen dienenden Soldaten zu Landesfeinden erklärten."[2]

Der vom Senat gegen Antonius in den Krieg geschickte Decimus Brutus wurde von seinen Soldaten verlassen, er selbst „von den Häschern des Antonius ermordet. Damit erhielt er die gerechte Strafe für sein Verbrechen an Iulius Caesar, der sich so sehr um ihn verdient gemacht hatte,"[3] wie der Octavian-freundliche Velleius kommentierte.

Nun stand einem Bündnis zwischen Antonius, Lepidus und Octavian – abgesehen vom gegenseitigen Misstrauen – nichts mehr im Weg. „Drei Tage lang fanden unter ihnen allein bei der Stadt Bononia [dem heutigen Bologna; siehe Abb. 5] geheime Besprechungen statt, zu denen sie an einem rings von einem Fluss umströmten Ort, fern von den Heerlagern, zusammenkamen."[4] Danach hatten die Triumvirn ihre Herrschaftsgebiete abgesteckt, also die Provinzen des Reichs unter sich verteilt. „Weiterhin bestimmten die drei Machthaber die Jahresämter in der Stadt auf einen Zeitraum von fünf Jahren."[5]

Dass Octavian sein Konsulat abgeben und einen Gefolgsmann des Antonius als Nachfolger akzeptieren musste, zeigt die dominierende Stellung des Antonius.[6] Lepidus sollte – anstelle des Decimus Brutus (siehe S. 27) – im Jahr 42 sein zweites ordentliches Konsulat antreten. Auch in den beiden Folgejahren sah man erprobte Konsulare für dieses Amt vor. Im Jahr 41 sollte es – an der Seite von Lucius Antonius – Publius Servilius Isauricus übernehmen, der im Jahr 48 erstmals Konsul gewesen war (als Amtsgenosse Caesars), im Jahr darauf Domitius Calvinus, dessen Aktivitäten bei Pharsalus wir verfolgen konnten (siehe S. 21). Während Servilius bei den späteren Auseinandersetzungen zwischen den Triumvirn nicht in Erscheinung tritt, werden wir Domitius als treuen Gefolgsmann Octavians sehen.

Im Jahr 39 sollten Calvisius Sabinus und Marcius Censorinus für eine ehrenhafte, wenngleich folgenlose Tat mit dem ordentlichen Konsulat belohnt werden. Von Caesars starker Senatsfraktion hatten sie nämlich als einzige versucht, ihm beim Attentat beizustehen: „Keiner der Freunde half Caesar, obwohl es doch so viele waren, weder während des Attentats noch danach mit Ausnahme des Calvisius Sabinus und des Censorinus."[7] Der aus einer alten römischen Familie stammende Marcius Censorinus schlug sich früh auf die Seite des Antonius;[8] dagegen entschied sich der *homo novus* Calvisius Sabinus, der unter Caesar nach seinem Einsatz bei Pharsalus die Prätur erreicht hatte und im Jahr 45 Statthalter der Provinz *Africa vetus* war,[9] für Octavian. Nicht nur für ihn wird sich dies auszahlen. Die Familie des Calvisius hielt sich über drei Generationen an der Spitze des Senats. Ein Sohn wurde 4 vor, ein Enkel 26 nach Chr. *consul ordinarius*.

Über diesen Enkel berichtet Seneca abfällig: „Der Calvisius Sabinus unserer Zeit war ein reicher Mann; er besaß sowohl den [gewaltigen] Reichtum als auch den [beschränkten] Verstand eines Freigelassenen. Niemals habe ich einen unschicklicheren glücklichen Menschen gesehen. Sein Gedächtnis war so miserabel, dass ihm bald der Name des Odysseus entfiel, bald der von Achilles, bald der von Priamos, welche er so gut gekannt hatte, wie wir unseren Erzieher kannten." Um trotzdem als gebildet zu gelten, habe er – für die gewaltige Summe von je 100 000 Sesterzen – elf Sklaven gekauft, die mit verschiedenen Dichtern vertraut waren. „Nachdem diese Dienerschaft zusammengekauft worden war, schickte er sich an, seine Gäste zu belästigen. Er hatte die eben erwähnten zu Füßen, und obgleich er sich von ihnen nacheinander die Verse erbat, die er vortragen wollte, verlor er sich oft mitten im Wort."[10] Auch die Geschichtsschreiber wissen um seinen Reichtum, zeichnen ihn aber weniger karikaturhaft. Schon unter Kaiser Tiberius wegen Majestätsbeleidigung angeklagt und nur knapp dem Tod entronnen,[11] wurde ihm sein großer Reichtum unter Caligula zum Verhängnis. Um die leeren Kassen aufzufüllen, „lauerte er vielen Personen wegen ihres Vermögens auf. … Calvisius Sabinus, einer der führenden Senatoren und damals eben von seiner Statthalterschaft in Pannonien zurückgekehrt, wurde zusammen mit seiner Frau Cornelia angezeigt, und zwar erhob man gegen letztere die Anklage, sie habe

Abb. 9: Die Triumvirn

die Wachen kontrolliert und den Soldaten bei ihren Übungen zugesehen. Beide warteten das Urteil nicht ab, sondern nahmen sich zuvor das Leben.«[12]

Ein Altar, der in Spoleto, einer südlich von Perugia an der Via Flaminia gelegenen Kleinstadt, gefundenen wurde,[13] ist der *pietas* eines Konsulars Calvisius Sabinus gewidmet. Die Frage, ob damit der uns interessierende Vater, sein Sohn oder sein Enkel gemeint ist, lässt sich nicht klären. Doch es liegt nahe, sich für den Vater zu entscheiden. Denn sein vergeblicher Versuch, Caesar an den Iden des März 44 beizustehen, ist ein herausragendes Beispiel von *pietas*, die ja mehr ist als Frömmigkeit und wesentlich auch die treue Pflichterfüllung gegenüber Eltern, Verwandten oder einem Wohltäter einschließt. Letzteres war Caesar für den *homo novus* Calvisius Sabinus in hohem Maß.

Am 27. November 43 ließen die Triumvirn ihre Vereinbarung durch ein Gesetz absegnen.[14] Als Mitglieder des Dreimännergremiums zur Wiederherstellung der Republik konnten sie nun fünf Jahre lang völlig legal schalten und walten, wie sie wollten. Dass sie diese (Schein-)Legalität selbst nicht ernst nahmen, beweisen ihre schon vor Verabschiedung dieses Gesetzes erlassenen Verfügungen.

Wir sehen die drei Machthaber in Abb. 9 auf Denaren aus den Jahren 42 und 41, von links nach rechts den gut 40-jährigen Marcus Antonius, den halb so alten Octavian und den etwa 50-jährigen Lepidus. Im deutlichen Kontrast zu den zahlreichen Prägungen seiner Amtskollegen zeigen nur wenige, meist (wie die vorliegende) flüchtig in einer Feldmünzstätte geprägte Münzen das Porträt des Lepidus.

Bereits in Bononia stellten die Triumvirn „Listen derer auf, die sterben sollten. Sie wählten dabei einflussreiche Persönlichkeiten, denen sie misstrauten, sowie persönliche Feinde aus und tauschten gegenseitig eigene Verwandte und Freunde mit dem Ziel, sie zu ermorden. Und dies geschah sowohl damals als auch später. Denn sie ergänzten ihre Listen von Zeit zu Zeit, manchmal aus Hass, in anderen Fällen aufgrund eines bloßen Streitfalls oder weil die Opfer Freunde ihrer Feinde oder Feinde ihrer Freunde waren. Es geschah auch wegen großen Reichtums, da die Triumvirn zur Kriegsführung eine Menge Geld brauchten.«[15]

Eine erste, 17 Namen umfassende Liste schickten sie nach Rom voraus. „Vier von ihnen wurden auf der Stelle umgebracht, bei Gastmählern oder wo man sie gerade antraf. Als dann in Tempeln und Häusern die anderen gesucht und aufgespürt wurden, brach plötzlich eine Panik aus, welche die ganze Nacht über währte, und es war ein Geschrei und hin und her Rennen unter Jammerrufen wie in einer vom Feind eroberten Stadt."[16] Die um sich greifende Furcht versuchte der Konsul Pedius durch beruhigende Verlautbarungen zu dämpfen. „Als es tagte, ließ Pedius entgegen der Absicht der Triumvirn die Liste der 17 Männer bekannt machen, die allein die Schuld an den inneren Unruhen zu tragen schienen und deshalb allein verurteilt worden seien. Dem Rest gab er in Unkenntnis der von den Triumvirn getroffenen Entscheidungen von Staats wegen beruhigende Zusicherungen."[17] Als er später erfuhr, dass diese Liste nur den Auftakt einer großen Säuberungswelle bildete, nahm ihn dies dermaßen mit, dass er in der darauffolgenden Nacht starb. Pedius war offensichtlich wesentlich zarter besaitet als sein Vetter. Als Nachfolger konnte Octavian seinen Parteigänger Gaius Carrinas (siehe S. 27) durchsetzen.

Nach Appian belief sich „die Gesamtzahl der zum Tod samt Vermögenskonfiskation verurteilten Senatoren auf etwa 300, die der Ritter auf nahezu 2 000. Darunter befanden sich auch Brüder und Onkel der Machthaber und ebenso Offiziere, die unter ihnen dienten und mit ihren Feldherrn oder sonstigen Befehlshabern Schwierigkeiten gehabt hatten."[18] „Der erste, der mit Proskriptionen begann, war Lepidus, und der erste auf der Proskriptionsliste sein Bruder Paullus."[19] Diesem gelang es allerdings, zu Brutus zu entkommen, „da die Zenturionen wegen seiner engen Verbindung mit dem Triumvir auf ihn Rücksicht nahmen."[20]

Auch Cicero war als einer der ersten „proskribiert worden, zusammen mit seinem Sohn, seinem Bruder und dessen Sohn".[21] Auch er hätte wohl zu Brutus entkommen können. Doch er brachte die Kraft dazu nicht mehr auf. „Cicero hatte bei der Ankunft der Triumvirn Rom verlassen, in der Gewissheit, die sich auch bewahrheitete, dass er dem Antonius ebensowenig entrinnen könnte wie Cassius und Brutus dem Octavian. Zunächst floh er auf sein Tusculanum. Von dort brach er zu seinem Gut bei Formiae auf, offenbar um in Caieta [siehe Abb. 4 auf S. 33] ein Schiff zu besteigen. Es lief von da mehrfach aus; aber einerseits weil ihn die Gegenwinde immer wieder zurückgebracht hatten, andererseits weil er selbst das von den unberechenbar anrollenden Wogen verursachte Schaukeln des Schiffs nicht ertragen konnte, wurde er endlich des Fliehens wie des Lebens überdrüssig; er kehrte zu seiner oberen Villa zurück, die etwas über eine Meile vom Meer entfernt ist, und sagte: ‚Sterben will ich in meinem Vaterland, das ich so oft gerettet habe.' Es ist sicher, dass seine Diener tapfer und treu zum Kampf bereit waren, er selbst aber [als sie das Mordkommando erreichte] sie die Sänfte absetzen und ruhig hinnehmen ließ, was das ungerechte Schicksal erzwinge. Als er den Kopf aus der Sänfte steckte und ohne Zittern seinen Nacken anbot, wurde ihm das Haupt abgeschlagen. … Auch seine Hände schlugen sie ihm ab, mit dem Vorwurf, die hätten etwas gegen Antonius geschrieben. So wurde sein Haupt zu Antonius gebracht und auf dessen Befehl zwischen den Händen auf der Rednertribüne ausgestellt, wo jener als Konsul, oft als Konsular und noch in diesem Jahr gegen Antonius gehört und niemals zuvor eine menschliche Stimme wegen ihrer Beredsamkeit derart bewundert worden war."[22]

„So wurde Cicero umgebracht und nach seinem Tod noch geschändet, ein ob seiner Redekunst bis auf den heutigen Tag gefeierter Mann, der sich zudem während seines Konsulats um das Vaterland höchst verdient gemacht hatte. Sein Sohn war schon zuvor zu Brutus nach Griechenland entsandt worden. Quintus dagegen, Ciceros Bruder, wurde samt seinem Sohn festgenommen und bat nun seine Mörder, ihn vor seinem Sohn zu töten, während dieser um das Gegenteil flehte. Da erklärten sich die Mörder bereit, beiden Wünschen zu entsprechen. In zwei Gruppen geteilt, nahmen sie jeden einzeln für sich vor und brachten sie auf ein Zeichen hin gleichzeitig um."[23]

3.2 Kampf gegen die Attentäter

Das Hauptaugenmerk der Triumvirn galt zunächst den Attentätern um Brutus und Cassius, die im Osten des Reichs ein ansehnliches Heer zusammengezogen hatten. Octavian musste zusätzlich versuchen, das ihm gemäß den Vereinbarungen von Bononia nominell zugewiesene Gebiet – Nordafrika sowie die Inseln Sizilien, Sardinien und Korsika – in seine Gewalt zu bringen. In Nordafrika gelang das relativ problemlos. Dagegen konnte Sextus Pompeius, zu dem sich viele Proskribierte und Sklaven geflüchtet hatten, die Herrschaft über die Inseln – insbesondere über das strategisch wichtige Sizilien – lange behaupten. Er hatte „Schiffe, eine gegenüber Italien günstig gelegene Insel und ein Heer von bereits beachtlicher Größe, bestehend aus seiner alten Truppe, ferner aus den Freien oder Sklaven, die von den Flüchtlingen aus Rom mitgebracht oder ihm von jenen Städten zugesandt worden waren, welche man den Soldaten als Siegespreis versprochen hatte. Denn diese Orte verwünschten am allermeisten den Sieg der Triumvirn und arbeiteten ihnen insgeheim nach Kräften entgegen. Die einflussreichen Bürger liefen aus ihren Heimatstädten, die sie nicht mehr als solche betrachteten, davon und suchten Zuflucht bei Pompeius, der sich in unmittelbarer Nähe befand und damals bei allen höchste Sympathie genoss. Bei ihm sah man auch Seeleute aus Afrika und Spanien, auf ihrem Gebiet erfahrene Männer, so dass Pompeius mit seinen Offizieren, Schiffen, Truppen und Geldmitteln großtun konnte."[24]

Octavian ließ Sextus eine Zeitlang gewähren. „Doch als infolge einer Hungersnot ein großes Sterben in Rom einsetzte und Sextus selbst Italien angriff, stellte Octavian eine Flotte zusammen und schickte Salvidienus Rufus mit einer starken Streitmacht nach Rhegium voraus. Diesem gelang es, Sextus aus Italien zu vertreiben."[25] Für diesen Erfolg rief ihn seine Truppe zum *Imperator* aus, wie dort gefundene, mit einem geflügelten Blitz(bündel) verzierte bleierne Schleudergeschosse zeigen, die die Aufschrift Q SAL IMP tragen.[26]

Nach dem Eintreffen von Octavians Flotte ging Salvidienus an die Invasion Siziliens. Doch das Vorhaben scheiterte. Pompeius trat ihm mit einem starken Flottenverband entgegen, vor der Straße von Messina kam es zur Seeschlacht. „Die Schiffe des Pompeius, leichter gebaut und mit tüchtigeren Seeleuten bemannt, waren an Schnelligkeit und Erfahrung überlegen. … Als der gewohnte Wellengang durch die Meerenge einsetzte und infolge der Flut die See gegen beide Ufer anbrandete, hatten die an den Wellengang gewöhnten Pompeianer weniger zu leiden; die Leute des Salvidienus hingegen konnten aufgrund mangeln-

Abb. 10: Sextus Pompeius feiert seinen Sieg

der Erfahrung keinen festen Stand gewinnen. … Daher erteilte Salvidienus gegen Sonnenuntergang den Befehl zum Rückzug, desgleichen tat auch Pompeius. Beide Parteien hatten etwa die nämliche Zahl an Schiffen verloren; den verbliebenen Rest seiner Flotte, beschädigt und übel zugerichtet, ließ Salvidienus wieder instand setzen."[27] Die erste Schlacht des Salvidienus, den wir ja bereits in Apollonia in der Umgebung Octavians gesehen haben, verlief also wenig erfolgreich. Octavian „wurde Augenzeuge der Seeschlacht … und ärgerte sich sehr über den Misserfolg, vor allem, weil er damals seine erste Niederlage in einer Schlacht erlitten hatte".[28] Salvidienus wird trotzdem noch öfter (und erfolgreicher) für Octavian in den Kampf ziehen.

Pompeius feierte seinen Sieg ausgiebig. Er „führte Triumphalspiele auf und veranstaltete in der Meerenge unmittelbar vor Rhegium eine Seeschlacht mit Hilfe der Gefangenen, so dass auch die Gegner zuschauen konnten".[29] Der in Abb. 10 gezeigten Denar erinnert an diesen Sieg. Auf der Vorderseite sehen wir Neptun mit dem Dreizack, auf der Rückseite eine aus den Wellen auftauchende Trophäe. Man erkennt oben einen weiteren Dreizack, unten einen Anker, als Arme links den Bug und rechts die Heckverzierung eines Schiffs. Aus den Wellen ragen beiderseits die Meeresungeheuer Skylla und Charybdis.

Nachdem der Versuch, Sizilien quasi im Handstreich zu nehmen, gescheitert war, trat wieder der Kampf mit den Verschwörern in den Vordergrund. Einen ersten Teil des Heeres, das die Triumvirn gegen sie zusammenzogen, führten Norbanus Flaccus (siehe S. 49) für Octavian und Lucius Decidius Saxa für Marcus Antonius nach Griechenland. Decidius war schon früh auf die Seite des Antonius übergetreten, wie wir von Cicero erfahren, der auch deutlich macht, wie wenig er von ihm hält: Zu den anderen üblen Genossen im Umfeld des Antonius komme „noch ein gewisser Saxa hinzu, der uns von Caesar aus dem fernsten Spanien als Volkstribun beschert wurde. Bisher hat er Feldlager abgesteckt, jetzt hofft er Rom [für Antonius] abzustecken. Doch er kennt sich hier nicht aus. So möge das Unheil auf ihn selbst zurückfallen und wir verschont bleiben!"[30]

Appian[31] schildert eingehend die Aktionen der beiden Kommandeure (siehe hierzu Abb. 11). Sie waren „mit acht Legionen nach Makedonien vorausgeschickt worden und

Abb. 11: Vor der Schlacht bei Philippi

von dort aus 1 500 Stadien [über 250 km] weiter auf den gebirgigen Teil Thrakiens zumarschiert, um die Engpässe der Korpiler und Sapaier … zu besetzen. Dort verläuft nämlich die einzige bekannte Verbindungsstraße von Asien nach Europa." Um den Eindruck zu erwecken, er würde den Pass der Korpiler auf See umgehen, ließ Brutus Schiffe auffahren, „damit Norbanus und seine Leute zu der Auffassung kämen, dass eine weitere Bewachung des Passes zwecklos sei, und ihn räumen. Und es kam wie erwartet; das Auftauchen der Schiffe versetzte Norbanus in große Sorge um den Sapaierpass, so dass er den Decidius vom Korpilerpass eilends zur Hilfe herbeirief. Und dieser kam dem Befehl nach, worauf Brutus und die Seinen durch den geräumten Korpilerpass zogen. Als man die Kriegslist durchschaute, besetzten Norbanus und Decidius den Sapaierpass mit starken Verbänden. Brutus sah keine Möglichkeit, mit seinen Leuten durchzukommen, was sie sehr entmutigte und befürchten ließ, dass sie … ihre eigene Route zurückmarschieren müssten; dabei drängte die Zeit, weil es schon spät im Jahr war." In dieser Notlage wurde ihnen verraten, dass weiter nördlich ein drei Tagemärsche langer Umgehungsweg verlaufe. Für Norbanus und Decidius bestand nun die Gefahr, umzingelt zu werden. Sie erfuhren jedoch von diesem Plan und „zogen sich daraufhin fluchtartig bei Nacht aus dem Sapaierpass in Richtung Amphipolis zurück. … Indessen rückte Antonius eilends mit seinem Heer heran, um die Stadt Amphipolis als wertvollen Stützpunkt in der Schlacht noch vor den Feinden in Besitz zu nehmen. Als er sie durch Norbanus und seine Leute bereits befestigt fand, freute er sich, ließ dort seine Kriegsvorräte mit einer Legion unter Führung des Pinarius [Scarpus] zurück und rückte dann selbst tollkühn weit vor, um nur acht Stadien vom Feind entfernt sein Lager in der Ebene aufzuschlagen." Octavians Vetter Pinarius kämpfte also auf Seiten des Antonius. Offensichtlich hatte es ihm nicht gefallen, dass sich Octavian seinen Anteil an Caesars Erbe angeeignet hatte.

Am 23. Oktober 42 kam es zur ersten der beiden Schlachten bei der mazedonischen Stadt Philippi, die das Schicksal der Verschwörer besiegelten. Brutus „erbat sich von Cassius das Kommando über den rechten Flügel, welches eigentlich dem Cassius sowohl seines Alters als seiner Erfahrung wegen zustand. Doch ließ Cassius sich dieses nicht nur gefallen, sondern befahl auch dem Messalla, sich mit der tapfersten Legion auf den rechten Flügel zu stellen."[32]

„Der Flügel, den Brutus befehligte, schlug die Feinde zurück und nahm Octavians Lager ein. ... Der Flügel des Cassius aber wurde geschlagen und zog sich mit schweren Verlusten auf ein höhergelegenes Terrain zurück. Cassius glaubte von seiner eigenen Lage auf die seines Kollegen schließen zu können. ... Er verhüllte sein Haupt und bot unerschrocken seinen Nacken einem Freigelassenen dar."[33] Dabei waren die unter Brutus kämpfenden Truppen siegreich: „Zum Beweis ihres Sieges führte Messalla an, dass sie den Feinden drei Adler und viele andere Fahnen abgenommen, diese aber keine einzige davongetragen hätten." Ferner waren nach seinem Bericht auf Seiten des Brutus zwar 8 000 Soldaten gefallen, „auf Seiten der Feinde aber mehr als doppelt so viele."[34]

Wie eine kurze Notiz des Plinius zeigt, machte Octavian bei dieser Schlacht keine gute Figur. Er erwähnt „seine Krankheit, seine Flucht und seinen dreitägigen Aufenthalt als Kranker und (wie Agrippa und Maecenas bezeugen) durch die Hautwassersucht Aufgedunsener in einem Sumpf".[35] Dass Octavian geflohen war und sich drei Tage in einem Sumpf verkrochen hatte, wird von der octavianischen Geschichtsschreibung wie folgt bemäntelt: „Obwohl er beschlossen hatte, wegen seiner gesundheitlichen Verfassung keinen Fuß vor das Zelt zu setzen, hat er es doch getan, weil ihn der Traum eines Freundes das tun ließ. Und das war sein Glück, denn das Lager fiel und seine Sänfte wurde von den Feinden attackiert, durchbohrt und zertrümmert, weil sie wohl wähnten, er liege krank darin."[36]

Etwa drei Wochen später kam es zur zweiten Schlacht. „Brutus kämpfte mit den Feinden, wurde geschlagen und zog sich des Nachts auf einen Hügel zurück. Hier bat er ... einen seiner Getreuen, ihm zum Sterben die Hand zu bieten. Er hob den linken Arm über den Kopf, brachte die Spitze des Schwertes, das jener hielt, mit der Rechten an die linke Brust, dorthin, wo das Herz ist, warf sich ins Schwert und durchbohrte sich mit einem Stoß sogleich tödlich."[37]

Nach Velleius war nun „Messalla Corvinus, ein junger Mann von glänzender Begabung, im Lager des Brutus und Cassius der ranghöchste Offizier. Obwohl einige ihm den Oberbefehl antrugen, wollte er lieber der Gunst Caesars sein Leben verdanken, anstatt das zweifelhafte Kriegsglück abermals zu erproben. Und es wurde für Caesar zur größten Freude seiner Siege, Corvinus gerettet zu haben; Corvinus aber bot Caesar gegenüber das schönste Beispiel menschlicher Dankbarkeit und Treue."[38] Nach Appian erfolgte der Wechsel zu Octavian nicht ganz so glatt. Ihm zufolge schloss er sich zunächst Antonius an. „Sehr eng mit ihm befreundet, blieb er bei ihm, bis Kleopatra diesen zu ihrem Sklaven machte."[39] Obwohl uneins beim Zeitpunkt, attestieren beide Historiker Messalla die edelsten Motive für seinen Frontwechsel. Kritiker würden ihm wohl Opportunismus vorwerfen. Für Dio zeigt Messallas Schicksal beispielhaft die Unwägbarkeiten in diesen unsicheren Zeiten: „Von Antonius wohl zum Tod verurteilt, kam er nicht nur sicher mit dem Leben davon, sondern wurde sogar an dessen Stelle später [im Jahr 31] zum Konsul bestellt."[40] Appian sieht es ähnlich: Von denen, die bei den Proskriptionen entkamen, „gingen die einen durch Schiffbruch zugrunde – so verfolgte sie das Schicksal in allem –, während die anderen gegen alle Erwartung am Leben blieben und später zu Ämtern in Rom sowie zu führenden Kommandos im Krieg, ja zu Triumphen gelangten."[41]

Der Wechsel zu Octavian ermöglichte es dem etwa gleichaltrigen Messalla Corvinus nicht nur, „sich mit der Beute aus den Kriegen zwischen Antonius und Augustus die Taschen vollzustopfen",[42] sondern auch seiner Familie über Generationen Spitzenpositionen zu sichern (siehe den Stammbaum auf S. 61; die uns interessierenden Personen sind dort gelb, konsulare Nachkommen und Verwandte blau hervorgehoben). Noch im Jahr 58 n. Chr. begegnet uns ein Urenkel des Messalla Corvinus als Konsul an der Seite Neros.[43]

Messalla nutzte seine rhetorischen Fähigkeiten, um sein Handeln ins rechte Licht zu rücken. Zwar sind seine Memoiren nicht erhalten, doch flossen sie in die Werke der Historiker ein. So beruft sich Plutarch in seinem Bericht über die Schlachten bei Philippi mehrfach darauf, weshalb wir über Messalla mehr (und Vorteilhafteres) erfahren als über andere Beteiligte. Man darf davon ausgehen, dass Messalla sein Talent auch einsetzte, um Octavians Taten zu rühmen und so die eigene Stellung zu festigen.

Um diese Zeit „trug sich auf dem Ionischen Meer eine weitere große Katastrophe zu: Domitius Calvinus wollte auf Transportschiffen dem Octavian zwei Legionen Fußvolk zuführen.... Außerdem hatte er eine Prätorianerkohorte in Stärke von etwa 2 000 Mann, vier Reiterabteilungen und noch eine Menge auserlesener Soldaten bei sich, doch nur wenige Trieren als Geleitschutz." Als ihnen die Republikaner „mit 130 Kriegsschiffen entgegentraten, konnte die vorderste Gruppe der Transporter – nur eine geringe Zahl – unter Einsatz von Segeln glücklich entkommen, die übrigen dagegen trieben, da der Fahrwind plötzlich aussetzte, bei andauernder Flaute auf dem Wasser dahin, ihren Feinden von irgendeinem Gott ausgeliefert. Denn ohne für sich etwas befürchten zu müssen, rammte der Gegner jedes Fahrzeug und schlug es leck. Dabei vermochten auch die Trieren als Geleitschiffe keine Hilfe zu leisten, wurden sie doch bei ihrer geringen Zahl eingekreist. ... Halb verbrannte Schiffe trieben lange Zeit umher mit Menschen an Bord, die teils durch Feuer, teils durch Hunger und Durst den Tod erlitten. Andere wieder, die sich an Masten oder Planken festklammern konnten, wurden an Klippen oder an verlassene Vorgebirge gespült und einige von ihnen kamen unvermutet mit dem Leben davon.... Groß war auch die Zahl derer, die sich unter dem Zwang des Unglücks den Feinden ergaben. ... Ihr Befehlshaber Calvinus aber, den man bereits tot wähnte, kehrte am fünften Tag auf seinem Schiff nach Brundisium zurück."[44] Einer der Admirale der republikanischen Flotte war Gnaeus Domitius Ahenobarbus, den wir später als Gefolgsmann des Antonius sehen werden.

Lediglich die oben zitierte Stelle bei Plinius lässt auf Agrippas Anwesenheit bei Philippi schließen. Daher liegt die Vermutung nahe, dass Plinius wegen Agrippas Ruf einfach davon ausging, dass er dabei gewesen sein müsse. Es spricht jedoch mehr dafür, dass nach dem krankheitsbedingten Ausfall Octavians stattdessen Norbanus seine Truppen führte.[45] Vermutlich sollte Agrippa im Jahr 42, in dem der Triumvir Lepidus und Munatius Plancus, inzwischen ein Parteigänger des Antonius, Konsuln waren, als Volkstribun Octavians In-

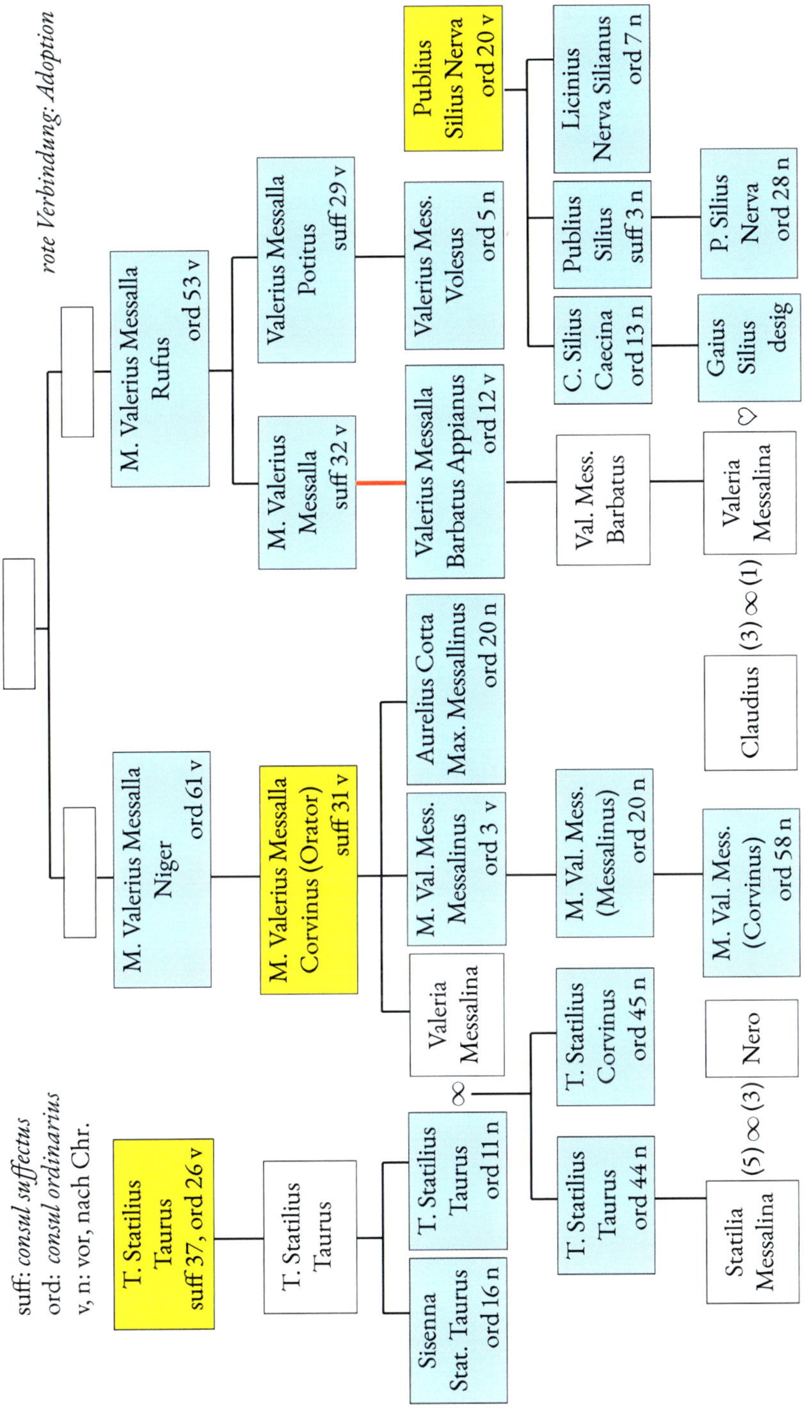

Abb. 12: Erfolgreiche Familien

teressen in Rom vertreten. Dass er dieses Amt innehatte, überliefert ein um 400 n. Chr. lebender Vergil-Kommentator.[46] Da Agrippa im Jahr 40 Prätor war,[47] kommen dafür nur die Jahre 43 – in diesem Jahr könnte er Casca ersetzt haben (siehe S. 51) – oder 42 in Frage. Doch da er dieses Amt „sehr ruhig" ausgeübt habe, was schwerlich zu dem öffentlichen Ankläger passt, der im Jahr 43 gegen Cassius plädierte, spricht deutlich mehr für das spätere Jahr.

Im Jahr 41 „wurden dem Namen nach Publius Servilius [Isauricus] und Lucius Antonius [siehe Abb. 6] Konsuln, in Wirklichkeit aber führten Antonius und Fulvia das Amt. Diese Frau, Octavians Schwiegermutter und Gemahlin des Antonius, schenkte nämlich Lepidus wegen seiner Trägheit keine Beachtung und leitete die Geschäfte selbständig, so dass sich weder der Senat noch das Volk mit irgendeinem Gegenstand befasste, der ihr missfiel."[48] Auch wenn Dio hier übertreibt, steht die aktive Rolle der selbstbewussten Fulvia in deutlichem Kontrast zum „allzu bedächtigen Konsul Servilius",[49] der es sich offenkundig mit keiner Seite verderben wollte.

Nach ihrem Sieg über die Attentäter verteilten Antonius und Octavian ihre Herrschaftsgebiete neu. Lepidus, der bei Philippi nicht dabei gewesen war, wurde weiter an den Rand gedrängt. Er musste Spanien an Octavian abtreten, der Carrinas als Statthalter dorthin entsandte (wo ihn der König von Mauretanien auf Veranlassung des Lucius Antonius mit Krieg überzog).[50] Dafür wurde Lepidus die Herrschaft über die beiden afrikanischen Provinzen in Aussicht gestellt, wenn sich der gegen ihn bestehende Verdacht, er habe mit Sextus Pompeius, der noch immer die westlichen Mittelmeerinseln besetzt hielt, gemeinsame Sache gemacht, nicht bestätigen sollte. Die norditalische *Gallia cisalpina* verlor ihren Provinzstatus und wurde damit wie das übrige Italien zum gemeinsamen Herrschaftsgebiet der Triumvirn. Antonius behielt weiterhin die Provinzen des von Caesar eroberten Gallien mit einer starken Truppenpräsenz. Die östlichen Provinzen, die „sich in einem wirren Zustand befanden", wurden ausgespart. Um sie sollte sich Marcus Antonius kümmern.[51]

4 Kampf um die Herrschaft im Westen

Dass Octavian Ende des Jahres 36 unangefochten über den Westteil des *Imperium Romanum* herrscht, verdankt er größtenteils Agrippa, der ihm zunächst in der Auseinandersetzung mit Lucius Antonius die Vormachtstellung in Italien sichert. An seiner Seite sehen wir dabei Salvidienus Rufus, der bald danach bei Octavian in Ungnade fällt. In aller Deutlichkeit tritt Agrippas überragendes organisatorisches und strategisches Talent aber erst bei den anschließenden Kämpfen gegen Sextus Pompeius zutage. Welche Bedeutung diese für Octavian haben, zeigt die Riege der Feldherrn, die er dafür neben Agrippa aufbietet: die Konsulare Gaius Carrinas (siehe S. 27 und S. 55) und Calvisius Sabinus (siehe S. 53), der schon unter Caesar gegen Pompeius Magnus gekämpft hatte, gegen dessen Sohn Sextus aber nicht immer glücklich agiert; Lucius Cornificius (siehe S. 51), der von Beginn an auf Octavians Seite stand; Messalla Corvinus, der bei Philippi noch gegen die Triumvirn gekämpft hatte (siehe S. 59).

Hinzu kommen zwei weitere *homines novi*. Der eine ist der wohl aus dem kalabrischen Vibo stammende Quintus Laronius, der weitgehend im Verborgenen bleibt. Der zweite ist Statilius Taurus, der nach Agrippa zum wichtigsten Feldherrn Octavians wurde. Wie bei Agrippa wird auch bei ihm der „Mangel an erlauchten Ahnen kein Hindernis dafür bilden, mehrere Konsulate und Triumphe sowie zahlreiche Priesterämter zu erreichen".[1] Taurus hatte wohl Caesar seine Aufnahme in den Senat zu verdanken, wo er oft zusammen mit dem älteren Calvisius Sabinus auftrat, weshalb Cicero dieses Gespann scherzhaft Minotaurus nannte.[2]

Auch die diplomatischen und administrativen Fähigkeiten des Maecenas werden mehrfach gebraucht. Flankierend sorgt der schon etwas ältere zweifache Konsul Domitius Calvinus mit rigorosen Methoden in Spanien (vorübergehend) für Ruhe. Einen wichtigen Beitrag leistet schließlich der Ritter Gaius Proculeius, obwohl er an keinem Kampf beteiligt ist.

4.1 Der Perusinische Krieg

Octavian hatte die drängende, aber auch undankbare Aufgabe übertragen bekommen, die nach Philippi nicht mehr benötigten Soldaten abzufinden und anzusiedeln. Das Konfliktpotential, das sie barg, beschreibt Appian: „Die Soldaten forderten die Städte, die vor dem Krieg als Lohn ihrer Tapferkeit für sie ausgewählt worden waren, die Städte wiederum verlangten, … dass die Städte unter sich das Los werfen und diejenigen, welche das Land hergeben müssten, den entsprechenden Preis dafür erhalten sollten. Geld aber war nicht vorhanden. … Wohl legte Octavian den Städten die Zwangslage dar, doch schienen sie sich auch dann nicht damit abfinden zu wollen; und sie taten es auch nicht. Die Soldaten erlaubten sich nämlich freche Übergriffe gegenüber ihren Nachbarn, rissen mehr als ihnen zugestanden war an sich und suchten sich die besseren Stücke aus. Selbst wenn ihnen Octavian ein derartiges Vorgehen verbot und viele zusätzliche Geschenke machte, ließen sie davon nicht ab; sie missachteten ihre Gebieter aus dem Bewusstsein heraus, dass diese sie brauchten, um ihre Herrschaft zu festigen. ... Octavian ließ den notleidenden Soldaten auch sonst viele Vergünstigungen zugute kommen, indem er bei den Tempeln dafür Anleihen aufnahm. Damit gewann er die Sympathien des Heeres für sich."[3]

Lucius Antonius und Fulvia fürchteten, dass Octavian durch diese rigorose Ansiedlungspolitik die Veteranen des Marcus Antonius, denen sie ja ebenfalls zugute kam, auf seine Seite ziehen könnte. Ihr Versuch, dabei selber als Wohltäter der Soldaten in Erscheinung zu treten, erhöhte jedoch nur die Unruhe im Land. „Dies veranlasste Fulvia sowie den Konsul, ihr Vorgehen zu ändern. Sie hofften nämlich, auf der Seite der anderen, der Unterdrückten, größere Macht zu gewinnen, ... welche ja auch zahlreicher waren und begründeten Zorn über die Ausplünderung empfanden. ... Die Folge war, dass selbst jene, die zuvor Octavian fürchteten, jetzt, da sie Führer gefunden hatten, neuen Mut fassten und weiterhin nichts mehr von ihrem Besitz abgeben wollten."[4]

Die Lage eskalierte endgültig, als Lucius verkündete, dass „Octavian und Lepidus sofort wegen ihrer Gewaltherrschaft gerichtlich belangt würden, sein Bruder aber beabsichtige, freiwillig auf die Teilhabe daran zu verzichten und dafür das Konsulat einzutauschen."[5] Dadurch trieb er Lepidus endgültig in das Lager Octavians, zumal ihm dieser bereits die beiden afrikanischen Provinzen überlassen hatte.[6] Die Lage des Lucius verschlechterte sich weiter, als Salvidienus Rufus, der sechs Legionen nach Spanien führen sollte, auf Octavians Befehl hin kehrt machte. „Lucius suchte sich nun Salvidienus entgegenzustellen, der mit starken Kräften aus Gallien zu Octavian zurückkehrte."[7] Da dem Salvidienus große Verbände des Antonius folgten, besetzte „Agrippa, der vertrauteste Freund Octavians, aus Furcht vor einer Einkesselung des Salvidienus die Stadt Sutrium [siehe Abb. 5 auf S. 35], einen für Lucius wertvollen Platz. Damit hoffte er, den Lucius von Salvidienus weg auf sich zu ziehen, wodurch dieser in Lucius' Rücken gelangen und ihn [Agrippa] unterstützen könne. Und all das, womit Agrippa gerechnet hatte, trat ein." Da Lucius die Gefahr erkannte, nun seinerseits von Salvidienus und Agrippa eingekesselt zu werden, wagte er nicht, „es mit beiden aufzunehmen, sondern zog sich nach Perusia [das heutige Perugia], eine stark bewehrte Stadt, zurück und schlug in ihrer Nähe sein Lager auf. ... Jetzt rückten Agrippa, Salvidienus und Octavian mit drei Heeren gemeinsam gegen ihn und Perusia heran und schlossen sie in einen Belagerungsring ein. Octavian rief zusätzlich die restlichen Truppen aus allen Himmelsrichtungen eilends herbei."

Auch die Gegenseite zog weitere Truppen zusammen. Fulvia drängte die Legaten ihres Mannes, die in Gallien starke Kräfte führten, ihrem Schwager zu Hilfe zu kommen. Sie stellte sogar selbst ein Heer auf die Beine, das einen Teilerfolg gegen Octavian erzielte. Doch sie konnte die zunehmende Abriegelung Perugias nicht verhindern. Octavian „erhöhte auch die Umwallung und setzte im Abstand von 60 Fuß [etwa 18 m] 1 500 Türme aus Holz darauf. Ferner verfügte er über feste Brustwehren und verschiedenartige Befestigungen mit doppelter Front, um sowohl den Belagerten als auch Angreifern von außen begegnen zu können. … Als Octavian mit sämtlichen Arbeiten fertig war, begann Lucius unter Hunger zu leiden, und da weder er selber noch die Stadt Vorkehrungen getroffen hatten, entwickelte sich das Übel zu einem ernsten Problem. Das merkte Octavian und verschärfte daraufhin seine Wachsamkeit. Am Tag vor Neujahr [des Jahres 40] gedachte Lucius, den folgenden Festtag – als könne dieser die Feinde zur Sorglosigkeit verleiten – für sich zu nutzen, und unternahm gegen deren Tore einen nächtlichen Ausfall, um den Belagerungsring zu durchbrechen und weitere Streitkräfte heranzuführen, von denen er eine Menge an vielen Orten hatte. Doch schnell stürmten die in der Nähe liegende Legion und Octavian selbst mit den Prätorianerkohorten herbei, so dass Lucius trotz mutigsten Widerstands zurückgeworfen wurde.“

Auch die Entsatzarmee blieb nicht tatenlos. Die Soldaten „schämten sich, ruhig zuzuschauen, wie Lucius an Hunger zugrunde ging; sie setzten sich daher insgesamt zu seiner Hilfe in Bewegung und versuchten, Octavians Truppen, welche sie von allen Seiten umlagerten und bedrängten, zu überwältigen. Doch Agrippa und Salvidienus traten ihnen mit überlegenen Streitkräften entgegen, so dass sie aus Furcht vor einer Einkesselung nach Fulginium abbogen, einem festen Platz, der etwa 30 Kilometer von Perusia entfernt liegt. Hier schloss sie Agrippa mit seinem Heer ein, worauf sie viele Scheiterhaufen anzündeten, um so dem Lucius Zeichen zu geben. … Die in Perusia stehenden Truppen sahen die Feuerzeichen und freuten sich darüber, doch als die Entsatzarmee auf sich warten ließ, vermuteten sie, dass auch diese mit Schwierigkeiten zu ringen habe und, als das Feuer ausblieb, vernichtet worden sei.“ Nach einem weiteren blutigen Ausbruchsversuch kapitulierte Lucius. Octavian nahm ihn ehrenvoll auf und schickte ihn nach Spanien. Wenig später ist er wohl gestorben.

Mit der Leistung des Salvidienus war Octavian offensichtlich zufrieden. Zum einen schickte er ihn als Statthalter in die militärisch wichtige gallische Provinz,[8] nachdem dort der auf der Seite des Antonius stehende Amtsträger Mitte des Jahres einer Krankheit erlegen war. Zum anderen designierte er ihn zum Konsul (wohl für das kommende Jahr), obwohl er kein Senator war, also bisher nicht einmal das niedrigste senatorische Amt, die Quästur, bekleidet hatte. Velleius unterstreicht das Außergewöhnliche dieser Wahl: Nur Pompeius Magnus und Octavian hätten zuvor das Konsulat direkt aus dem Ritterstand erreicht.[9] Da Agrippa erst später für dieses Amt designiert wurde (siehe S. 77), war Salvidienus wohl einige Jahre älter als dieser.

Den in Abb. 13 gezeigten Denar ließ Quintus Salvidienus Rufus SALVIVS in Gallien prägen. Auf dem Avers sieht man Octavian als CAESAR III VIR. Auf dem Revers präsentiert sich Salvidienus als CO(n)S(ul) DESIG(natus), als designierter Konsul. Von der Umschrift eingerahmt wird ein geflügeltes Blitzbündel, das uns schon auf Schleuderbleien des Salvidienus begegnet ist (siehe S. 56). Auch bei Perugia gefundene Bleigeschosse mit der Aufschrift RVFVS IMP sind so verziert.[10] Auf Münzen war ein solches Blitzbündel zuvor nie so dominierend herausgestellt worden (sondern meistens als Attribut des Blitze schleu-

Abb. 13: Salvidienus Rufus zum Konsul designiert

dernden Jupiter oder zusammen mit dessen Adler zu sehen). Man darf daher einen persönlichen Bezug zu Salvidienus vermuten. Eine Stelle bei Dio liefert vielleicht einen Hinweis: Ihm sei einmal „eine Flamme aus dem Haupt geschossen“.[11] Weniger geheimnisumwittert ausgedrückt: Er könnte einmal vom Blitz gestreift worden sein. Dass ein solches Ereignis Menschen tief bewegt, sieht man an Augustus, der Ähnliches erlebte und dafür dem *Iupiter tonans*, dem donnernden Jupiter, einen Tempel stiftete.[12]

Bemerkenswert ist, dass Tiberius unter anderem auch den hier abgebildeten – ungewöhnlichen und von einem später in Ungnade Gefallenen eingeführten – Münztyp verwendet, um seinen vergöttlichten Vater zu ehren, und ihn Nerva im Jahr 98 n. Chr. im Rahmen seiner Restitutionsprägungen nochmals aufgreift.[13]

Fulvia floh nach Octavians Sieg bei Perugia nach Athen. Im Frühjahr kam es dort zu einem – wohl nicht sehr harmonisch verlaufenen – Treffen mit ihrem Gatten Marcus Antonius. Dieser wusste, dass sich durch die Kapitulation des Lucius seine Position im Westen des Reichs deutlich verschlechtert hatte, zumal es Octavian gelungen war, seine in Gallien stehenden Truppen zu übernehmen. Obwohl sich Marcus Antonius in Griechenland die Unterstützung des Sextus Pompeius sichern konnte, musste er dringend nach Italien, um dort seinen Einfluss zu wahren. Fulvia ließ er krank auf der Peloponnes zurück, wo sie Mitte des Jahres starb.[14]

Die Ankunft des Antonius in Italien verlief allerdings anders als erwartet:[15] Die in Brindisi stationierten Truppen Octavians hinderten ihn an der Landung. Antonius riegelte daraufhin die Stadt vom Land her ab und eroberte Sipontum. Ferner belagerten die Truppen des Sextus Thurii (siehe Abb. 5 auf S. 35). Die Erfolge waren jedoch nicht von Dauer. Agrippa konnte Sipontum zurückerobern, Sextus bei Thurii vertrieben werden. Doch auch Octavian, der mit einer Armee nach Brindisi zog, bekam Probleme. Die Bereitschaft seiner Soldaten, gegen Marcus Antonius zu kämpfen, war gering. „Sie seien zusammen mit Octavian gekommen, nicht weil sie die Leistungen des Antonius vergessen hätten, sondern weil sie zwischen beiden Männern eine Aussöhnung zustande bringen oder Antonius, wenn er sich verschließe und weiterkämpfen möchte, abwehren wollten. Solche Gedanken trugen sie auch ganz offen vor, als sie sich den Befestigungen des Antonius näherten." Schließlich erkannten beide Seiten, dass man trotz allen Misstrauens eine friedliche Lösung finden müsse. Dies gelang einer Kommission, die zwischen den Parteien hin- und herpendelte.

Der Konsul Asinius Pollio (also der Amtskollege des Domitius Calvinus) vertrat darin die Interessen des Antonius. Für Octavian verhandelte Gaius Cilnius Maecenas, dessen Bedeutung für Octavians Aufstieg hier erstmals sichtbar wird. Vermutlich war er schon früher für Octavian aktiv, doch der reiche, an einer Senatslaufbahn nicht interessierte Ritter agierte lieber dezent im Hintergrund. Maecenas, dessen Name zum Synonym für einen Förderer der Künstler wurde, leistete Octavian nicht nur wichtige diplomatische und administrative Dienste, er sorgte auch für dessen bleibenden Ruhm, indem er Dichter wie Quintus Horatius Flaccus oder Publius Vergilius Maro in seinen Kreis zog und sie so zu überzeugten und bis heute überzeugenden Verkündern des mit Augustus anbrechenden goldenen Zeitalters machte.

Es war für einen Dichter nicht leicht, in den engeren Freundeskreis des Maecenas aufgenommen zu werden. Horaz weiß, wovon er spricht, wenn er später zu ihm sagt:[16]

Du wählst mit Umsicht, wen deiner Freundschaft du würdigst;
Schönrednerei verfängt nicht bei dir.

Als ihn nämlich Vergil dem Maecenas vorstellte, brachte Horaz kaum ein Wort heraus: „Sagte nur kurz, wer ich war. Und knapp, wie es so deine Art ist, sprichst du. Ich gehe." Erst neun Monate später erhält er von Maecenas, der wohl inzwischen einiges von ihm gelesen hatte, eine Einladung.

Maecenas zeigte sich seinen Dichterfreunden gegenüber großzügig. Den in der Nähe von Mantua geborenen Vergil, dessen elterliches Erbe die Triumvirn enteigneten, um damit Veteranen abzufinden, tröstete er mit einem Landgut. Martial nutzt diese Wohltat des „etruskischen Ritters", um seinen eigenen „Mäzen" in Geberlaune zu versetzen (Martial sieht Vergil in der Rolle des Tityrus, eines Hirten der antiken Dichtung):[17]

Lass' Mäzene erscheinen, dann werden Männer wie Maro nicht fehlen,
und einen Vergil wird dir sogar dein Landgut schenken.
Sein Landgut hatte Tityrus verloren, ganz nah beim unglücklichen Cremona,
und er weinte, bekümmert, dass man ihm die Schafe genommen habe.
Da lachte der tuskische Ritter, trieb die bösartige Armut zurück
und hieß sie verschwinden in eiliger Flucht.
‚Reichtum empfange, und sei hinfort der größte der Dichter!'

Auch Horaz beschenkte er mit einem Landgut. Es lag in den Sabiner Bergen und war offensichtlich recht ansehnlich:[18]

Immer schon war dies mein Wunsch: ein Gut von bescheidener Größe
mit einem Garten und nah am Haus eine sprudelnde Quelle,

drüber ein Wäldchen am Hang. Doch wieviel reicher und schöner
haben's die Götter gefügt, wie herrlich!

Bei minder begnadeten Dichtern war Maecenas weniger großzügig. Doch zumindest mit Einladungen zu seinen Soupers geizte er nicht. Als Augustus in späteren Jahren Horaz in seine Kanzlei holen wollte, schrieb er an Maecenas, Horaz „solle von dieser Schmarotzertafel bei dir zu unserer königlichen kommen und uns bei der Korrespondenz helfen".[19]

Horaz stellt uns Maecenas so vor:[20]

Unter den Lydern, die einst etruskische Fluren besiedelt,
findet kein edlerer sich als du, Maecenas, du hattest
Ahnen ja schon von Mutters und Vaters Seite, die große
Heere befehligt; und dennoch schaust du nicht wie die meisten
naserümpfend herab auf Menschen niederer Herkunft,
etwa auf einen wie mich, eines Freigelassenen Sprössling.

Maecenas stammte danach aus einem alten etruskischen Geschlecht, war aber frei von Dünkel und daher beim Volk sehr beliebt. Als er nach einer schweren Krankheit erstmals wieder im Theater erschien, wurde er mit stürmischem Beifall empfangen:[21]

Dich hat Jupiters Schutz mit seinem
Strahl dem bösen Saturn
entwunden und des Todes gefiederte
Schwingen gebremst, als das versammelte Volk
im Theater dreimal fröhlichen Jubel erschallen ließ.

Neben seinen Diensten für Octavian wusste Maecenas auch das *otium*, die von Pflichten freie Zeit, zu schätzen – sehr zum Missfallen des Velleius: „Solange die Umstände seine Wachsamkeit erforderten, war er Tag und Nacht wach, zeigte sich umsichtig und tatkräftig. Sobald er aber in seinen Anstrengungen etwas nachlassen konnte, erschlaffte er – fast noch mehr als eine Frau – in Muße und Wohlleben."[22] Natürlich geißelt auch der Maecenas ohnehin nicht wohlgesonnene Seneca dessen mangelnden Ehrgeiz: „Ein Mann von Geist war er, befähigt, ein großes Vorbild römischer Beredsamkeit abzugeben, wenn ihn nicht sein Glück verweichlicht, ja geradezu entmannt hätte."[23]

Octavian machte sich gelegentlich über die gezierte Ausdrucksweise des wohl einige Jahre älteren Maecenas lustig.[24] Seneca setzt noch eins drauf: Seine Redeweise sei „dunkel, wirr, voller willkürlicher Formulierungen, kurz die eines Betrunkenen"[25] gewesen. Richtig ist sicher, dass sich Maecenas nicht um Konventionen scherte. Wir werden später weitere Beispiele dafür sehen.

Die Abb. 14 zeigt eine Büste dieses Mannes. Bernard Andreae fasst den Eindruck, den sie auf ihn macht, so zusammen: „Der offenbar in seinen vierziger Jahren dargestellte Mann zeigt ein kluges, aber verschlossenes Gesicht. Sein mächtiger Schädel signalisiert Durchsetzungsvermögen. Er hat große Augen, aber einen feinen, gekräuselten, ungewöhnlich kleinen Mund. Seine Sache ist die Wahrnehmung, nicht die Äußerung. Das breite Kinn und

Abb. 14: Gaius Cilnius Maecenas

die füllige Falte unter dem Unterkiefer verraten einen Hang zum Wohlleben, der durch die Energie des Gesichtsausdrucks relativiert wird. Es ist eine komplexe Persönlichkeit von großer Bewusstheit nicht nur der eigenen Kraft, sondern auch der eigenen Schwächen, still und tief."[26]

Folgen wir Maecenas und dem ihn begleitenden Horaz[27] auf ihrem Weg nach Brindisi, wo sich die Truppen des Octavian und Marcus Antonius gegenüberstehen (siehe dazu die Abbildungen 4 und 5 auf den Seiten 33 und 35). Von Schnaken zerstochen und mit verdorbenem Magen kommt Horaz drei Tage, nachdem er von Rom aufgebrochen war, in Tarracina an, wo er auf Maecenas trifft. Weiter geht es über Fundi und Formiae nach Sinuessa, wo Vergil zur Reisegesellschaft stößt.

Schließlich in Capua nimmt man den Maultieren ab ihre Sättel.
Prompt geht zum Ballspiel Maecenas, zum Schlafen Vergil und ich selber.
...
Nächstes Ziel: Benevent, wo der eifrige Wirt, der am Feuer
drehte die mageren Drosseln, beinahe abgebrannt wäre.
Denn in der alten Küche hatte die Glut des Vulcanus
schon begonnen, gierig züngelnd das Dach zu belecken.
Sieh nur, wie die verschreckten Sklaven, die hungrigen Gäste
eilig die Speisen zu retten, das Feuer zu löschen versuchen!

Horaz ist inzwischen acht Tage unterwegs. Eine Woche später erreicht die Reisegesellschaft endlich Brindisi. Maecenas hatte sich also reichlich Zeit gelassen, was gewiss mit Octavian abgesprochen war, der damit wohl Antonius – auf den ja Aufgaben im Osten warteten – unter Zeitdruck zu setzen hoffte. Bei den nun beginnenden Verhandlungen einigte man sich darauf, dass Octavian „Sardinien, Dalmatien, Spanien und Gallien erhielt, Antonius aber alles übrige Land, das jenseits des Ionischen Meeres in Europa sowie in Asien den Römern gehörte. Die [beiden] afrikanischen Provinzen behielt weiterhin Lepidus, ebenso Sextus [Pompeius] die Insel Sizilien."[28] Ferner entfernten Octavian und Antonius „die Prätoren und Konsuln, obwohl das Jahr [40] bereits zu Ende ging, aus ihren Ämtern und setzten andere an deren Stelle. Dass diese nur wenige Tage ihre Aufgaben wahrnehmen würden, kümmerte sie wenig. Einer von den damals neu beförderten Konsuln war Lucius Cornelius Balbus aus Gades",[29] der so zum ersten Konsul wurde, der nicht seit Geburt römischer Bürger war.[30] Sie besetzten sogar „verschiedene Ämter für eine Reihe von Jahren im voraus, darunter das Konsulat für acht ganze Jahre, wodurch sie teils bewährte Mitarbeiter belohnen, teils die Freundschaft anderer gewinnen wollten."[31] Die für das unmittelbar bevorstehende Jahr 39 bestehende Regelung blieb unangetastet.

Dass im Rahmen dieser Abmachung Antonius erst im Jahr 36 zwei Gefolgsleuten das Konsulat verschaffen konnte, zeigt die gegenüber der Anfangszeit des Triumvirats stärker gewordene Stellung Octavians. Der konnte im Jahr 38 den bewährten Gefolgsmann Norbanus Flaccus (siehe S. 49 und S. 57) mit einem ordentlichen Konsulat und seinen Stiefbruder Marcius Philippus (siehe S. 24) mit einem Suffektkonsulat auszeichnen. Auch die Jahre 37, in dem Agrippa durchgehend als *consul ordinarius* fungierte und zudem Statilius Taurus *consul suffectus* war, sowie 35 mit dem *consul ordinarius* Lucius Cornificius belegen die gewachsene Macht Octavians.

Nachdem Domitius Calvinus dem Balbus Platz gemacht hatte, ging er für drei Jahre als Statthalter in das unruhige Spanien, wo er – auch in den eigenen Reihen – rigoros durchgriff. Nach einer Niederlage eines seiner Legaten, „der von den Barbaren in einen Hinterhalt gelockt und dann von seinen Soldaten im Stich gelassen worden war, unternahm Calvinus nichts gegen die Barbaren, bevor er nicht die Meuterer bestraft hatte. Er rief sie wie zu irgendeinem anderen Zweck zusammen und ließ sie von den übrigen Truppen in die Mitte nehmen, worauf er in zwei Zenturien jeden zehnten Mann hinzurichten befahl und zahlreiche Zenturionen mit Strafen belegte, unter ihnen den Primipilus" (also den ranghöchsten Zenturio). Nachdem er sich so den nötigen „Respekt verschafft hatte, rückte er gegen die Feinde aus und überwand sie ohne große Mühe. Obwohl Spanien an Caesar vergeben war, erhielt er einen [im Juli 36 gefeierten] Triumph zugebilligt; denn die Machthaber konnten nach Gutdünken solche Ehren auch jenen verleihen, die ihnen als Unterfeldherren dienten. Das Gold aber, welches die Städte herkömmlicherweise dem Triumphator anboten, nahm Calvinus allein von den spanischen Städten entgegen und verwendete nur den geringeren Teil für die Festlichkeit, den größeren für die Regia [den Amtssitz des *pontifex maximus*], die niedergebrannt war. Er stellte sie wieder her und weihte sie ein, nachdem er den Bau auch noch glanzvoll mit verschiedenem Schmuck, insbesondere zwanzig Statuen, ausgestattet hatte. Unter der Zusage, sie zurückzugeben, hatte er diese Plastiken von Caesar erbeten, kam aber seinem späteren diesbezüglichen Ersuchen

Abb. 15: Weiheinschrift des Domitius Calvinus

nicht nach, entschuldigte sich vielmehr mit einem Witz. Als habe er zu wenige Diener, erklärte er Caesar: ‚Schicke nur einige Leute und nimm sie weg!', worauf jener vor dem Tempelraub zurückschreckte und sie als Weihegaben an Ort und Stelle beließ."[32] Die in Abb. 15 gezeigte Weiheinschrift nennt die Titel und Ämter des Spenders: Domitius Calvinus ist PONTIFEX, CO(n)S(ul) ITER(um), also zweimaliger Konsul, und IMPER(ator). Dabei ist das Priesteramt des *pontifex* deutlich hervorgehoben, was zeigt, dass er in dieser Eigenschaft als Bauherr auftrat. Ebenso markant ist in der letzten Zeile vermerkt, dass er die Baumaßnahme aus dem ihm zustehenden Beuteanteil (DE MANIBIEIS) finanziert hatte. Bemerkenswert ist, dass Calvinus den Amtssitz des *pontifex maximus* zu einer Zeit renovierte, als Lepidus dieses Amt innehatte.

Danach hören wir von dem etwa 60-Jährigen nichts mehr. Vermutlich lebte er aber noch mehr als zehn Jahre.[33]

Besiegelt wurde der Vertrag von Brindisi durch eine Heirat. Da Marcus Antonius Witwer und „der Gatte von Octavians Schwester Octavia [minor] jüngst verstorben war, fanden es die Unterhändler für angebracht, dass Octavian sie mit Antonius verloben solle, ein Verlangen, dem Octavian auf der Stelle nachkam".[34] Noch im gleichen Jahr wurde die Hochzeit in Rom mit großem Prunk gefeiert.

Octavian schmiedete um diese Zeit ein weiteres Ehebündnis. Nachdem er vom Ausgleich zwischen Sextus Pompeius und Marcus Antonius erfahren hatte, „schrieb er Maecenas, er möchte für ihn eine Verbindung mit Scribonia, der Schwester von Pompeius' Schwiegervater [Scribonius] Libo, zustande bringen, damit er im Bedarfsfall sich auch diese Möglichkeit zu einer friedlichen Lösung offenhalte."[35] Die hinter dieser – wohl im Winter 40/39 stattfindenden – Hochzeit stehenden Überlegungen waren allerdings „eher taktischer als strategischer Natur".[36] Sie entspannte das durch die Kämpfe bei Perugia belastete Verhältnis zu Antonius, der auf eine Verständigung mit Pompeius drängte, erschwerte mögliche Versuche der beiden, ein Bündnis gegen Octavian einzugehen, und beruhigte die weithin kriegsmüde Bevölkerung und Armee. Da Octavian nie vorhatte, die Herrschaft über die westliche Reichshälfte mit jemandem zu teilen, war es im Gegensatz zu Dios Vermutung jedoch nie sein Ziel, Pompeius „durch diese Gunstbezeugung und Verwandtschaft als Freund zu gewinnen".[37]

Bei ihrem gemeinsamen Aufenthalt in Rom „verriet Antonius dem Octavian, dass Salvidienus, dessen Heerführer an der Rhone, von sich aus mit dem Gedanken eines Parteiwechsels gespielt und ihm, während er Brundisium belagerte, deshalb ein Angebot gesandt habe. Die Preisgabe des Geheimnisses durch Antonius fand nicht allgemeine Billigung, doch handelte er aus angeborener Offenheit und dem Bemühen, sein freundschaftliches Denken rasch zu beweisen. Umgehend ließ Octavian den Salvidienus nach Rom kommen, indem er vortäuschte, er wolle mit ihm in einer Angelegenheit allein sprechen und werde ihn dann sofort zu seinem Heer zurücksenden. Als Salvidienus dann kam, überführte ihn Octavian [des Verrats], ließ ihn hinrichten und übergab sein Heer als unzuverlässig dem Antonius."[38]

Über diesen Vorfall lässt sich nur spekulieren. Warum hätte Salvidienus die Seiten wechseln sollen? Schließlich hatte ihn Octavian, der nach dem Sieg bei Perugia seine Stellung im Triumvirat deutlich gestärkt hatte, für das Konsulat vorgesehen (siehe S. 65). Wollte Marcus Antonius lediglich den neben Agrippa verdientesten Heerführer des Octavian aus dem Weg räumen? Doch selbst wenn der Vorwurf zutraf: Es war kein strafwürdiges Verbrechen, von einem Amtsträger zu einem anderen zu wechseln. Natürlich war es eine Aufkündigung der Freundschaft. Es spricht aber nicht für Octavian, dass er keinen besseren Weg fand, als Salvidienus dafür hinrichten zu lassen, und es sogar gestattete, aus diesem Anlass Dankfeste abzuhalten.[39]

4.2 Die Verträge von Misenum und Tarent

Zu Sextus Pompeius wurde in Brindisi sehr vage formuliert, Octavian solle eine Vereinbarung mit ihm anstreben und wenn dies nicht gelinge, mit Gewalt gegen ihn vorgehen. Sextus, der ja nach Italien gekommen war, um mit Marcus Antonius gegen Octavian zu kämpfen, wusste nun, dass er sich auf Antonius nicht verlassen konnte, und ging sofort in die Offensive. Als er „von der Übereinkunft hörte, kehrte er selbst nach Sizilien zurück und gab Menas, einem seiner Freigelassenen, dem er ganz besonders zugetan war, den Auftrag, mit einem Teil der Flotte die Küsten entlang zu fahren und das Gebiet seiner Gegner zu schädigen. Menas suchte daraufhin viele Teile Etruriens heim. … Dann fuhr Menas nach Sardinien und ließ sich mit dem dortigen Statthalter Marcus Lurius in einen Kampf ein. Zunächst wurde er in die Flucht geschlagen, doch dann trat er Lurius, der ihn unvorsichtig verfolgte, entgegen und besiegte ihn überraschend. Hierauf räumte Lurius die Insel, und Menas nahm sie in Besitz."[40]

Abb. 16: Marcus Lurius

Marcus Lurius war ein *homo novus*, über den uns die Quellen nur wenig verraten. Da man davon ausgehen kann, dass er die Prätur absolviert hatte, bevor er als Statthalter von Sardinien zwei Legionen kommandierte,[41] dürfte er bereits unter Caesar den Sprung in den Senat geschafft haben und früh auf die Seite Octavians getreten sein. Die in Abb. 16 gezeigte Bronzemünze überliefert das Porträt des Lurius. Die wahrscheinlich schon damals nur wenigen verständliche Umschrift M · L · D · C · P besagt wohl, dass sie Marcus Lurius als Präfekt für die Errichtung der an der Nordküste Sardiniens gelegenen Kolonie (*Deducendae Coloniae*) Turris Libisonis, dem heutigen Porto Torres, prägen ließ.

Da Marcus Lurius in der Schlacht von Actium ein wichtiges Kommando erhielt (siehe S. 101), gehörte er sicher zu den Vertrauten Octavians. Im Unterschied zu den meisten Generälen des Octavian, die eine Senatslaufbahn einschlugen, wurde er jedoch nie Konsul, sondern verschwand im Gegenteil von der Bildfläche. Vermutlich ist er wenige Jahre nach der Schlacht gestorben. Auch über seine Nachkommen lassen sich nur Vermutungen anstellen. Besser fundiert ist die Annahme, dass er wie Maecenas nach der Übernahme Ägyptens von Octavian mit umfangreichen Ländereien beschenkt wurde.[42]

Die Aktionen des Pompeius führten zu Unruhen in Rom. „Das Volk in Rom wollte nicht länger Ruhe halten; denn Sardinien befand sich in Feindeshand, das Küstengebiet wurde geplündert, die Getreidezufuhr war abgeschnitten, und Hunger, zahlreiche Abgaben verschiedener Art und außerdem eine Sondersteuer für Sklavenhalter lasteten gewaltig auf ihnen. So sehr sich auch die Bürger über die Aussöhnung zwischen Antonius und Caesar freuten – gleich als bedeute deren Eintracht Frieden für die Stadt –, so sehr und noch mehr waren sie über deren Krieg mit Sextus aufgebracht. … Sie sprachen nicht nur allgemein von ihm, um seine Sache zu fördern, sondern ehrten auch bei den Zirkusspielen das Standbild des Neptun, das im Festzug mitgetragen wurde, mit lautem Beifall und brachten so ihre großen Sympathien für Sextus zum Ausdruck. Und wenn das Standbild an bestimmten Tagen nicht hereingebracht wurde, verjagten sie mit Steinwürfen die Beamten vom Forum, stürzten die Statuen von Caesar und Antonius um und drangen schließlich, da sie nicht einmal auf diese Art etwas auszurichten vermochten, gewaltsam auf die beiden Männer ein, als wollten sie diese umbringen. Caesar zerriss, obschon sein Gefolge verwundet wurde, sein Gewand und verlegte sich gegenüber den Bürgern aufs Bitten, während

Antonius ihnen schroffer begegnete. Als nun besonders deshalb das Volk in Zorn geriet und man aus diesem Grund sogar mit Gewaltakten rechnen musste, fühlten sich beide sehr gegen ihren Willen genötigt, mit Sextus zu verhandeln."[43]

Im Frühsommer des Jahres 39 wurde schließlich am Golf von Neapel bei Misenum (siehe Abb. 18 auf S. 79) ein Vertrag geschlossen. Bei ihrer ersten persönlichen Aussprache „standen die zwei Triumvirn auf dem Festland, Sextus hingegen nicht fern von ihnen auf einer Anschüttung, die im Meer, von Wasser umströmt, angelegt worden war, um ihm Sicherheit zu gewähren. Zugegen war auch seine gesamte Flotte und das ganze Fußvolk der beiden anderen. ... Es wurden folgende Abmachungen getroffen: Die Sklaven, die übergelaufen waren, sollten frei sein und alle Verbannten mit Ausnahme der Caesarmörder ... ungefährdet und mit dem Anrecht auf ein Viertel ihres beschlagnahmten Besitzes zurückkehren dürfen; einige von ihnen sollten sogar alsbald Volkstribunate, Präturen und Priesterwürden erhalten. Für Sextus selbst war vorgesehen, dass er Konsul und zum Augur bestellt werde, weiterhin siebzig Millionen Sesterzen aus seinem väterlichen Besitz erhalte und fünf Jahre lang Sizilien, Sardinien sowie Achaia verwalte. Hingegen solle er keine Überläufer mehr aufnehmen, auch keine weiteren Schiffe erwerben oder irgendwelche Besatzungen in Italien unterhalten, vielmehr dem Land von der Seeseite her Frieden schaffen und für die Stadtbevölkerung eine bestimmte Menge Getreide liefern. Den Zeitraum von fünf Jahren setzten Caesar und Antonius für Sextus deshalb fest, weil sie auch selbst den Eindruck erwecken wollten, dass sie ihre Machtstellung nur bis zu einem bestimmten Termin, nicht aber für dauernd behalten würden."[44] Die Festlegungen von Brindisi wurden also insoweit modifiziert, als bei der Vergabe der Konsulate nun auch Pompeius zum Zug kommen sollte.

Von Velleius[45] erfahren wir, dass zu den Begnadigten auch Lucius Arruntius gehörte, ein *homo novus* aus Atina, einer gut 100 km von Rom entfernten Kleinstadt in Latium. Wir werden ihm bei Actium wieder begegnen. Appian schildert – dramatisch ausgestaltet – die abenteuerliche Flucht des Proskribierten. „[Ein nicht näher zu identifizierender] Apuleius und Arruntius spielten die Rolle von Zenturionen und staffierten ihre Diener als Soldaten aus. So konnten sie unter dem Vorwand, Zenturionen zu sein und andere verfolgen zu müssen, die Stadttore passieren. Auf ihrem weiteren Weg teilten sie sich, befreiten Gefangene und sammelten entlaufenes Volk, bis Apuleius und Arruntius über eine hinreichend große Streitmacht verfügten, um Feldzeichen zu führen, ihre Bewaffnung zu zeigen und als Heer aufzutreten. Als die zwei Führer getrennt an die Meeresküste gelangten, schlugen sie auf beiden Seiten eines bestimmten Hügels ihre Lager auf und beobachteten sich gegenseitig mit großer Besorgnis. Am frühen Morgen des nächsten Tages kundschafteten sie sich gegenseitig vom Gipfel des Hügels her aus und jede Abteilung glaubte in der anderen ein gegen sie ausgesandtes Heer zu sehen. So gerieten sie tatsächlich ins Handgemenge und kämpften gegeneinander, bis sie sich schließlich erkannten. ... Sie setzten übers Meer und der eine fuhr zu Brutus, der andere zu Pompeius."[46]

Die Vereinbarung von Misenum verschaffte Sextus Pompeius nur kurz Luft. Als Menas (siehe S. 72), der für Sextus Sardinien verwaltete und neben Menekrates sein wichtigster

Admiral war, zu Octavian überlief, „ihm die Insel und seine Flotte samt der übrigen Streitmacht übergab", dachte Octavian nicht im Geringsten daran, ihn wie von Sextus gefordert auszuliefern, sondern erwies ihm im Gegenteil „große Ehren, schmückte ihn mit goldenen Ringen und nahm ihn in den Ritterstand auf".[47] Die Schiffe des Menas wurden in die von Calvisius Sabinus geführte Flotte Octavians eingegliedert, aber weiterhin von ihm kommandiert.[48]

Schon im Frühjahr 38 begann Octavian den Krieg gegen Pompeius[49] (siehe zum Folgenden Abb. 5 auf S. 35). Dass er so rasch handelte, lag wohl an wieder aufflammenden Unruhen in Rom, denen der *consul ordinarius* Norbanus Flaccus offenkundig kaum Herr wurde: „Das Volk empörte sich gegen die Steuereinnehmer, die es sehr hart bedrückten. Dabei kam es zu Schlägereien mit ihnen, ihren Helfern und den Soldaten, die sie beim Eintreiben der Gelder unterstützten."[50] Möglicherweise war dies der Grund, warum Norbanus während des Jahres von Octavians Stiefbruder Marcius Philippus abgelöst wurde.

Die erste Schlacht[51] fand bei Cumae statt, wo es Menekrates gelang, Octavians Flotte in der dortigen Bucht einzuschließen. Dies brachte „Menekrates den Vorteil, sich aufs Meer zurückziehen und die Angriffe nach Belieben erneuern zu können; auch konnte er abwechselnd immer neue Schiffe einsetzen, während sich seine Gegner infolge der Felsen, auf die sie aufgelaufen waren, und der Unmöglichkeit, sich zu rühren, in großer Not abmühten. Sie glichen Landtruppen, die mit Seestreitkräften zu ringen hatten und weder verfolgen noch sich zurückziehen konnten. In dieser Lage bekamen sich Menas und Menekrates zu Gesicht, und ohne sich um das weitere Kampfgeschehen zu kümmern, fuhren sie sogleich mit Leidenschaft und Geschrei aufeinander los." Beide Admirale wurden verletzt, Menekrates sogar „kampfunfähig, blieb aber auf seinem Posten und feuerte seine Kameraden an, bis sein Schiff erobert wurde und er sich daraufhin in die Tiefe des Meeres stürzte." Dieser Verlust wog schwer, waren doch „Menekrates und Menas die tüchtigsten Seehelden für Pompeius gewesen". Insgesamt hatten sich allerdings „die Streitkräfte des Pompeius als weitaus überlegen" gezeigt.

Calvisius musste sich auf den vor der Schlacht bezogenen Ankerplatz zurückziehen, „denn nach dem Verlust seiner besten Schiffe und der mangelnden Einsatzfähigkeit der restlichen Flotte konnte er sich auf keine offene Seeschlacht mehr einlassen. Als er dann feststellte, dass sich sein Gegner nach Sizilien entfernt hatte, setzte er seine Fahrzeuge instand und fuhr, indem er die einzelnen Buchten auskundschaftete, der Küste entlang weiter. In der Zwischenzeit hatte Octavian mit einer starken Flotte und Armee die Strecke von Tarent bis Rhegium zurückgelegt und stieß bei Messana auf Pompeius, der nur über vierzig Schiffe verfügte. Octavians Freunde gaben ihm deshalb den Rat, die ungemein günstige Gelegenheit zu ergreifen und mit seiner weit überlegenen Flotte Pompeius samt seinen wenigen Schiffen zu attackieren, ehe noch der Rest seiner Seestreitkräfte eintreffe. Doch Octavian wollte davon nichts wissen, … [sondern] fuhr aus der Meerenge heraus, um auf Calvisius zu treffen. Als er den größeren Teil der Strecke hinter sich gebracht hatte, … stürmte Pompeius von Messana heraus, hängte sich an seine Nachhut, stieß vor bis zur Spitze, griff ihn auf der ganzen Linie an und forderte ihn zum Kampf heraus. Obwohl hart bedrängt, ließen sich Octavians Schiffe nicht in ein Gefecht verwickeln, da er es verbot. ... Auf Octavians Weisung hin gingen sämtliche Fahrzeuge in Landnähe, warfen Anker und wehrten sich mit ihrem Bug gegen die Angreifer. Als jedoch Demochares [der Menekrates als Admiral abgelöst hatte] jeweils zwei eigene Schiffe gegen ein feindliches einsetzte, gerieten seine Gegner schließlich in Panik. Ihre Fahrzeuge prallten gegen die Klippen oder aufeinander und begannen sich mit Wasser zu füllen. Und so gingen – wie bei Cumae – auch diese Schiffe verloren, ohne nur das Geringste tun zu können. ... Octavian sprang von seinem Schiff aus auf die Klippen, holte die Mannschaften, die auf die Küste zu schwammen, aus dem Wasser und geleitete sie zur Höhe hinauf. Cornificius aber und alle sonstigen anwesenden Kommandanten ermutigten einander, ließen, ohne auf einen Befehl zu warten, die Ankertaue kappen und fuhren gegen die Feinde aufs Meer hinaus; es sei doch besser, dachten sie, kämpfend Verluste zu erleiden als untätig an Ort und Stelle zu bleiben und sich dem Feind auszuliefern. ... Während sich der Kampf entwickelte und seine Opfer forderte, kamen von hoher See her endlich Calvisius und Menas in Sicht. Für Octavians Leute war dies weder vom Land noch vom Meer aus zu erkennen, wohl aber für die Pompeianer, die weiter draußen auf dem Wasser waren und sich daraufhin zurückzogen. Es dunkelte ja bereits und ermüdet, wie sie waren, wagten sie es nicht, sich mit frischen Gegnern einzulassen. Dieser Zufall kam dem Rest, der eben noch in heilloser Bedrängnis gewesen war, sehr zustatten. Nach Einbruch der Nacht suchten jene, die aus den Schiffen ins Wasser gefallen waren, Zuflucht auf dem Berggelände, entzündeten zahlreiche Feuer, die den noch auf See befindlichen Kameraden als Zeichen dienen sollten, und verbrachten so die Nacht ohne Nahrung, Wundversorgung und jegliche Hilfsmittel."

Sieht man von Appians Beschönigungen – Octavian habe die Mannschaften, die auf die Küste zu schwammen, aus dem Wasser geholt und zur Höhe hinaufgeleitet – ab, lässt sich Octavians Rolle kurz so zusammenfassen: Die beste Gelegenheit zur Schlacht ließ er ungenutzt verstreichen, auf den Angriff des Pompeius reagierte er mit falschen Befehlen, als er die negativen Folgen sah, flüchtete er aufs Festland und ließ seine Admirale ohne Order zurück. Doch Octavian hatte Glück.

„Von einem guten Geist geleitet, näherte sich die 13. Legion auf ihrem Marsch durchs Gebirge, und als die Männer von dem Unglück erfuhren, stürmten sie, indem sie den Feuerschein als Wegweiser benutzten, durch das Felsgelände und fanden ihren Feldherrn samt denen, die bei ihm Zuflucht gesucht hatten, in der erwähnten Verfassung, erschöpft und ohne Nahrung. ... Octavian schickte sogleich Boten umher mit der Nachricht, dass er am Leben sei, und nun erfuhr er auch noch, dass Calvisius mit der Vorhut seiner Flotte eingetroffen sei. So konnte er sich auf die beiden hilfreichen und unerwarteten Glücksfälle hin selbst etwas Ruhe gönnen. Als Octavian bei Tagesbeginn auf das Meer hinaus blickte, sah er einen Teil seiner Schiffe ganz, einen anderen halb verbrannt und wieder andere noch in Flammen oder in Stücke zerborsten. Die Wasserfläche war bedeckt mit Segeln, Steuerrudern und Ausrüstungsgegenständen, die Mehrzahl der geretteten Fahrzeuge beschädigt. Er ließ daher die Flotte des Calvisius ein Frontlinie bilden und begann dann die reparaturbedürftigsten Schiffe den Umständen entsprechend auszubessern."

Damit kam man allerdings nicht weit. „Gegen Mittag fiel ein Südsturm ein und ließ in der durchströmten und rings eingeschlossenen Meerenge den Wellengang gewaltig anschwellen. Pompeius lag zu dieser Zeit mit seiner Flotte in den Häfen von Messana, während Octavians Schiffe gegen die Felsen geworfen wurden und aufeinander prallten." Dieser Sturm, der bis zum nächsten Morgen wütete, offenbarte die geringe Erfahrung der octavianischen Seeleute. Während Menas mit seinen Schiffen ins tiefere Wasser fuhr, wo der Wellengang geringer war, wurden ihre vom Sturm an die Klippen oder gegeneinander geworfen. Weniger als die Hälfte seiner Schiffe konnte Octavian retten, die meisten davon schwer beschädigt. Pompeius nutzte jedoch die Gunst der Stunde nicht. Sollte er geglaubt haben, Octavian würde nach dieser Niederlage den Kampf gegen ihn einstellen, hatte er sich jedenfalls getäuscht. Denn Octavian, „stets geschickt, seinen Vorteil zu finden, sandte Maecenas zu Antonius mit dem Auftrag, ihn bei jüngst noch umstrittenen Fragen zum Umdenken zu bewegen und zu einem Bündnis zu verleiten. Sollte sein Unterhändler zu keinem Erfolg kommen, beabsichtige er, seine Schwerbewaffneten auf Frachtschiffen nach Sizilien überzusetzen und unter Verzicht auf Seekriegsführung die Entscheidung zu Lande herbeizuführen. In diesem Zustand tiefer Niedergeschlagenheit"[52] richteten ihn zwei erfreuliche Nachrichten wieder auf: Maecenas hatte Antonius dazu gebracht, in ein Waffenbündnis einzuwilligen, und Agrippa hatte einen glänzenden Sieg gegen die aquitanischen Gallier errungen. Wieder einmal zeigte es sich, dass er auf seine Vertrauten bauen konnte – aber auch wie sehr er auf sie angewiesen war.

Auch wenn wir wenig über Agrippas Kämpfe in Gallien erfahren, handelte es sich wohl um ausgedehnte Aktionen, die ihn quer durch Gallien führten. Neben den Auseinandersetzungen im Südwesten kämpfte er nämlich am Rhein „gegen aufständische Gallier, wobei er auch als zweiter Römer in kriegerischer Absicht den Rhein überschritt. Octavian rief ihn zu sich, ehrte ihn durch die Gewährung eines Triumphs und beauftragte ihn mit der Fertigstellung und Einübung der Flotte."[53]

Agrippa verzichtete auf den Triumph und machte sich sofort an die Arbeit. Als Konsul des Jahres 37 – sein Kollege war ein sonst unbekannter Gefolgsmann des Marcus Antonius, den später Statilius Taurus als *consul suffectus* ablöste – schuf er die Voraussetzungen für die Erfolge Octavians in den folgenden Jahren. Dass Octavian wusste, wie wichtig Agrippa für ihn war, belegen Münzen aus dem Jahr 39 oder 38, die auf der Rückseite unübersehbar auf das für das Jahr 37 vorgesehene Konsulat Agrippas hinweisen. Ein entsprechender Denar ist in Abb. 17 zu sehen. Die Vorderseite zeigt den 25-jährigen Octavian als IMP(erator) CAESAR DIVI IVLI(i) F(ilius). Der neue Caesar führt den Vornamen *Imperator* und firmiert als Sohn des seit 42 vergöttlichten Iulius. Ferner trägt er noch den – im Jahr 38 abgenommenen[54] – Trauerbart, mit dem er seine enge Beziehung zu seinem Adoptivvater ausdrückte.

Octavians Misserfolge im Jahr 38 verdeutlichen die Größe der Aufgabe, die auf Agrippa wartete: Er musste eine Flotte aufbauen, die nicht nur groß genug war, um es mit Pompeius aufnehmen zu können, sie musste diesem auch in taktischer Hinsicht und seemännischem Geschick gewachsen sein. Da er an der italischen Westküste keinen Platz fand, an dem er

Abb. 17: M(arcus) AGRIPPA CO(n)S(ul) DESIG(natus)

vor Attacken des Pompeius sicher sein konnte, legte er in der Bucht von Baiae einen neuen Hafen an, den er *portus Iulius* nannte (siehe zum Folgenden Abb. 18).

„Bei Cumae in Kampanien, zwischen Misenum und Puteoli, befindet sich eine halbmondförmige Stelle, die, von einigen kleinen Lücken abgesehen, durch schmale, nackte Höhenzüge eingeschlossen ist und einen Meeresarm gleich einer dreifach geteilten Bucht umfasst. Die erste Bucht liegt außerhalb, und zwar in der Nähe der Städte, die zweite wird von ihr durch eine schmale Landzunge getrennt, und die dritte, sumpfiger Art, ist im innersten Winkel zu sehen. Die letztgenannte Bucht heißt Lacus Avernus, die mittlere Lacus Lucrinus, die außen liegende ist ein Teil des Tyrrhenischen Meeres und trägt auch den gleichen Namen. … Agrippa ließ mittels schmaler Kanäle das Land, welches den Lucrinersee vom offenen Meere trennte, durchstechen und schuf so ausgezeichnete Ankerplätze für Schiffe."[55] Nach Strabo[56] ließ Agrippa sogar einen unterirdischen Kanal vom Avernersee nach Cumae anlegen, um einen zweiten Zugang zum Meer zu haben. Von Strabo erfahren wir auch, dass der Wald, der diesen See umgab, dem Schiffsbau zum Opfer fiel.

In dieser sicheren Umgebung „sammelte Agrippa, sobald er die Zufahrten fertiggestellt hatte, die Schiffe und Ruderer; erstere versah er mit Verdecken, während er die Mannschaften auf Übungsbänken im Rudern ausbilden ließ".[57] „20 000 Sklaven, die Octavian freigelassen und für die Arbeit an den Rudern abgestellt hatte",[58] brachte er so „durch tägliches Training zu höchstem militärischem und seemännischem Können."[59]

Octavian hätte sich den Aufbau seiner Flotte leichter machen können, wenn er auf ein – im Rahmen des oben erwähnten Waffenbündnisses gemachtes – Angebot des Marcus Antonius eingegangen wäre. Anfang des Frühjahrs 37 bot ihm dieser bei einem Treffen in Tarent an, ihn mit 300 Schiffen bei seinem Kampf gegen Pompeius zu unterstützen. Doch Octavian wollte eine Beteiligung des Antonius vermeiden, um ihm nach einem Sieg kein Mitspracherecht einräumen zu müssen. Octavian verschob daher seinen Angriff gegen Pompeius aufs folgende Jahr, weil er wusste, dass Antonius wegen des Partherkriegs nicht so lange warten konnte. Trotzdem „vereinbarten die beiden einen Tausch: Antonius trat dem Octavian 120 Schiffe ab, welche er sofort nach Tarent entsandte und dort übergab,

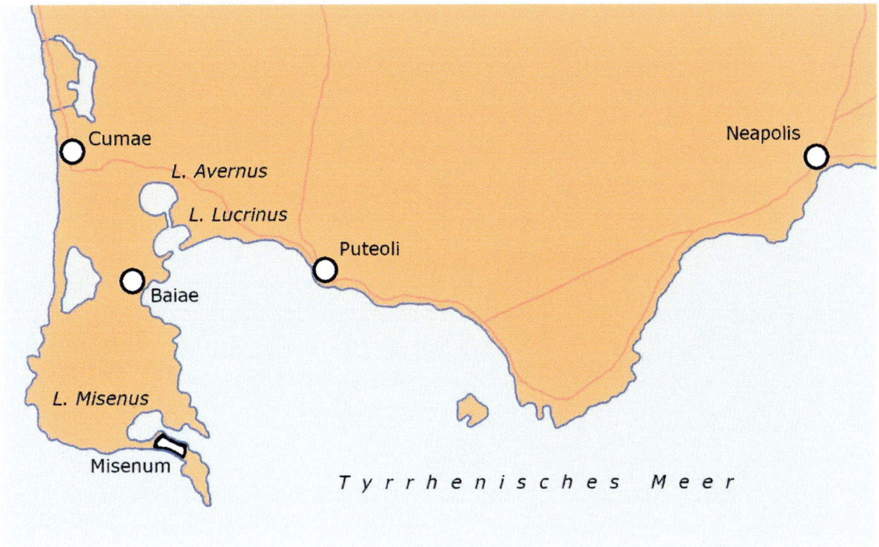

Abb. 18: Portus Iulius

wofür letzterer seinem Vertragspartner 20 000 italische Legionäre zu schicken versprach. … Da die Amtszeit, die den Triumvirn durch Volksbeschluss gewährt worden war, damals auslief, erneuerten sie diese um weitere fünf Jahre, ohne dass sie deshalb das Volk nochmals darum gebeten hätten."[60]

Pompeius wurde endgültig fallen gelassen. Die Triumvirn „entzogen Sextus seine Priesterwürde wie auch das Konsulat, für das er designiert war".[61] Octavian konnte zufrieden sein. Trotz der im Vorjahr erlittenen Niederlagen ging er gestärkt aus dem Treffen mit Marcus Antonius hervor. Er hatte nun freie Hand in seinem Kampf gegen Pompeius. Der einzige Schönheitsfehler war, dass „Menas, von Natur aus schon unzuverlässig und stets der stärkeren Partei zugetan, dazu auch noch erbittert, dass er kein selbständiges Kommando innehatte, sondern dem [Calvisius] Sabinus untergeordnet war",[62] erneut die Seiten wechselte und „mit seinen sieben Schiffen zu Sextus überlief, ohne dass Calvisius, Octavians Admiral, etwas davon bemerkte. Aus diesem Grund setzte ihn Octavian ab und rückte Agrippa an seine Stelle."[63]

Um das Jahr 37 heiratete Agrippa die 14-jährige Pomponia Attica. Der tadellose Charakter des Atticus sei ausschlaggebend dafür gewesen, „dass Marcus Vipsanius Agrippa, den mit dem jungen Caesar die innigste Freundschaft verband und dem wegen seines eigenen Einflusses und Octavians Machtposition jede Möglichkeit zu einer Verbindung offenstand, die Tochter dieses römischen Ritters den adligen Damen vorzog".[64] Glaubt man Sueton, so hat Attica die Charaktervorzüge ihres Vaters nicht geerbt: „Als der in Tusculum geborene Quintus Caecilius Epirota, ein Freigelassener des römischen Ritters Atticus, … die mit Marcus Agrippa verheiratete Tochter seines Patrons unterrichtete, wurde er einer Beziehung mit ihr verdächtigt und deswegen entlassen."[65]

4.3 Die Schlachten bei Mylae und Naulochus

Die Monate Juli und August des Jahres 36 brachten die Entscheidung über die Herrschaft im Westen des *Imperium Romanum* und damit eine wichtige Vorentscheidung im Kampf um die Herrschaft im Reich. Wir werden im Wesentlichen Appians ausführlicher Schilderung dieser beiden Monate folgen (siehe dazu auch Abb. 5 auf S. 35).

Die Invasion Siziliens wurde sorgfältig geplant. Danach „sollte Octavian von Puteoli, Lepidus von Afrika und [der Konsular Statilius] Taurus von Tarentum [dem heutigen Tarent] aus Kurs auf Sizilien nehmen, um so die Insel von Osten, Westen und Süden zugleich einzukreisen. Der Tag, an dem Octavian in See stechen wollte, war allen zuvor mitgeteilt worden; es war der zehnte nach der Sommersonnenwende [also um den 1. Juli]. ... Lepidus kam von Afrika mit 1 000 Last- und 70 Kriegsschiffen, darauf zwölf Legionen, 500 berittene Numider und eine große Menge Kriegsgerät; von Tarentum fuhr Taurus mit nur 102 der 130 von Antonius zurückgelassenen Schiffe aus; die Ruderer der übrigen waren nämlich im Laufe des Winters gestorben. ... Obwohl am dritten Tag nach der Abfahrt ein Südwind aufkam und zahlreiche Lastschiffe des Lepidus zum Kentern brachte, konnte er in Sizilien anlegen und einige Städte auf gütlichem Weg, einige durch Gewalt in Besitz nehmen. Taurus trat, als der Wind einsetzte, die Rückfahrt nach Tarentum an. Octavian nahm bei Ausbruch des Sturms Zuflucht in der geschützten Bucht von Velia, lediglich ein Sechsruderer ging am Vorgebirge zu Bruch. Als jedoch der Südwind auf Südwest drehte, wühlte er die gegen Westen offene Bucht auf. Der starke Gegenwind machte es unmöglich, die Bucht noch zu verlassen. Die Ruder und Anker konnten aber die Schiffe nicht an Ort und Stelle halten, weshalb sie gegeneinander oder gegen die Felsen prallten; die Nacht steigerte noch die Schrecken. Als sich der üble Sturm endlich gelegt hatte, hatte Octavian ... sechs schwere und 26 leichtere Schiffe verloren, dazu noch eine größere Zahl kleinerer Schiffe. Außerdem musste Octavian mit etwa dreißig Tagen für die nötigen Instandsetzungsarbeiten rechnen."[66] Der erste Invasionsversuch Octavians war damit gescheitert.

Er dachte schon daran, sein Vorhaben auf den nächsten Sommer zu verschieben. Doch Lebensmittelknappheit hatte wieder zu Unruhen in Rom geführt. Octavian schickte daher Maecenas dorthin, um der Lage Herr zu werden, und ging selbst nach Tarent und Hipponium, um die Moral seiner dort stehenden Truppen zu stärken und die Reparatur der Flotte voranzutreiben. Agrippa beschaffte das dafür benötigte Holz.

Pompeius dagegen tat wenig. Er entsandte lediglich den Menas mit seinen sieben Schiffen, um die Werften Octavians auszukundschaften und möglichst großen Schaden anzurichten. Menas wusste nun, dass ihm Pompeius kein größeres Kommando anvertrauen, geschweige denn ihm wie erhofft den Oberbefehl über die Flotte übertragen würde. Prompt nutzte er sehr trickreich diesen Auftrag, um erneut überzulaufen.

Sobald die Flotte wieder einsatzfähig war, „stach Octavian in See. Nach einer Küstenfahrt landete er in Hipponium und befahl dem Messalla, der zwei Legionen Fußvolk unter sich hatte, nach Sizilien überzusetzen, sie mit den Truppen des Lepidus zu vereinigen, sodann die vor Tauromenium [Taormina] liegende Bucht zu queren und dort Aufstellung zu nehmen. Er verlegte des weiteren drei Legionen nach [dem nördlich von Rhegium gelegenen Ort] Columna Rhegia und ans Ende der Meerenge mit dem Auftrag, die Entwicklung abzuwarten."[67] Dorthin wurde auch die Flotte des Taurus geschickt.

„Inzwischen brachten aus Afrika Lastschiffe vier weitere Legionen, den Rest des Heeres, für Lepidus heran. Doch Demochares warf sich der Flotte auf offener See entgegen und vernichtete sie; denn in der Meinung, es handle sich um Fahrzeuge, die ihnen Lepidus zusende, hatten die Besatzungen ihre Gegner als Freunde aufgenommen. ... So kam es, dass ein Teil der Schiffe den Flammen zum Opfer fiel, ein anderer Teil gekapert und wieder ein anderer zum Kentern gebracht wurde, worauf dann der Rest nach Afrika zurückkehrte. Zwei Legionen des Landheers fanden in den Wellen den Tod. ... Octavian setzte mit seiner gesamten Flotte von Hipponium aus nach Stromboli, einer der Äolischen Inseln, über, nachdem er zuvor das Meer hatte auskundschaften lassen. Als er vor sich an der sizilischen Küste bei Pelorias, Mylae und Tyndaris stärkere Streitkräfte feststellte, vermutete er, dass sich Pompeius selbst hier aufhalte, übertrug daraufhin das dortige Kommando dem Agrippa und fuhr selbst nach Hipponium zurück. Von dort aus eilte er in Begleitung von Messalla und drei Legionen zum Lager des Taurus, um noch in Abwesenheit des Pompeius Tauromenium einzunehmen und ihn so von zwei Seiten her in die Zange zu nehmen. Dieser Strategie folgend fuhr Agrippa von Stromboli aus zur Insel Hiera [Volcano] und übernahm sie, da ihm die Besatzung des Pompeius keinen Widerstand leistete. Er war schon dabei, anderntags Demochares bei Mylae mit seinen nur 40 Schiffen anzugreifen, als Pompeius die gefährliche Absicht des Agrippa erahnte, dem Demochares von Messana aus daher zusätzlich 45 Schiffe unter dem Befehl seines Freigelassenen Apollophanes zur Hilfe sandte und persönlich mit 70 weiteren Fahrzeugen folgte. Agrippa fuhr noch vor Tagesanbruch von Hiera mit der Hälfte seiner Flotte ab, um Demochares allein eine Seeschlacht zu liefern. Als er jedoch die Schiffe des Apollophanes und die 70 [des Pompeius] auf der anderen Seite bemerkte, unterrichtete er sogleich Octavian, dass sich Pompeius mit dem größeren Teil seiner Seestreitkräfte bei Mylae befinde. Er selbst rückte daraufhin seine schweren Schiffe in die Mitte und rief eilends den Rest seiner Flotte von Hiera herbei. ... Pompeius verfügte über kürzere und leichtere Fahrzeuge, besser geeignet für Blockade und schnelle Manöver; hingegen besaß Octavian größere und schwerere und dementsprechend langsamere Schiffe, die aber heftigere Rammstöße führen konnten und nicht so leicht verletzbar waren. ... Pompeius beobachtete von einem Berg aus, dass seine Schiffe nur geringe Fortschritte erzielten, bei Nahkämpfen ihre Seesoldaten verloren und sich [von Hiera] eine weitere Flotte zur Unterstützung Agrippas näherte. Er gab deshalb Befehl zu einem geordneten Rückzug. ... Die Pompeianer fuhren der Küste entlang zu ihren Häfen; 30 Schiffe hatten sie eingebüßt, fünf feindliche versenkt und dem Gegner beträchtliche Schäden zugefügt und ebenso schwere erlitten. Pompeius belobigte seine Männer, weil sie derartigen Riesenschiffen Widerstand geleistet hätten. Nach seinen Worten hatten sie mehr gegen Mauern als gegen Schiffe gekämpft, und deshalb beschenkte er sie wie Sieger. Er ermutigte sie auch durch die Hoffnung, dass sie bei der leichteren Bauart ihrer Fahrzeuge in der Meerenge wegen der dort herrschenden Strömung ihrem Gegner überlegen sein würden.

Schließlich erklärte Pompeius noch, er wolle seine Schiffe etwas erhöhen. Damit fand die [in der ersten Augusthälfte 36 geschlagene] Schlacht von Mylae ihr Ende."[68]

Da Pompeius vermutete, dass Octavian einen Angriff auf Tauromenium plante, fuhr er mit dem Großteil seiner Truppen Richtung Messina, ließ aber einen Teil bei Mylae zurück, um Agrippa zu binden. Dieser besetzte einige Orte, die keinen Widerstand leisteten, und zog sich danach wieder nach Hiera zurück.

Nachdem Octavian vom Erfolg Agrippas bei Mylae erfahren hatte, „stach er mit so viel Truppen, wie die Schiffe fassen konnten, in See und ließ Messalla mit dem Rest an Land zurück, bis die Flotte zurückkomme. Nach seiner Ankunft bei Tauromenium schickte Octavian Parlamentäre, um die Übergabe zu verlangen. Als die Besatzung die Aufforderung zurückwies, ... ließ er vor Anker gehen, um ein befestigtes Lager zu schlagen und mit dem Angriff auf Tauromenium zu beginnen. ... Während er noch damit beschäftigt war, das Lager abzustecken, fuhr Pompeius plötzlich mit einer starken Flotte heran – zum Staunen und zur Überraschung Octavians, der seinen Gegner durch Agrippa vollständig besiegt glaubte. Gleichzeitig sprengte auch die Reiterei des Pompeius herbei, an Schnelligkeit im Wettkampf mit der Flotte, und von der anderen Seite zeigte sich das Fußvolk. So waren Octavians Streitkräfte mitten zwischen drei Feindgruppen geraten, und sie waren alle voll Angst, voll Sorge auch Octavian, da er Messalla nicht zur Hilfe herbeiholen konnte. ... Octavian unterstellte sein gesamtes Fußvolk dem Cornificius und beauftragte ihn, die Gegner zu Land abzuwehren und nach Lage der Dinge zu handeln. Er selbst fuhr noch vor Tagesanbruch mit seinen Schiffen auf das Meer hinaus, um zu verhindern, dass ihn die Feinde auch von dieser Seite her abriegelten. ... Dann ließ er angesichts der höchst bedrohlichen Lage die Admiralsflagge einholen. Pompeius stach nun ebenfalls in See, und zweimal trafen die Gegner aufeinander, bis mit Anbruch der Dunkelheit das Kriegsgeschehen endete. Octavians Schiffe wurden gekapert oder in Brand gesteckt; ein Teil setzte die Kleinsegel und nahm unter Missachtung der gegebenen Befehle Kurs auf Italien. ... Octavian verbrachte den Großteil der Nacht auf seinen kleinen Beibooten und war im Zweifel, ob er mitten durch die Masse seiner zerschmetterten Schiffe zu Cornificius zurückkehren oder sich zu Messalla retten solle. ... Einige Einwohner, die von den Bergen heruntergestiegen waren, um sich ein Bild von den Geschehnissen zu machen, fanden ihn körperlich und seelisch schwer mitgenommen."[69]

Trotz aller Versuche Appians, Octavians Verhalten zu rechtfertigen, ja sogar taktische Überlegungen zu vermuten, wird klar: Octavian hatte seine Legionen vor Taormina im Stich gelassen. Er war wohl völlig am Ende. Nach Plinius bat er in seiner Verzweiflung sogar seinen Vertrauten Proculeius, ihn zu töten,[70] was ihm dieser offensichtlich ausredete. Schließlich erreichte Octavian Messallas Lager und machte sich in seiner Begleitung „auf den Weg nach Columna Rhegia zu Carrinas, der dort mit drei Legionen zur Einschiffung bereit stand. Ihm erteilte Octavian den Befehl, auf das jenseitige Ufer überzusetzen, wohin er ihm auch selbst nachfolgen wolle. An Agrippa aber richtete er ein dringliches Schreiben, er solle dem schwer gefährdeten Cornificius eiligst den Laronius mit einem Heer zur Hilfe schicken. Maecenas ging indessen auf seine Anordnung hin wiederum wegen der Unruhestifter nach Rom, von denen einige, die sich besonders hervortaten, auch bestraft wurden. Schließlich entsandte er noch Messalla nach Puteoli, um die sogenannte erste Legion nach Hipponium zu bringen."[71]

Unterdessen wurde die Lage der bei Taormina unter dem Kommando des Cornificius zurückgelassenen Soldaten immer kritischer. Folgen wir der packenden Schilderung Appians: „Cornificius konnte zwar von seinem befestigten Lager aus die angreifenden Feinde mühelos abwehren, doch sah er sich durch das Fehlen des nötigen Nachschubs gefährdet, und so führte er seine Leute zum Kampf ins Freie und suchte den Gegner herauszufordern. Pompeius wollte sich allerdings nicht mit Männern einlassen, die ihre Hoffnung allein auf einen Waffengang setzten; er beabsichtigte vielmehr, sie auszuhungern. Cornificius nahm nun die unbewaffneten Männer, die aus den Schiffen zu ihm geflüchtet waren, in die Mitte und machte sich auf den Marsch. Dabei war er hartem Beschuss ausgesetzt, in den Ebenen vonseiten der Reiterei, auf den Gebirgsstrecken durch die Leichtbewaffneten aus Numidien, die auf sehr große Entfernungen ihre Speere warfen und bei Gegenangriffen ihrer Feinde entwischten. Unter Beschwerden gelangten die Truppen am vierten Tag zu dem wasserlosen Gebiet, das in früherer Zeit, wie man berichtet, ein bis zum Meer herab reichender Feuerstrom [des Ätna] überdeckte und so alle dortigen Quellen versiegen ließ. Da der Landstrich infolgedessen stickig heiß und voll Aschenstaub ist, überqueren die Einheimischen das Gelände nur bei Nacht. Cornificius und seine Leute wagten weder in der Dunkelheit, besonders da kein Mond schien [Neumond war am 15. August 36], aus Unkenntnis der Wege und aus Furcht vor Hinterhalten durchzumarschieren, noch konnten sie es bei Tage aushalten, sondern erstickten beinahe und ihre Fußsohlen wurden in der augenblicklich heißesten Sommerzeit – namentlich wenn jemand keine Schuhe hatte – von der Glut versengt. Dabei konnte man sich infolge des brennenden Durstes keinen Aufenthalt gönnen und auch keinen der feindlichen Schützen im Gegenangriff zurückwerfen; ohne Abwehr mussten sich vielmehr die Soldaten den Verwundungen aussetzen. Als andere Feinde auch die Ausgänge des verbrannten Gebietes besetzt hielten, stürmten die noch einigermaßen leistungsfähigen Männer, ohne Rücksicht auf die kranken und unbewaffneten Kameraden zu nehmen, mit tollkühnem Wagemut zu den Wegengen empor und überwältigten mit dem Rest ihrer Kräfte die Gegner. Indessen sahen sie auch die nächsten Hohlwege besetzt. Sie wollten schon an sich verzweifeln und drohten bereits dem Durst, der Hitze und den Strapazen zu erliegen, als sie Cornificius unter Hinweis auf eine nahe Quelle nochmals antrieb, und erneut bezwangen die Männer, obschon unter schweren eigenen Verlusten, den Gegner. Doch da eine weitere feindliche Gruppe die Wasserstelle besetzt hielt, war es mit dem Mut von Cornificius' Leuten vollends vorbei, und sie gaben auf. In dieser deprimierenden Situation zeigte sich ihnen Laronius, den Agrippa mit drei Legionen entsandt hatte, aus weiter Ferne. Wiewohl es noch nicht klar war, ob es sich um einen Freund handle, gab diese Beobachtung den Männern, die permanent in der Hoffnung auf solchen Entsatz gelebt hatten, neuen Mut. So konnten sich wider Erwarten Cornificius und der Teil seiner Armee, der durchgekommen war, zu Agrippa nach Mylae retten. Dieser hatte eben Tyndaris eingenommen, einen festen Platz, voll von Lebensmitteln und in günstiger Lage für die Seekriegführung, wohin dann auch Octavian sein Fußvolk und seine Reiterei übersetzte. Im ganzen verfügte er auf Sizilien über 21 Legionen, 20 000 Reiter und mehr als 5 000 Leichtbewaffnete."[72]

Es verwundert nicht, dass Laronius von seinen Truppen (und denen des Cornificius) zum *Imperator* ausgerufen wurde, wie Ziegelsteine zeigen, die für einen von Laronius bei Vibo errichteten Aquädukt verwendet wurden.[73] Sie verraten uns sogar, dass ihm diese Ehre zweimal widerfuhr. Den Grund für die zweite Akklamation kennen wir nicht. Cornificius erhielt (oder nahm sich) für die beachtliche Leistung, seine verzweifelten Männer bei der Stange gehalten und damit gerettet zu haben, das Privileg, „sich jedes Mal, wenn er in Rom auswärts speiste, auf einem Elefanten heimbringen zu lassen".[74]

Aktionen des Statilius Taurus zwangen schließlich Pompeius, die Entscheidung zu suchen. „Da es über ganz Sizilien hin nur zu zahlreichen Scharmützeln, nicht aber zu größeren Kriegshandlungen kam, entsandte Octavian den Taurus mit dem Auftrag, die einzelnen Städte, welche Pompeius mit Proviant versahen, vorweg einzunehmen und ihn so von seinen Nachschubquellen abzuschneiden. Dies traf ihn so schwer, dass er sich entschloss, den Krieg durch eine größere Schlacht zu entscheiden. Er fürchtete zwar Octavians Landstreitkräfte, vertraute aber stolz auf seine Schiffe, weshalb er durch Unterhändler beim Gegner anfragen ließ, ob er mit einer Entscheidung zur See einverstanden sei. Octavian hatte zwar vor allem, was mit dem Seewesen zusammenhing, Angst – denn sämtliche Unternehmungen auf dem Wasser waren bis dahin für ihn übel ausgegangen –, doch hielt er es für eine Schande, sich einer solchen Herausforderung zu versagen, und willigte darum ein."[75] Octavians Zustimmung entsprang wohl weniger dem Bestreben, sich ehrenvoll zu verhalten, als dem Rat des Agrippa, der auf seinen Sieg bei Mylae verweisen konnte und eine weitere Überraschung für Pompeius in der Hinterhand hatte.

Die Schlacht sollte vor Naulochus stattfinden, einem östlich von Mylae an der Nordküste Siziliens gelegen Ort. Am festgelegen Tag „machten sich auf beiden Seiten jeweils 300 Schiffe bereit, ausgerüstet mit verschiedenartigen Geschossen, mit Türmen und allen nur erdenklichen Maschinen. Agrippa erfand sogar noch den sogenannten Greifer, ein fünf Ellen [gut zwei Meter] langes Holz, mit Eisen beschlagen und mit Ringen an beiden Enden. An dem einen Ring hing der Greifer selbst, ein gekrümmtes Eisen, am anderen eine Anzahl Taue, die mit Maschinenkraft den Greifer heranzogen, sobald dieser – aus einem Katapult abgeschossen – das feindliche Schiff erfasst hatte. Als nun [Ende August] der festgesetzte Tag gekommen war, hörte man zunächst die zum Wettstreit aufmunternden Rufe der Ruderer, und zugleich flogen Geschosse aus Maschinen und von Menschenhand, wie etwa Steine, Feuerbrände und Pfeile. Sodann prallten die Schiffe aufeinander, teils mittschiffs, teils bei den Sturmbalken, teils bei den Schnäbeln, wo die Rammstöße den meisten Schaden anrichteten. … Die größten Wirkungen aber erzielte der Greifer, der wegen seines geringen Gewichts aus weiter Entfernung auf die Schiffe geschleudert werden konnte und sich festbiss, sobald er von den Seilen zurückgezogen wurde. Seine eisernen Beschläge machten es den so Angegriffenen nicht leicht, ihn zu zertrümmern, und wegen seiner Länge blieben die Seile für jene, die sie kappen wollten, kaum erreichbar. Denn da diese

Vorrichtung nie zuvor eingesetzt worden war, hatte man auf Feindseite keine Stangen vorne mit Sicheln versehen.“[76]

Nicht zuletzt wegen dieser Erfindung errang die von Agrippa befehligte Flotte einen überwältigenden Sieg. Mit lediglich 17 Schiffen gelang Pompeius die Flucht. „Octavians Truppen, die auf den Schiffen waren, erhoben ein Siegesgeschrei, in das vom Lande her das Fußvolk einstimmte. Bei den Pompeianern aber waren nur Jammerrufe zu hören. Ihr Anführer selbst machte sich rasch von Naulochus auf und hastete nach Messana, ohne in seiner Bestürzung seiner Infanterie auch nur eine Weisung gegeben zu haben. So nahm Octavian unter gewissen Zusicherungen auch deren Kapitulation entgegen. … Nur drei Schiffe Octavians waren in der Schlacht versenkt worden, während Pompeius 28 eingebüßt hatte. Der Rest war entweder verbrannt oder gekapert worden oder beim Stranden zerschellt. Lediglich [die oben erwähnten] 17 Fahrzeuge entkamen. Noch unterwegs erfuhr Pompeius vom Abfall seiner Infanterie und vertauschte daraufhin seine Kleidung als Befehlshaber mit der eines Privatmanns. Nach Messana aber schickte er Weisung voraus, man solle so viel wie möglich auf die Schiffe verladen; schon lange waren ja sämtliche Vorbereitungen hierzu getroffen worden. … Mit seinen 17 Schiffen flüchtete er von Messana aus zu Antonius.“[77]

Den Sieg vor Naulochos hatte Octavian allein Agrippa zu verdanken, der es aufgrund seiner organisatorischen Fähigkeiten und seines technischen Verstands schaffte, in kürzester Zeit eine imposante Flotte mit gut geschulten Besatzungen aufzubauen. In der Schlacht stand dann der erfahrene Seemann Pompeius den taktisch geschickt eingesetzten technischen Neuerungen des Agrippa hilflos gegenüber. Es ist müßig sich zu überlegen, wie der Kampf um Sizilien ohne Agrippa für Octavian ausgegangen wäre.

Durch diesen Sieg war Sextus Pompeius als Machtfaktor ausgeschaltet. Um die restlichen Anhänger des Pompeius in Spanien kümmerte sich zunächst Norbanus Flaccus und später Marcius Philippus. Über deren Aktivitäten ist wenig mehr bekannt als die Gründung der Stadt Norba Caesarina durch Norbanus. Von einer Inschrift wissen wir, dass Balbus minor ihr Patron war.[78]

Octavian ging nun gegen Lepidus vor, der nach der Flucht des Pompeius Teile seiner Truppen übernommen hatte und damit über 22 Legionen gebot. Zunächst schickte er Agenten in das Lager des Lepidus, „die heimlich jeden einzeln an seine persönlichen Vorteile erinnern sollten. Viele ließen sich von ihm bestechen, vor allem jene, die unter Pompeius gedient hatten und fürchten mussten, dass die Kapitulationsbedingungen für sie noch keine bindende Kraft besäßen, wenn Octavian sie nicht bestätige. Von all diesen Vorgängen wusste Lepidus in seiner Untätigkeit noch nichts, als Octavian mit vielen Reitern vor seinem Lager erschien, diese vor den Toren zurückließ und sich mit ein paar Begleitern hinein begab. Auf dem weiteren Weg bezeugte er jedem, dem er begegnete, ausdrücklich, dass er nur gezwungen in den Krieg eintrete, und alle, die ihn sahen, begrüßten ihn als *Imperator*. Als erste liefen die bestochenen Pompeianer zusammen und baten um Pardon, Octavian aber drückte nur seine Verwunderung aus, dass sie um Begnadigung flehten, indes nicht ihrem Vorteil gemäß handelten. Sofort begriffen sie, worauf er hinaus wollte, ergriffen ihre Feldzeichen und gingen zu ihm über; andere begannen mit dem Abbruch ihrer Zelte. Sobald Lepidus diesen Aufruhr bemerkte, eilte er aus seinem Zelt zu den Waffen. Schon flogen Geschosse und einer der Leibwächter Octavians fand den Tod; sogar der Brustpanzer Octavians wurde getroffen, doch drang die Waffe nicht bis auf die Haut durch. Schnell flüchtete er daraufhin zu seinen Reitern, was eine Abteilung von Lepidus' Leibwächtern veranlasste, sich über seine Eile lustig zu machen."[79]

Doch dieser Erfolg des Lepidus war nur von kurzer Dauer. Wenig später rückte Octavian wieder an, „jetzt aber mit seinem ganzen Heer, schloss seine Gegner in ihrer Verschanzung ein und belagerte sie. Die Leute fürchteten nun eine gewaltsame Einnahme, doch ließen sie es mit Rücksicht auf Lepidus zu keiner allgemeinen Empörung kommen. Sie kehrten ihm vielmehr nur privat und einzeln in jeweils kleineren Gruppen den Rücken und wechselten die Partei, so dass sich schließlich auch ihr Führer genötigt sah, in Trauerkleidung als Schutzflehender Octavian aufzusuchen."[80] Als sich Lepidus näherte „erhob sich Octavian und hinderte ihn daran, vor ihm auf die Knie zu fallen. Dann schickte er ihn nach Rom … und beließ ihm lediglich die Priesterwürde [des *pontifex maximus*]. Er, der oftmals Feldherr war, sogar zu den Triumvirn zählte, der Amtsinhaber ernannt und so viele ihm gleichgestellte Persönlichkeiten zum Tod verurteilt und proskribiert hatte, musste nunmehr sein Leben als Privatmann verbringen und einige von den Proskribierten, die später zu Amt und Würden gelangt waren, um Gefälligkeiten angehen."[81] Lepidus wurde schließlich nach Circei (siehe Abb. 4 auf S. 33) verbannt.[82]

Im November 36 kehrte Octavian nach Rom zurück. „Bei seiner Ankunft beschloss der Senat für ihn grenzenlose Ehrungen, die er nach eigenem Ermessen entweder insgesamt oder nur, insoweit sie ihm zusagten, annehmen durfte. Die Senatoren und das Volk, alle mit Kränzen auf dem Haupt, gingen ihm zur Begrüßung weit entgegen und begleiteten ihn zu den Tempeln und von dort zu seinem Haus. … Von den ihm bewilligten Ehrungen nahm Octavian nur einen [angesichts des fehlenden Siegs über einen auswärtigen Feind lediglich in der bescheidenen Form einer *ovatio* abgehaltenen] Triumphzug und die jährliche Feier seiner Siegestage entgegen, ferner, dass auf dem Forum seine Statue auf einer goldenen Säule in der Kleidung stehen solle, in der er die Stadt betreten hatte. Rings um die Säule aber sollten Schiffsschnäbel angebracht sein. Die Bildsäule erhielt die Inschrift: Den seit langem durch Bürgerkriege gestörten Frieden hat er zu Wasser und zu Lande wieder hergestellt."[83]

Das Siegesmonument ist in Abb. 19 auf dem Revers eines einige Jahre später geprägten Denars zu sehen. Octavian zog danach voll gerüstet mit *paludamentum* (Feldherrnmantel), Speer und *parazonium* (Offiziersdolch) in Rom ein und wurde – obwohl er an keinem Seesieg beteiligt war – mit Ankern und mehr Schiffsschnäbeln geehrt als später Agrippa (siehe S. 89).

Ein Privileg, das Octavian zu diesem Zeitpunkt erhielt, wies den Weg zu seiner künftigen Stellung. „Wer sich gegen ihn verging, sollte den gleichen Strafen verfallen, wie sie bei einem Volkstribun festgesetzt waren. Außerdem erhielt er das Recht, im Senat auf den Bänken der Volkstribunen zusammen mit diesen Platz zu nehmen."[84] Octavian wurde also wie die

Abb. 19: Die goldene Säule

Volkstribunen unverletzlich (*sacrosanctus*). Das Amt selbst – das wegen des Vetorechts der Volkstribunen attraktiv gewesen wäre – konnte er als Patrizier nicht übernehmen. Doch auch dafür wird sich später eine Lösung finden.

Während Octavians Führungsriege gegen Pompeius kämpfte, waren die Verhältnisse in Italien außer Kontrolle geraten. „In jenen Tagen überschwemmten Räuberbanden ganz offen Italien und selbst Rom, und was sie anrichteten, glich mehr schamloser Plünderung als heimlicher Entwendung. [Calvisius] Sabinus wurde von Octavian beauftragt, die Ordnung wieder herzustellen. Dieser verschonte keinen, den er fassen konnte, so dass binnen einem Jahr allgemein völliger Friede einkehrte.“[85]

„Um die sonstigen Geschäfte in der Stadt und im übrigen Italien kümmerte sich damals und noch lange Zeit danach der Ritter Gaius Maecenas.“[86] Öfter als ihnen lieb war, bekamen die Römer von ihm Schreiben, die mit seinem extravaganten Siegelring, auf dem ein Frosch eingraviert war, gesiegelt waren: „Der Frosch des Maecenas erregte wegen der Steuerbescheide großen Schrecken.“[87] Da Plinius Maecenas als einen der Schriftsteller anführt, deren Schriften er für sein Buch über die Edelsteine benutzt hat, geht Maecenas’ Vorliebe für dieses ausgefallene Schmuckstück wohl auf eine tiefergehende Beschäftigung mit edlen Steinen zurück. Von Plinius erfahren wir auch, dass sich Maecenas ferner für Wassertiere (etwa den Delphin) und deren medizinischen Nutzen interessierte.[88]

Eine brutale, früheren Zusagen zuwiderlaufende Maßnahme Octavians sicherte ihm die Sympathien der Oberschicht. „An sämtliche Heere richtete er versiegelte Schreiben mit dem Auftrag, sie alle an einem bestimmten Tag zu öffnen und die darin enthaltenen Anweisungen auszuführen. Diese betrafen die Sklaven, die während der Bürgerkriege ihren Herrn entlaufen und in die Heere eingetreten waren; Pompeius hatte sich für ihre Freilassung eingesetzt und Senat wie Volk sie ihnen verliehen. Nun aber wurden sie an einem einzigen Tag festgenommen und nach Rom geschafft, wo sie von Octavian ihren römischen und italischen Herren oder deren Erben übergeben wurden. Auch die sizilischen Sklavenhalter bekamen ihre Leute zurück. Wenn sich aber niemand fand, der Anspruch erhob, ließ sie Octavian in den Städten, aus denen sie entflohen waren, ermorden.“[89]

4.4 Die ältere Generation tritt in den Hintergrund

Nach dem Sieg über Sextus Pompeius wurden Octavians Unterfeldherrn reich beschenkt und geehrt. Insbesondere erreichten alle das Konsulat: Cornificius wurde – wie in Brindisi vereinbart (siehe S. 70) – im Jahr 35 *consul ordinarius*, Laronius 33 *consul suffectus*. Messalla Corvinus erreichte dieses Amt unter besonderen Umständen im Jahr 31 (siehe S. 97). Zudem nahm ihn Octavian „über deren Zahl hinaus unter die Auguren auf".[90]

Bis auf Agrippa und Statilius Taurus standen jedoch die Männer, die gegen Sextus gekämpft hatten, künftig nicht mehr im Rampenlicht, leisteten aber als Statthalter wichtige Beiträge zur Stabilisierung von Octavians Herrschaft. Octavian bewies seine Dankbarkeit, indem er danach fast allen die Krönung ihrer Laufbahn durch einen Triumph gönnte – den sie für ihre in einem Bürgerkrieg errungenen Siege natürlich nicht hatten feiern können.

Zunächst Statilius Taurus, dann Lucius Cornificius wurden Statthalter der – zumindest de facto – aus den beiden seit Caesar bestehenden afrikanischen Provinzen (siehe S. 25) gebildeten Provinz *Africa proconsularis* (siehe Abb. 27 auf S. 115).[91] Dass Octavian mit ihrer Amtsführung zufrieden war, beweisen die Triumphe *ex Africa*, die sie im Juni 34 bzw. im Dezember 32 feiern konnten.[92]

Norbanus Flaccus und Marcius Philippus wurden im Oktober 34 bzw. im April 33 für ihren – offenkundig erfolgreichen – Einsatz in Spanien mit einem Triumph *ex Hispania* geehrt. Norbanus Flaccus amtierte später noch als Statthalter der Provinz *Asia*, wie wir aus der Antwort Octavians auf eine Anfrage der Juden zur Tempelsteuer, die Norbanus in dieser Eigenschaft an ihn weitergeleitet hatte, erfahren: „Caesar grüßt Norbanus Flaccus. Alle Juden, die es nach altem Brauch gewohnt sind, heilige Gelder zu sammeln und nach Jerusalem zu schicken, sollen dies ungehindert tun dürfen."[93] In Pergamon (siehe Abb. 27 auf S. 115) ehrte „das Volk den Prokonsul Gaius Norbanus Flaccus, der zum Wohltäter der Stadt wurde,"[94] mit einer Statue.

Im Jahr 28 triumphierten Calvisius Sabinus *ex Hispania*, wohl ebenfalls für seine Aktionen als Statthalter, sowie Gaius Carrinas *ex Gallia*, da er „die Moriner und andere Völkerschaften, die sich mit ihnen zusammen erhoben hatten, unterworfen und die Sueben, die in feindlicher Absicht über den Rhein gegangen waren, zurückgeschlagen"[95] hatte.

Schließlich durfte Messalla Corvinus im September 27 einen Triumph *ex Gallia* feiern. Der Dichter Tibull rühmte wenig später anlässlich seines Geburtstags überschwänglich seine – wohl im Vorjahr als Prokonsul vollbrachten – Taten und den Triumphzug:[96]

> *„Dieser Geburtstag, so sangen die Parzen – sie spinnen des Schicksals*
> *eherne Fäden, kein Gott hat, sie zu lösen, die Kraft –*
> *dieser Geburtstag wird einst Aquitaniens Land überwinden,*
> *von deiner Macht besiegt zittert am Atax [Aude] die Schar.*
> *Und so geschah es; das römische Volk sah neue Triumphe,*
> *sah in Ketten gebannt feindliche Fürsten im Zug.*

Abb. 20: Agrippas Krone

Du aber fuhrst, Messalla, den Lorbeer des Siegers zu Häupten,
auf dem Elfenbeinstuhl thronend im Schimmelgespann.

Da sich in den Geschichtswerken dazu nichts findet, ging es wohl hauptsächlich um die Stärkung der erst rudimentär ausgebildeten Verwaltungsstrukturen im damals noch ungeteilten Gallien, um die sich in der Folgezeit auch Agrippa und wiederholt Augustus selbst kümmern mussten.[97] Wie von Augustus gefordert, verwendete er einen Teil des Geldes, das der Verkauf der Beute einbrachte, für die Pflasterung der Via Latina (siehe Abb. 4 auf S. 33).[98] Bei Tibull klingt dies so:[99]

Auch der Straße gedenkt sich deiner erinnernd der Bauer,
der im Albanergebirg oder in Tusculum wohnt,
die du aus eigenen Mitteln gebaut, bekiest und geebnet,
der du mit Fleiß und mit Kunst Steine auf Steine gefügt.
Solches dankt dir der Bauer, der sicheren Fußes zur Hauptstadt
wandert und spät in der Nacht wandert zum heimischen Herd.

Einzig von Quintus Laronius ist kein Triumph vermerkt, was aber möglicherweise an den Lücken liegt, welche die erhaltenen Reste der *fasti triumphales*, in denen die Triumphatoren verzeichnet waren, aufweisen.[100]

Nimmt man zu diesen Triumphen die im Jahr 36 von Domitius Calvinus und im Jahr 26 von Sextus Appuleius abgehaltenen hinzu (siehe S. 70 und S. 30), so führten in den elf Jahren von 36 bis 26 regelmäßig prächtige Umzüge den Römern die Erfolge Octavians vor Augen, der für sie hinter und über diesen so gefeierten Siegen stand. Sie bildeten damit einen imposanten Rahmen für Octavians alles in den Schatten stellenden dreitägigen Triumph im Jahr 29 (siehe S. 112).

Agrippa, der hier ausscherte und sich zeitlebens weigerte, Triumphe zu feiern, „empfing einen goldenen, mit Schiffsschnäbeln gezierten Kranz, eine Auszeichnung, mit der weder zuvor noch später irgendein anderer geehrt wurde. Und damit sich Agrippa jederzeit, wenn ehemalige Triumphatoren den Lorbeerkranz trügen, dieser durch seinen Seesieg errungenen Trophäe erfreuen könne, wurde diese Auszeichnung später noch durch einen Erlass bestätigt."[101]

Wir sehen den so geehrten Agrippa auf der Rückseite des wohl anlässlich seines Todes geprägten Denars, den die Abb. 20 zeigt. Die hervorragend erhaltene Münze lässt die ringsum die Krone schmückenden Schiffsschnäbel erkennen. Besonders gut ist ein solcher zum Rammsporn geformter Bug über der Stirn zu sehen. Agrippas Krone ist zusätzlich verziert mit den Zinnen oder Türmchen einer Mauerkrone, die einem Soldaten verliehen wurde, der als erster die Mauern einer eroberten Stadt überwunden hatte. Offenkundig hatte Agrippa auch eine solche Ehrung erhalten, wovon die Quellen allerdings nichts berichten.

5 Kampf um die Macht

In der berühmten Seeschlacht bei Actium sehen wir auf Octavians Seite unter Agrippas Oberbefehl den einst zu Sextus Pompeius übergelaufenen Lucius Arruntius (siehe S. 74), Marcus Lurius, der uns bereits als Statthalter von Sardinien begegnet ist (siehe S. 72), sowie Lucius Tarius Rufus, einen weiteren *homo novus* – nach Plinius war er sogar „ein Mann von niedrigster Herkunft"[1] –, der unter Augustus dank seiner militärischen Fähigkeiten Karriere machte. Er war einige Jahre jünger als Octavian, weshalb er bei den Kämpfen in und um Sizilien nicht in Erscheinung trat. Von den dort beteiligten Feldherrn sind bei Actium neben Agrippa nur zwei wieder dabei: der in den ersten Monaten des Jahres 31 als Konsul amtierende Messalla Corvinus, dessen Rolle in der Schlacht allerdings unklar bleibt, und der Konsular Statilius Taurus, der als Kommandeur der Reiterei eine wesentliche Voraussetzung für Octavians Seesieg schuf.

Bei der anschließenden Übernahme Ägyptens spielen die Ritter Cornelius Gallus und Gaius Proculeius wichtige, wenn auch sehr unterschiedliche Rollen.

Maecenas hält Octavian – wie schon so oft – auch während seiner Aktionen im Osten in Rom den Rücken frei. Nahezu geräuschlos erstickt er dabei einen Putschversuch im Keim.

5.1 Octavians illyrische Offensive

Wie sah nach dem Sieg über Pompeius die Lage in Octavians Machtbereich aus? In Gallien herrschte Ruhe. Eine Überfahrt Octavians nach Afrika scheiterte im Frühjahr 35 am schlechten Wetter.[2] Doch für einen Besuch der gut verwalteten Provinz *Africa proconsularis* (siehe S. 88) bestand ohnehin kein aktueller Anlass. Dies galt auch für die spanischen Provinzen.

In den Alpen kämpfte im Jahr 34 Messalla Corvinus gegen die Salasser,[3] welche „an den Spitzen der Alpen auf unzugänglichen Gebirgen wohnen. Die Pässe, auf denen man zu ihnen gelangt, sind eng und beschwerlich. Deswegen war dieses Volk auch unabhängig und verlangte Zölle von den Vorüberziehenden." Indem er sie von den für sie unverzichtbaren Salzlagerstätten abschnitt, hatte zwar im Jahr zuvor Antistius Vetus die Salasser zwingen können, eine römische Besatzungstruppe zu akzeptieren. Doch unmittelbar nach seinem Abzug „jagten sie die Besatzungen fort, bemächtigten sich der Engpässe und verhöhnten die von Octavian gegen sie geschickten Heeresabteilungen, weil sie nichts Entscheidendes gegen sie auszurichten vermochten." Octavian, „den ohnehin der Krieg gegen Antonius erwartete", unternahm zunächst nichts dagegen. Als jedoch die Salasser „einen großen Vorrat an Salz sammelten und auf Streifzügen das römische Gebiet plünderten, wurde endlich Messalla Corvinus gegen sie geschickt, der sie durch Aushungern bezwang."

Es gab keinen triftigen Grund, weitere Kriege zu führen, auch nicht gegen die Illyrer, „die in Italien plünderten".[4] Diese nie bedrohlichen Raubzüge lieferten aber Octavian einen Vorwand, seine militärische Kompetenz, von der ja auf Sizilien nicht viel zu sehen gewesen war, in einem Krieg zu beweisen und so sein – gegenüber Antonius deutlich geringeres – Ansehen als Feldherr etwas aufzupolieren.

Doch es gab für Octavian einen weiteren Grund, diesen Krieg zu beginnen. Nach dem Ende der Kämpfe auf Sizilien waren viele Soldaten kriegsmüde und drängten auf ihre Entlassung. Dies wollte Octavian aber unter allen Umständen verhindern, solange Marcus Antonius im Osten des Reichs eine große Armee befehligte. „Und so erklärte er, dass er die Mannschaften im Einvernehmen mit Antonius zu gegebener Zeit entlassen und nun keine Bürgerkriege mehr führen wolle, die jetzt glücklicherweise ihr Ende gefunden hätten. In Frage komme lediglich ein Krieg gegen die Illyrer und andere Barbarenvölker, welche den mühsam gewonnenen Frieden ins Wanken brächten; dadurch werde er ihnen reiche Beute verschaffen."[5] Schließlich konnte er auf reiche Goldvorkommen in dieser Region verweisen.[6]

Als dies bei vielen Soldaten nicht verfing, sondern sie weiterhin nachdrücklich „unter lautem Geschrei ihre Entlassung aus dem Kriegsdienst forderten, … gewährte er denen, die bei Philippi und Mutina mitgekämpft hatten und nun schon älter waren, auf Wunsch die Entlassung. Diese – es waren etwa 20 000 Mann – verabschiedete er sogleich und schaffte sie von der Insel, damit sie nicht andere Truppen ansteckten. … Dann trat Octavian vor den Rest seiner Leute hin und bezichtigte die Meuterer des Eidbruchs, weil sie gegen den Willen ihres Feldherrn ihre Entlassung erzwungen hätten; diejenigen hingegen, die bei ihm geblieben waren, belobigte er und machten ihnen Hoffnung auf einen baldigen Abschied, so dass es keinen mehr reuen werde; reich beschenkt wolle er sie dann ziehen lassen, jetzt aber schon jedem Mann fünfhundert Denare auszahlen."[7]

Ein Krieg gegen die Illyrer bot sich Octavian geradezu an, um diese „Soldaten zu üben und sie gleichzeitig auf Kosten eines fremden Volks zu unterhalten".[8] Die von Appian überlieferte und wohl auf Octavians Bericht vor dem Senat beruhende Erfolgsbilanz dieses sich mit Unterbrechungen vom Frühjahr 35 bis ins Jahr 33 hinziehenden Kriegs liest sich beeindruckend: „Er bezwang mit einem Streich die Oxyaei, Perthoneatae, Bathiatae, Taulantii, Cambaei, Cinambri, Meromenni, und Pyrissaei. Mit größerer Mühe wurden die Docleatae, Carui, Interphrurini, Naresii, Glintidiones und Taurisci unterworfen. … Am meisten bedrängten ihn die Salassi, die transalpinen Iapydes, die Segestani, die Dalmater, Daesitiatae und Pannonier."[9] Da Velleius Paterculus die endgültige Befriedung Dalmatiens erst für das Jahr 9 v. Chr. ansetzt,[10] scheinen die Erfolge aber eher überschaubar gewesen zu sein. Wir werfen einen kurzen Blick auf drei Episoden dieses Kriegs (siehe dazu Abb. 5 auf S. 35).

Die erste Gelegenheit, Octavian als großen Schlachtenlenker zu zeigen und seinen Mut zu preisen, bietet sich Appian bei der Eroberung der Stadt Metulum, der Hauptstadt der Japyden, „welche in einem waldreichen Gebirge auf zwei durch eine enge Talschlucht getrennten Hügeln liegt. Die etwa 3 000 kriegsgeübten, bestens bewaffneten jungen Männer, die sich dort aufhielten, schlugen die um die Mauer herum aufgestellten Römer ohne Mühe zurück. ... Nachdem endlich ihre Stadtmauer zunehmend Schäden erlitt, führten sie eine neue von innen auf, verließen die beschädigte äußere und zogen sich hinter die neuerbaute zurück, worauf sich die Römer der verlassenen bemächtigten und sie in Brand steckten. Gegen die neue wurden zwei Wälle errichtet und von diesen aus vier Brücken zur Mauer hin geschlagen. Nachdem dies geschehen war, schickte Caesar eine Heeresabteilung auf die entgegengesetzte Seite der Stadt, um die Streitkräfte der Metulier zu teilen, worauf er seinen übrigen Leuten befahl, über die Brücken gegen die Mauern vorzudringen. Er selbst bestieg einen hohen Turm, um von hier aus das Kampfgeschehen zu verfolgen. Die Barbaren stellten sich den über die Brücken Vordringenden vorn auf der Mauer entgegen, während andere von unten mit langen Lanzen die Brücken umzustechen suchten. Ihr Mut wurde gesteigert, als die erste und bald auch die zweite Brücke zusammenstürzte. Wie darauf auch die dritte zusammenfiel, erfasste die Römer eine solche Furcht, dass niemand mehr die vierte besteigen wollte, bis Cäsar selbst von seinem Turm herabsprang und sie zurechtwies. Aber auch dieses Mittel stachelte ihren Mut nicht an, so dass er zuletzt selbst einen Schild ergriff und stracks auf die Brücke zulief. Ihm schlossen sich die Befehlshaber, Agrippa und [ein sonst unbekannter] Hiero, an, ... einige wenige von seiner Leibwache folgten ihm. Schon war Caesar dabei, die Brücke zu überschreiten, als das Heer auf einmal von Scham ergriffen ihm nachsprang. Nun wurde aber die Last für die Brücke zu schwer; sie stürzte ebenfalls zusammen, und die darauf Stehenden wurden auf einmal von ihren Trümmern bedeckt. Ein Teil von ihnen war tot, ein anderer wurde halb zerquetscht weggetragen. Caesar selbst war am rechten Bein und an beiden Armen verletzt. Gleichwohl sprang er sogleich wieder mit den Feldherrninsignien auf seinen Turm hinauf um zu zeigen, dass er lebe, damit nicht das Gerücht von seinem Tod Verwirrung stiften könnte. Damit aber auch die Feinde nicht wähnten, er gebe sich mit dem Rückzug besiegt, ließ er sogleich neue Brücken bauen – ein Umstand, der die Metulier am meisten erschreckte, da sie sich von einem Feind bekriegt sahen, dessen Wille unbezwingbar war. Sie schickten deswegen am nächsten Tag Gesandte an den Caesar und stellten ihm fünfzig Geißeln, welche er selbst auswählen durfte. Und da sie versprochen hatten, eine Besatzung aufzunehmen, überließen sie der Besatzungsmannschaft den höher gelegenen Hügel, während sie selbst sich auf den tiefer liegenden zurückzogen. Wie aber die einrückende Besatzung von ihnen forderte, die Waffen niederzulegen, erwachte ihr Unmut. Sie schlossen Frauen und Kinder im Rathaus ein, stellten eine Wache davor, welche den Befehl hatte, das Rathaus anzuzünden, sobald es um ihre Sache schlecht stand, und machten dann einen verzweifelten Angriff auf die Römer. Da sie von der Tiefe aus gegen die höher Stehenden anzugreifen hatten, wurden sie um so leichter allesamt übewältigt. Jetzt zündeten die Wächter das Rathaus an. Viele Frauen ermordeten ihre Kinder und sich selbst. Andere sprangen mit ihren noch lebenden Säuglingen auf den Armen in das Feuer. Und so kam die waffenfähige Mannschaft der Metulier im Kampf, der größte Teil der übrigen Bewohner im Feuer um. Zugleich wurde die ganze Stadt eingeäschert, so dass von ihr, so groß sie gewesen war, keine Spur mehr übrig blieb.“[11]

Appians Schilderung von Octavians Aktivitäten erinnert an das Drehbuch eines drittklassigen Sandalenfilms. Geradezu absurd ist die Vorstellung, dass Octavian voranstürmte und Agrippa zum Mitkämpfen erst überredet werden musste. Auf Sizilien war das genaue Gegenteil zu sehen.

Dio[12] und Florus berichten ebenfalls von der Eroberung der Stadt. Bei Florus, der den Zusammenhang wohl verkennt, stürzt sich Octavian sogar nach seiner Verwundung sofort wieder in den Kampf: „Obwohl er an seinen Händen und Oberschenkeln verwundet war, schlug er auf die Feinde von hinten her ein – durch das Blut noch auffälliger und wegen der Gefahr für ihn selbst noch erhabener [*augustior*].“[13] Es ist bezeichnend, dass weder Dio noch Florus den Agrippa als Befehlshaber des römischen Heeres erwähnen.

Wichtig war auch die Eroberung von Siscia (griech. Segesta). Hier folgen wir der Schilderung Dios, der als ehemaliger Statthalter[14] die geographischen Gegebenheiten sehr gut kannte. Als sich Octavian der Stadt näherte, „ließen sich die Einwohner zunächst von ihren Führern überreden, einen Vertrag einzugehen und ihm Geiseln zu stellen, doch dann schlossen sie die Tore und nahmen eine Belagerung auf sich. Denn sie verfügten über starke Mauern, ihr ganzes Vertrauen aber setzten sie auf zwei schiffbare Flüsse. … Auf der einen Seite nahm der Colapis seinen Weg unmittelbar den Mauern entlang, auf der anderen floss in geringem Abstand der Savus [die heutige Save] vorbei, wobei der Zwischenraum durch Palisaden und Gräben befestigt war. Caesar verschaffte sich daraufhin Boote, die ihm die dortigen Bundesgenossen bauen mussten, und brachte sie auf der Donau in den Savus, auf ihm dann in den Colapis. Nun wurden die Feinde sowohl vom Fußvolk als auch von den Schiffen aus angegriffen, und es kam zu Gefechten auf dem Fluss. Die Barbaren machten nämlich ihrerseits aus einem einzigen Baumstamm bestehende Fahrzeuge bereit, mit denen sie sich in Kämpfe einließen. Dabei töteten sie auf dem Wasser neben vielen anderen Menas, den Freigelassenen des Sextus. Auch auf dem Land leisteten die Einwohner Caesar heftigen Widerstand, bis sie erfahren mussten, dass einige ihrer Bundesgenossen in einen Hinterhalt geraten und dort vernichtet worden waren. Da gaben sie entmutigt nach, worauf Caesar auch noch das restliche Pannonien dazu brachte, sich friedlich zu unterwerfen.“[15]

Von den Kämpfen der Jahre 34 und 33 sei lediglich Octavians – in Appians Augen heldenhafter – Einsatz im Kampf um das dalmatinische Setovia erwähnt. Denn dabei „wurde er von einem Stein am Knie verwundet und seine Heilung erforderte eine Reihe von Tagen. Sobald es ihm wieder besser ging, kehrte er nach Rom zurück, um mit Volcatius Tullus das Konsulat anzutreten. Zur Beendigung des Kriegs ließ er Statilius Taurus zurück. Nachdem er am Anfang des neuen Jahres [33] das Konsulat angetreten und sein Amt am gleichen Tag dem Autronius Paetus übertragen hatte, eilte er sogleich wieder gegen die Dalmater. … Die waren inzwischen durch Hunger erschöpft und von auswärtiger Zufuhr abgeschnitten. Sie gingen deswegen dem Caesar bei seiner Ankunft entgegen, baten um Verzeihung und ergaben sich ihm.“[16] Taurus hatte offensichtlich ganze Arbeit geleistet.

Dass Octavian ein wichtiges Ziel seines illyrischen Kriegs erreichte, nämlich die Disziplin seiner Truppen zu verbessern, zeigt eine Episode aus dem Dalmatienfeldzug:[17] Octavian ließ eine Kohorte, die ihren Posten verlassen hatte, dezimieren (also jeden zehnten Mann erschlagen), zwei ihrer Zenturionen hinrichten und die übrigen auf schlechtere Ration setzen. Denkt man an die Szenen, die sich nach dem Ende des sizilischen Kriegs abgespielt hatten (siehe S. 92), hätte dies Octavian damals sicher nicht gewagt.

Im Jahr 34 kämpfte auch Agrippa in Dalmatien.[18] Mehr als über die dort erzielten militärischen Erfolge dürften sich die Römer über seine völlig unkriegerischen Taten nach diesem Feldzug gefreut haben. Zunächst stellte er „aus persönlichen Mitteln die *Aqua Marcia* [siehe S. 29], die durch schadhafte Zuführungen unterbrochen worden war, wieder her und führte sie in viele Stadtviertel."[19] Im Jahr 33 ließ sich der Konsular sogar „zum Ädilen wählen und setzte, ohne die öffentlichen Kassen in Anspruch zu nehmen, sämtliche öffentlichen Gebäude und Straßen instand, veranlasste die Säuberung der Abwasserkanäle und fuhr auf ihnen unterirdisch zum Tiber. Da er ferner beobachtete, dass sich die Leute im Zirkus in der Zahl der zurückgelegten Runden täuschten, ließ er die sogenannten Delfine und eiförmige Blöcke aufstellen, mit deren Hilfe die Zahl der ausgeführten Umläufe angezeigt werden konnte. Außerdem verteilte er Olivenöl und Salz an alle und ermöglichte das ganze Jahr hindurch Männern und Frauen die kostenlose Benutzung der Bäder. Bei den Festlichkeiten, die er in großer Zahl und Vielfalt veranstaltete, … mietete er die nötigen Barbiere, damit ihnen niemand etwas für ihre Dienste zu zahlen brauchte. Schließlich ließ er im Theater auf die Besucher Symbolmarken niederregnen, die den Gewinn von Geld, Kleidern oder sonst etwas anzeigten. Andere Waren wurden von ihm in riesigen Mengen mitten unter den Leuten ausgelegt und das Volk durfte sich darum balgen."[20]

5.2 Von der Konfrontation zum Krieg

Am 31. Dezember 33 liefen die Rechte aus, die die Triumvirn im Jahr 43 sich vom Senat hatten geben lassen und 37 in Tarent eigenmächtig verlängert hatten. Am 1. Januar 32 übernahmen wie in Misenum vereinbart zwei entschiedene Anhänger des Antonius das Konsulat: Gnaeus Domitius Ahenobarbus und Gaius Sosius. Nun traten die Differenzen zwischen Octavian und Antonius offen zutage. Sie „verzichteten auf weitere Heimlichkeiten und wurden offene Feinde. Dies geschah auf folgende Weise: Domitius unternahm, da er schon viele Unglücksfälle erlebt hatte, keinen Umsturzversuch in der Öffentlichkeit, Sosius hingegen hatte noch keine Misserfolge erlitten, und so nutzte er gleich am ersten Tag des Jahres die Gelegenheit, Antonius mit Lob zu überschütten, Caesar hingegen mehrfach anzugreifen."[21] Ein Volkstribun hinderte ihn daran, konkrete Maßnahmen gegen Octavian zu ergreifen.

Octavian war zu diesem Zeitpunkt nicht in Rom. Da die Konfrontation absehbar war, hatte er sich zurückgezogen, um zu überlegen, was er dagegen unternehmen könnte, ohne als Kriegstreiber dazustehen. „Darauf kehrte er in die Stadt zurück und rief den Senat zusammen, nachdem er sich zu seinem Schutz mit Soldaten und Parteigängern, die heimlich Dolche bei sich trugen, umgeben hatte. Er nahm zwischen den beiden Konsuln auf seinem Amtsstuhl Platz und verteidigte sich von hier aus in einer langen, maßvollen Rede, wobei er zahlreiche Anklagen gegen Sosius sowie gegen Antonius erhob. Da niemand –

nicht einmal einer der Konsuln – den Mut zu einer Erwiderung fand, ersuchte er die Senatoren, an einem bestimmten Tag wieder zusammenzutreten; er wolle dann anhand gewisser Schriftstücke nachweisen, dass Antonius im Unrecht sei. Die Konsuln indes wagten weder ihm zu antworten, noch wollten sie dauernd schweigend zusehen. So verließen sie heimlich vor dem Termin die Stadt und gingen zu Antonius; nicht wenige der übrigen Senatoren schlossen sich ihnen an." Sosius wird Antonius bis zuletzt die Treue halten, der einst von den Triumvirn proskribierte und im Jahr 40 ins Lager des Antonius gewechselte Domitius Ahenobarbus[22] dagegen wird in gut einem Jahr nochmals die Seiten wechseln.

Damit waren die Fronten geklärt. Als Antonius im späten Frühjahr in Athen eintraf, machte er deutlich, dass für ihn der Riss nicht mehr zu kitten war: Er ließ sich von Octavia scheiden und „schickte Leute nach Rom, welche Octavia aus seinem Haus werfen sollten. Sie verließ es und nahm, wie man sagt, alle Kinder des Antonius mit – mit Ausnahme des ältesten Sohnes von der Fulvia, der sich beim Vater aufhielt. Dabei beklagte sie unter Tränen ihr Schicksal, für eine der Ursachen des Bürgerkriegs angesehen zu werden."[23]

Mitte des Jahres 32 liefen zwei Offiziere des Antonius zu Octavian über. Der eine war Marcus Titius, der im Jahr 35 den in den Osten geflohenen Sextus Pompeius hatte umbringen lassen.[24] Der andere war sein Onkel, der zwielichtige Konsular Munatius Plancus. Nach Velleius sei dieser „nicht aus Liebe zum Vaterland oder zu Caesar" übergelaufen, „sondern weil der Verrat in ihm saß wie eine Krankheit. Er war der Niedrigste aller Schmeichler bei der Königin, noch abhängiger als ein Sklave, Geheimschreiber des Antonius, Anstifter und Helfershelfer bei den größten Schandtaten, der sich für alles und an alle verkaufte. … Als sich das Verhältnis des Antonius zu ihm abkühlte, da seine Räubereien offensichtlich wurden, ging er zu Caesar über."[25] Die Überläufer lieferten Octavian bereitwillig und reichlich Munition gegen Antonius und Kleopatra. Octavian zeigte sich dankbar. Marcus Titius belohnte er schon im folgenden Jahr mit dem Konsulat. Bei Actium vertraute er ihm sogar Truppen an (siehe S. 98). Sein – von Velleius wohl etwas überzeichneter, aber sicher politisch flexibler – Onkel wird sich noch augenfälliger in den Vordergrund schieben (siehe S. 114).

Octavian „empfing die beiden hocherfreut und erfuhr aus ihrem Mund alles Weitere über Antonius, was er tat und plante, welche Bestimmungen er in seinem Testament getroffen hatte und in wessen Händen es sich nun befand; hatten doch beide Männer ihr Siegel darunter gesetzt."[26] Octavian wusste nun, dass sich das Testament gegen Antonius verwenden ließ. Es „war bei den vestalischen Jungfrauen hinterlegt. Als Caesar es anforderte, gaben sie es nicht heraus, sondern antworteten, wenn Caesar es haben wollte, müsse er selbst kommen und es wegnehmen, worauf er auch hinging und es abholte. Zuerst las er die Schriftstücke für sich allein durch und markierte alle Stellen, gegen die sich leicht eine Klage vorbringen ließ. Darauf versammelte er den Senat und las das Testament öffentlich vor, was allerdings den meisten nicht gefiel. … Besonders hielt er sich bei dem Punkt des Testaments auf, der das Begräbnis betraf. Denn Antonius hatte verfügt, dass, wenn er in Rom sterbe, sein Leichnam in einem feierlichen Zug über das Forum getragen und dann nach Alexandria zu Kleopatra geschickt werden sollte."

Natürlich fanden sich Senatoren, die weitere, oft erfundene oder zumindest maßlos übertriebene Anklagen vorbrachten. So warf man nach Plutarch dem Antonius vor, römisches Eigentum verschenkt und sich lächerlich gemacht zu haben: Er habe „Kleopatra die Bibliothek von Pergamon, die 200 000 Werke umfasste, geschenkt [und] ihr bei einem Gastmahl aufgrund einer Wette vor vielen Leuten die Füße massiert.“[27]

Schließlich war der Boden bereitet, um gegen Antonius vorgehen zu können. Man erkannte ihm das Konsulat, das er nach dem Vertrag von Brindisi (siehe S. 70) im folgenden Jahr gemeinsam mit Octavian bekleiden sollte, „und überhaupt alle Machtbefugnisse ab. Zwar scheute man sich, ihn wörtlich zum Staatsfeind zu erklären – aus Furcht vor seinen Anhängern, die man dann ebenfalls, wenn sie ihn nicht verließen, als Gegner hätte betrachten müssen –, doch in der Vorgehensweise verriet man die Einstellung deutlicher, als es jedes Wort vermocht hätte. Denn man beschloss für seine Parteigänger Straflosigkeit und Lob, sofern sie ihn verließen; Kleopatra aber erklärte man offen den Krieg. … Dem Wort nach ging es gegen Kleopatra, in Wirklichkeit jedoch gegen Antonius.“[28] Octavians Kollege im Konsulat sollte anstelle des Antonius „der einstmals von beiden proskribierte“[29] Valerius Messalla Corvinus werden.

Im selben Jahr starb Atticus.[30] Er wurde 77 Jahre alt und „hatte so viel Glück mit seiner Gesundheit, dass er 30 Jahre lang keine Medizin einzunehmen brauchte. Dann aber befiel ihn eine Krankheit, die anfangs er selbst wie auch seine Ärzte unterschätzten.“ Deren Mittel halfen nur kurzzeitig. „Als er merkte, dass sich die Schmerzen von Tag zu Tag steigerten und Fieberschübe hinzukamen, ließ er seinen Schwiegersohn Agrippa zu sich holen und mit diesem zusammen Lucius Cornelius Balbus und Sextus Peducaeus. Als er sie kommen sah, sagte er, auf einen Ellbogen gestützt: ‚Welche Bemühung und Sorgfalt ich in letzter Zeit auf die Erhaltung meiner Gesundheit verwendet habe, brauche ich nicht wortreich auszuführen, da ihr das bezeugen könnt. … [Doch jetzt muss ich erkennen, dass] ich mit all den Speisen, die ich in diesen Tagen zu mir nahm, nur mein Leben verlängert habe, um die Schmerzen ohne Hoffnung auf Genesung noch zu vergrößern.‘“ Er hoffe auf ihr Verständnis für seinen Entschluss, deshalb nun nichts mehr zu essen. Obwohl ihn Agrippa „unter Tränen und Küssen bat und beschwor, nicht zu beschleunigen, was die Natur erzwinge“, ließ er sich nicht umstimmen und starb wenige Tage später. Als Schwiegersohn dürfte Agrippa einen beträchtlichen Teil seines immensen Vermögens geerbt haben.

Am Sterbebett des Atticus hören wir letztmals von Balbus. Wie lange er Atticus überlebte, ist nicht bekannt. Wir wissen lediglich, dass er jedem Römer testamentarisch 100 Sesterzen vermachte,[31] was sich bei geschätzten 250 000 (männlichen) Römern auf insgesamt 25 Millionen Sesterzen summiert. Und man kann davon ausgehen, dass dies nicht sein gesamter Besitz war.

Das Jahr 31 entschied über die künftigen Machtverhältnisse im *Imperium Romanum*. Im Frühjahr blieb Antonius, der den Winter in Patras verbracht hatte, zunächst ruhig. Seine „auf den Trieren dienenden Mannschaften, aus vielerlei Völkerschaften zusammengesetzt, hatten in weiter Entfernung von ihm überwintert und keinerlei Übungen durchgeführt, Krankheit und Fahnenflucht minderten überdies ihre Zahl. Agrippa hingegen hatte [das peloponnesische] Methone im Sturm genommen, … beobachtete die Anlegestellen der Proviantschiffe und landete bald hier, bald dort in Griechenland, was Antonius nicht wenig beunruhigte."[32] Nach der Besetzung Korfus zog er sich unangefochten zurück.[33]

Agrippas Politik der Nadelstiche beschäftigte die Wachschiffe des Antonius und ermöglichte es Octavian, unbemerkt mit 250 Kriegsschiffen und 80 000 Soldaten[34] von Brindisi aus das Adriatische Meer zu überqueren und „seine Infanterie [etwa 200 km nördlich von Actium] am Fuße der Keraunischen Berge an Land zu setzen, … während er selbst das [wegen Agrippas Aktionen] von seiner Besatzung verlassene Kerkyra einnahm. … Hier errichtete Caesar eine Flottenstation und unternahm von dieser Stelle aus Vorstöße gegen Actium."[35] Dort traf er vor Antonius ein, besetzte „den Ort, wo heute [die von Octavian nach seinem Sieg gegründete ‚Siegesstadt'] Nicopolis liegt, und bezog an einem hochgelegenen Punkt eine feste Stellung. … Diesen Punkt befestigte Caesar und zog von dort Mauern herab bis zum Außenhafen Komaros, so dass er durch seine Armee mit dem Blick von der Höhe und mit der Flotte vor Anker Actium zu Wasser und zu Lande beherrschte."

Gegen die dort liegende Flotte des Antonius konnte er dennoch nichts ausrichten. Dio beschreibt die Maßnahmen des Antonius (siehe zum Folgenden auch Abb. 22). „Actium selbst ist ein dem Apollo geweihter Platz und liegt vor der Ausmündung der Wasserstraße, die in den Golf von Ambrakia führt, gegenüber den Häfen von Nicopolis. Diese Wasserstraße zieht sich in einem langen, gleichmäßig schmalen Lauf dahin, und bietet – wie der vor ihr gelegene Meeresarm – eine vorzügliche Gelegenheit, dort Anker zu werfen und sich auf die Lauer zu legen. Die Streitkräfte des Antonius hatten nun diese Punkte vorweg in Besitz genommen, Türme zu beiden Seiten der Mündung errichtet und auf den dazwischenliegenden Gewässern in Abständen Schiffe stationiert, so dass Aus- und Einfahrten in Sicherheit geschehen konnten. Die Mannschaften selbst lagerten auf der anderen Seite der Meerenge nahe dem Heiligtum auf einer ebenen, weiten Fläche, die sich aber mehr für einen Kampf als für den eben erwähnten Zweck eignete. Dies war denn auch der Hauptgrund dafür, dass die Leute nicht nur während des Winters, sondern viel mehr noch im Sommer unter Krankheit litten."

Octavians Landstreitkräfte hatten also die bessere Position. Antonius ging deshalb in die Offensive und versuchte Octavians Lager einzuschließen. Er überquerte mit seinen Legionen „die Meerenge und schlug nicht weit von ihm sein Lager auf. Hierauf schickte er seine Reiterei um den Meerbusen herum und belagerte so Caesar von beiden Seiten. Der verhielt sich ruhig, … entsandte jedoch einige Abteilungen nach Griechenland und Makedonien, um so Antonius' Truppen dorthin abzuziehen. Während diese mit ihrer Aufgabe beschäftigt waren, nahm Agrippa durch einen überraschenden Angriff seiner Flotte die Insel Leucas und die dort befindlichen Schiffe in Besitz, eroberte nach einer siegreichen Seeschlacht … Patrae und gewann später auch noch Korinth. Auf diese Ereignisse hin überfielen [der im Vorjahr übergelaufene] Marcus Titius und Statilius Taurus die Reiterei des Antonius und brachten ihr eine Niederlage bei."[36]

Auch der Versuch des Sosius, die Blockade des Octavian zu durchbrechen – und entsprechenden Ruhm zu erringen – endet kläglich: „Lucius Tarius [Rufus] ankerte mit ein paar Schiffen gegenüber Sosius; dieser hoffte, einen beachtlichen Erfolg zu erringen, wenn er seinen Gegner noch vor dem Eintreffen des Flottenoberbefehlshabers Agrippa angreife. Er wartete daher einen dichten Nebel ab, damit Tarius nicht rechtzeitig seine Überzahl bemerke und die Flucht ergreife, stach plötzlich bei Morgengrauen in See und jagte seinen Gegner gleich beim ersten Angriff in die Flucht, worauf er ihn verfolgte. Indes kam es zu keiner Gefangennahme; denn Agrippa stieß zufällig auf Sosius, und die Folge war, dass er, statt Gewinn aus seinem Sieg zu ziehen," eine Niederlage erlitt.[37]

Nach seinem Sieg über die Reiterei des Antonius war für Octavian die Gefahr, von wichtigen Wasserquellen abgeschnitten zu werden, vorerst gebannt. „Ob dieses Misserfolges und einer Niederlage, die er auch selbst nach seiner Rückkehr in einer Reiterschlacht durch Caesars Vorhut erlitten hatte, entschloss sich Antonius, seine Leute nicht mehr in zwei getrennten Lagern unterzubringen. Er verließ daher im Laufe der Nacht seine in der Nähe des Feindes gelegenen Verschanzungen und zog sich auf die andere Seite der Meerenge zurück, wo schon der größere Teil seines Heeres lagerte. Als er, abgeschnitten von der Getreidezufuhr, nun auch unter Lebensmittelmangel zu leiden begann, berief er einen Kriegsrat ein, um zu entscheiden, ob sie am Ort bleiben und sich einer Entscheidungsschlacht stellen oder sich irgendwohin absetzen und so den Krieg in die Länge ziehen sollten."[38]

Bei diesen Überlegungen spielte die schlechte Moral der Truppe eine wichtige Rolle. Besonders bei der Reiterei waren wohl Desertionen an der Tagesordnung, wie Horaz freudig – und trotz seiner Octavian-freundlichen und Kleopatra-feindlichen Diktion in diesem Punkt glaubwürdig – verkündet:[39]

Der römische Soldat, ach (ihr Nachwelt werdet's nicht glauben),
muss als Sklave für ein Weib
Palisaden und Waffen schleppen und ist fähig,
runzligen Eunuchen zu gehorchen,
und zwischen Feldstandarten
blickt die Sonne auf ein peinliches Moskitonetz.
Uns aber haben, Caesarlieder auf den Lippen, Gallier
zweitausend schäumende Rosse zugeführt.

Ein Schlaglicht auf die schlechte Verfassung von Antonius' Truppe wirft der Seitenwechsel des ein Jahr zuvor zu Antonius geflüchteten Konsulars Domitius Ahenobarbus, der viele Nachahmer fand.[40] Ein anderer prominenter Überläufer war Iunius Silanus, der ähnlich wie Ahenobarbus seinen Übertritt mit der „Frechheit und Unverschämtheit" der Kleopatra[41] begründete. Noch im Vorjahr hatte der Augur und ehemalige Quästor mit dem hochtrabenden Titel *quaestor pro consule* Münzen für Antonius geprägt (siehe Abb. 21). Der Wechsel sollte sich für Iunius Silanus auszahlen. Im Jahr 25 wurde er *consul ordinarius*, sogar an der Seite des Augustus. Auch Amyntas, der erst von Antonius auf den Thron gebrachte König von Galatien, „schlug sich auf die bessere und vorteilhaftere Seite".[42] Es ist verständlich, dass Antonius mit einer dermaßen demoralisierten Truppe keine

Abb. 21: Marcus Antonius

Feldschlacht gegen Octavians Heer riskieren wollte. Wie weit er selbst zu dieser schlechten Stimmung beitrug, lässt sich schwer beurteilen. Ein Vergleich der Porträts des Marcus Antonius in den Abbildungen 9 (auf S. 54) und 21 – zwischen denen etwa zehn Jahre liegen – zeigt jedenfalls, dass er seinen Aufenthalt im Osten angenehm zu gestalten wusste. Diese Veränderung blieb natürlich auch im Heer nicht unbemerkt.

Im Kriegsrat „wurden von verschiedenen Persönlichkeiten unterschiedliche Meinungen vorgetragen; schließlich aber setzte sich Kleopatra mit ihrem Vorschlag durch, man solle die strategisch wichtigsten Punkte an Besatzungen übergeben, während das übrige Heer zusammen mit Antonius und ihr nach Ägypten abfahre. … Sie wollten indessen weder heimlich noch vor aller Augen so auslaufen, als wären sie auf der Flucht, und damit die Bundesgenossen in Angst versetzen. Daher gaben sie sich den Anschein, sie würden zu einer Seeschlacht rüsten, um dann gleichzeitig, sofern sie auf Widerstand stoßen sollten, die Ausfahrt zu erzwingen. Sie wählten aus diesem Grund zuerst die besten Fahrzeuge aus und verbrannten die übrigen, da ja die Zahl der Seeleute durch Tod und Fahnenflucht zurückgegangen war; sodann ließen sie bei Nacht ihren kostbarsten Besitz heimlich an Bord schaffen."[43]

All diese Maßnahmen zeigen, dass es Antonius nicht um einen entscheidenden Sieg über Octavian ging, sondern um einen – für Octavian möglichst verlustreichen – Durchbruch durch die feindlichen Linien. Dies bestätigt ungewollt auch Plutarch, der einerseits Kleopatra unterstellt, sie habe auf eine Seeschlacht gedrängt, dann aber Antonius im Stich gelassen, andererseits aber berichtet, Antonius habe – ganz gegen die antike Praxis bei Seeschlachten – „den Steuerleuten, welche die großen Segel an Land lassen wollten, befohlen, sie mit auf die Schiffe zu nehmen".[44]

Die Überlegungen des Gegners waren Octavian zum großen Teil durch Überläufer bekannt.[45] Bei der Frage, welche Taktik dagegen anzuwenden sei, ließ sich Octavian eingedenk der Erfahrungen vor Sizilien von Agrippa überzeugen. Eigentlich hatte Octavian „den Plan, die Gegner an sich vorbei ins freie Meer hinausfahren zu lassen und ihnen, sobald sie fliehen wollten, in den Rücken zu fallen. Er hoffte nämlich, in schneller Fahrt Antonius und Kleopatra rasch gefangenzunehmen, und erwartete dann – wenn beide so ihre Fluchtabsicht deutlich gemacht hätten – wegen dieses Verhaltens die restlichen Gegner ohne Kampf für sich gewinnen zu können. Agrippa jedoch brachte ihn von diesem Vorhaben ab, da er fürchtete, seine Leute würden die Flüchtlinge, die vermutlich Segel gebrauchten, nicht einholen.“[46] Agrippa erkannte also die Gefahr, dass Antonius nach seiner Ankunft in Ägypten mit den dort und in der Provinz *Cyrenae* stehenden Legionen, den in Actium an Bord genommenen Soldaten und der geretteten Kriegskasse den Krieg neu entfachen könnte.

Am 2. September kam es zur Schlacht.[47] Vor Actium hatte Antonius den Großteil seiner Flotte versammelt. Nach den oben erwähnten Maßnahmen verfügte er allerdings nur noch über etwa 170 Schiffe, während Octavians Flotte mehr als 400 Schiffe zählte.[48] Gegenüber den Kämpfen bei Sizilien hatten die Kontrahenten ihre Rollen getauscht: Damals standen den großen Schiffen Octavians kleine, wendige des Pompeius gegenüber. Jetzt setzte Octavian – also sein Stratege Agrippa – auf kleine wendige Schiffe, Antonius dagegen hatte „seine Fahrzeuge viel höher als die seiner Gegner bauen lassen – es waren nur einige wenige Trieren, dafür Schiffe mit vier und zehn Ruderreihen, die übrigen dazwischen –, darauf hohe Türme gesetzt und außerdem noch eine Menge Leute an Bord gebracht, so dass sie nun wie von Mauern aus kämpfen konnten.“[49]

Nach Plutarch befehligte Antonius den rechten Flügel seiner Flotte, als Unterführer vertrat ihn Publicola. Octavian „übergab Agrippa den linken Flügel, während er selbst den rechten übernahm“.[50] Nach Velleius erhielt „Marcus Lurius den rechten Flügel der julianischen Flotte, Arruntius den linken. Den Oberbefehl über die gesamte Flotte führte Agrippa. Caesar behielt sich den Platz vor, auf den ihn das Kriegsglück berufen würde, er war überall.“[51] Man darf daraus schließen, dass Octavian den nominellen Oberbefehl hatte, Agrippa aber die Operationen leitete. Da Plutarchs Schilderung der Schlacht zeigt, dass Arruntius nicht den linken Flügel, sondern das Zentrum kommandierte, und Velleius die beiden Konsulare Publicola und Sosius als Befehlshaber des Antonius nennt, liegt die in Abb. 22 angenommene Kommandostruktur nahe. Die Aufstellung ist dabei lediglich schematisch zu verstehen, zumal der heutige Küstenverlauf vom damaligen abweicht.

Die Flotte des Antonius rührte sich zunächst nicht. „Es hatte den Anschein, die Schiffe würden vor Anker liegen. Auch Caesar … hielt seine Schiffe zurück, die etwa acht Stadien von den Feinden entfernt waren. Als sich um die sechste Stunde ein Seewind erhob, wurden die Truppen des Antonius des langen Zögerns überdrüssig und setzten sich, im Vertrauen auf die Höhe und Größe ihrer Schiffe, die vor jedem Angriff sicher zu sein schienen, mit dem linken Flügel in Bewegung.“[52] Für eine Formation, die nach dem Durchbruch nach Süden segeln wollte, war das die falsche Taktik. Dafür hätte sich zunächst der rechte Flügel bewegen müssen.

Dio schildert anschaulich die unterschiedliche Kampfweise der beiden Parteien. „Die Cäsarianer, die über kleinere und schnellere Schiffe verfügten, pflegten vorzustürmen und den Feind zu rammen; um keinen Schaden zu erleiden, waren die Fahrzeuge auf allen Seiten gepanzert. Versenkten sie nun ein Schiff, war es gut so, andernfalls setzten sie, ehe es

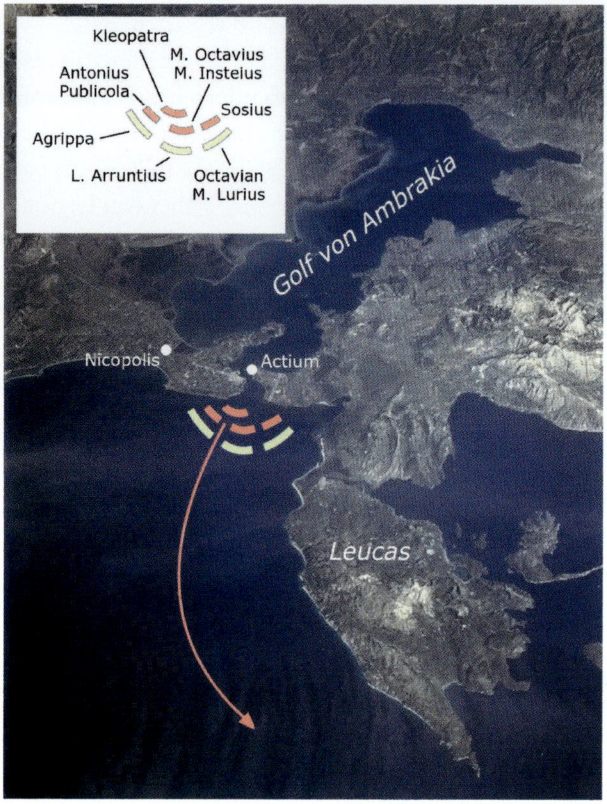

Abb. 22: Zur Schlacht von Actium

zum Nahkampf kam, zurück und stürzten sich entweder überraschend wieder auf den nämlichen Gegner oder ließen von ihm ab und wandten sich anderen zu. … Die Leute des Antonius hingegen versuchten, die anfahrenden Schiffe mit einem dichten Hagel von Steinen und Pfeilen zu überschütten und eiserne Enterhaken auf die Angreifer zu werfen. Wenn sie damit feindliche Fahrzeuge zu fassen bekamen, gewannen sie die Oberhand, wo dies aber misslang, wurden ihre eigenen Schiffe beschädigt, so dass die Besatzung den Tod in den Wellen fand, oder sie verloren mit dem Bemühen, einer solchen Havarie zu entgehen, kostbare Zeit und waren so stärker Angriffen von anderer Seite ausgesetzt. … So kam es, dass beide Gegner übereinander Vorteile errangen: Die eine Partei warf sich auf die Ruderreihen der Schiffe und zerschmetterte die Blätter, die andere suchte dagegen von einem erhöhten Standpunkt aus ihre Gegner mit Steinen und Kriegsmaschinen in die Tiefe zu schicken.“[53]

Das entscheidende Manöver leitete Agrippa ein, indem er „den linken Flügel immer weiter ausdehnte, um die Feinde einzuschließen. Publicola sah sich genötigt, ebenfalls gegen ihn auszurücken, trennte sich damit aber vom Mittelpunkt der Schlachtordnung, welcher nun in Verwirrung geriet, und zugleich auch von Arruntius angegriffen wurde.“[54] Kleopatra sah die Lücke, die sich vor ihren Schiffen auftat, und erkannte die Gefahr möglicherweise bald durchstoßender feindlicher Schiffe. Sie handelte rasch und gab den Befehl, die Segel zu setzen, was die antike Geschichtsschreibung einhellig als feige Flucht verurteilt. „Kleopatra, die hinter der Kampfzone vor Anker lag, konnte das lange und unsichere Warten auf die Entscheidung nicht ertragen, sondern fühlte sich, entsprechend ihrer Wesensart als Frau und Ägypterin, durch die Qual langwieriger Ungewissheit und die stete angstvolle Erwartung eines schwankenden Ausgangs erschöpft, und so wandte sie sich plötzlich zur Flucht und gab auch ihren Untertanen ein entsprechendes Zeichen. Als diese sogleich die Segel setzten und, begünstigt von einem zufällig aufkommenden Fahrwind, aufs Meer hinaus steuerten, glaubte Antonius, sie machten sich nicht auf Kleopatras Befehl davon, sondern aus Furcht, weil sie sich für besiegt hielten, und schloss sich ihnen an. Die Folge war, dass auch die übrigen Streiter den Mut sinken ließen und in Verwirrung gerieten. Um irgendwie zu entkommen, machten sich nun die einen daran, die Segel zu setzen, während die anderen die Türme und sonstigen Gerätschaften ins Wasser warfen, um die Fahrzeuge zu erleichtern und sich so eine bessere Möglichkeit zur Flucht zu schaffen. Doch während dieser Vorbereitung griffen die Feinde sie an; die verfügten nämlich über keine Segel und waren nur für eine Seeschlacht gerüstet, so dass eine Verfolgung der Flüchtlinge für sie nicht in Frage kam. … Während der Kampf unentschieden hin und her wogte, ließ Caesar, in Verlegenheit, wie er weiter vorgehen solle, Feuer vom Heerlager herbeiholen. Zuvor hatte er nämlich, um sich in den Besitz der [an Bord geschafften] Schätze zu bringen, auf dieses Mittel verzichtet; doch nun, da er sehen musste, dass auf andere Weise kein Sieg für ihn zu erringen war, nahm er dazu als der einzigen Hilfe seine Zuflucht. Jetzt bekam die Schlacht ein anderes Gesicht: Von vielen Seiten zugleich stürzten die Angreifer auf ihre Opfer, beschossen sie mit Brandpfeilen, warfen mit ihren Händen an Lanzen befestigte Fackeln und schleuderten mit Hilfe von Maschinen aus der Ferne sogar etliche Töpfe voller Pech und glühender Kohlen auf die feindlichen Schiffe.“[55]

Das Ergebnis war für Antonius verheerend. Alle Schiffe, die nicht uneinholbar enteilt waren, gingen zugrunde. Sein Nimbus als großer Feldherr begann zu verblassen, der Rückhalt in den eigenen Reihen zu bröckeln. Schon vor seiner Ankunft in Alexandria musste er dies bei einem Abstecher in die Provinz *Cyrenae*, in der vier Legionen standen,[56] erfahren. Um seine Kräfte in Ägypten zu bündeln, war er „zu Pinarius Scarpus und dem Heer gefahren, das dort unter seinem Befehl zum Schutz Ägyptens vorher zusammengezogen worden war. Doch als dieser Feldherr sich weigerte, Antonius bei sich aufzunehmen, ja sogar noch dessen Vorauskommando töten und einige der ihm unterstellten Soldaten, welche sich über dieses Vorgehen ungehalten zeigten, hinrichten ließ, begab sich Antonius unverrichteter Dinge ebenfalls nach Alexandria.“[57] Zum ersten Mal dachte er an Selbstmord.[58]

Scarpus, der noch im Jahr 31 Münzen für Antonius prägen ließ, die auf dem Revers die geflügelte Victoria zeigen, machte seinen Seitenwechsel umgehend publik. Auf dem in Abb. 23 gezeigten Denar reicht SCARPVS IMP(erator) – den Titel hatte er wohl im Umfeld des Antonius in Nordafrika erworben – dem IMP(erator) CAESAR symbolträchtig die Hand. Eine auf den Namen des Scarpus anspielende Doppeldeutigkeit (*carpere*: grei-

Abb. 23: Scarpus reicht Octavian die Hand

fen) ist bei der Wahl des Motivs nicht auszuschließen. Mit Scarpus hat auch die Victoria das Lager des Antonius verlassen. Sie eilt nun auf dem Revers mit Kranz und Palmzweig dem DIVI F(ilius) AVG(ur) PONT(ifex) Octavianus entgegen.

Wie Dio berichtet, verschwand auch in den übrigen Teilen seines Herrschaftsgebiets und in den ihm verbundenen Vasallenstaaten die große Klientel des Antonius fast über Nacht. „Völker wie Fürsten verweigerten dem Antonius ausnahmslos jede Hilfe. Ich muss mich in der Tat wundern, dass viele andere, obschon sie von Antonius und Kleopatra reichlich Geschenke erhalten hatten, sie damals im Stich ließen, diejenigen Männer aber, die als Gladiatoren zur verachtetsten Menschenklasse zählten, den größten Eifer für sie an den Tag legten und am tapfersten kämpften. Sie wurden in Cyzicus [siehe Abb. 27 auf S. 115] für die Wettkämpfe anlässlich der Siegesfeiern, die man über Caesar abzuhalten hoffte, ausgebildet und eilten, als sie von den Ereignissen erfahren hatten, nach Ägypten in der Absicht, ihren Herrschern zu helfen. … Sie vermochten indessen nicht, bis nach Ägypten durchzustoßen. … Als in der Folgezeit Antonius weder persönlich erschien, noch ihnen eine Nachricht zugehen ließ, kamen sie schließlich zu der Überzeugung, er müsse tot sein, und schlossen – freilich nur widerstrebend – ein Abkommen [mit Octavians Leuten] unter der Bedingung, dass sie niemals mehr als Gladiatoren kämpfen müssten. … Die Leute wurden später freilich von Messalla [Corvinus] betrogen und unter dem Vorwand, sie würden sogar in die Legionen eingereiht, an verschiedene Orte gesandt, wo man sie dann auf irgendeine geeignete Art aus dem Weg räumte.“[59]

Dio zeigt unverkennbar Sympathie für diese gesellschaftliche Randgruppe. Es bleibt dahingestellt, ob ein *homo novus* die Gladiatoren besser behandelt hätte als der aus altem Adel stammende Messalla.

Obwohl in keiner Schlachtschilderung erwähnt, war Messalla wohl auch in Actium beteiligt. Gestützt wird Appians Bemerkung, er habe dort ein Flottenkommando geführt,[60] durch eine Episode, die Plutarch in Messallas Memoiren gefunden haben dürfte (und die daher mit einer gewissen Skepsis zu lesen ist). Danach erzählte man von ihm, „er habe Caesar, der ihn dafür lobte, dass er in der Schlacht bei Actium für ihn den größten Eifer bewie-

Abb. 24: C PROCVLEIVS

sen hätte, obgleich er bei Philippi sein hartnäckigster Feind gewesen wäre, zur Antwort gegeben: ‚Ja, Caesar, ich habe es immer mit der besseren und gerechteren Sache gehalten.'"[61]

Auch Proculeius war im Umfeld der Schlacht (vielleicht mit der Demobilisierung der Truppen des Antonius) tätig, wie sehr seltene Bronzemünzen belegen, die auf der ionischen Insel Cephallenia geprägt wurden (siehe Abb. 24). Auf der Vorderseite sehen wir den *Iuppiter terminalis*, Jupiter als Hüter der Ackergrenzen. Die einzigartige Rückseite dominiert ein Rochen.

Im Bewusstsein, auf dem Weg zur Herrschaft über das *Imperium Romanum* ein gutes Stück vorangekommen zu sein und nun erste Schritte auf ehemalige Gegner zugehen zu können (und zu müssen), mäßigte Octavian seine frühere rigorose Haltung. Paterculus schmückt dies weiter aus und nutzt die Gelegenheit, frühere Brutalität dem Antonius zuzurechnen. Actium „war ein Sieg mit allergrößter Milde: Niemand wurde getötet, von ganz wenigen abgesehen, die es nicht über sich brachten, um Gnade zu bitten. Angesichts des milden Verhaltens, das er nun als Oberbefehlshaber zeigte, kann man sich vorstellen, wie er sich zu Beginn seines Triumvirats oder auf dem Schlachtfeld von Philippi im Sieg gemäßigt haben würde, hätte er damals nur freie Hand gehabt. Sosius jedoch verdankte seine Rettung zunächst der Treue des Lucius Arruntius, der für seine Charakterstärke nach Art der Vorfahren bekannt war, dann aber Caesar, obwohl sich dieser erst zu seiner gewohnten Milde durchringen musste."[62] Octavian trug Sosius offensichtlich dessen Auftritte als Konsul (siehe S. 95) nach. Arruntius dagegen trat – eingedenk seiner eigenen wechselvollen Geschichte (siehe S. 74) – für den ihm bei Actium gegenüberstehenden Konsular ein.

Dass während der Kämpfe im Osten in Rom Gefahren heraufzogen, erfuhr Octavian wohl erst, als sie bereits vorüber waren. Als er nämlich „damit beschäftigt war, den Krieg um Alexandria und bei Actium zu beenden, hatte Marcus Lepidus eine Verschwörung angezettelt. Er war ein junger Mann mit mehr gutem Aussehen als Verstand, Sohn des Lepidus, des ehemaligen Triumvirn zur Neuordnung des Staates, und der Iunia, der Schwester des Brutus. Er hatte den Plan gefasst, Caesar bei seiner Rückkehr in die Stadt zu ermorden. Maecenas, der damals die Polizeigewalt in Rom innehatte, ... kundschaftete unter dem Anschein größter Ruhe die Pläne des unbesonnenen jungen Mannes aus, und mit staunenswert schnellem Zugriff, ohne das geringste Aufsehen in der Öffentlichkeit, verhaftete er Lepidus und erstickte so das verhängnisvolle Aufflackern eines neu erstehenden Bürgerkriegs. Lepidus aber erlitt die Strafe für seine üblen Pläne."[63] Sein völlig unbeteiligter Vater wurde aus Circei nach Rom geholt, wo ihn Octavian besser unter Kontrolle halten (und schlecht behandeln) konnte.[64]

5.3 Octavian übernimmt Ägypten

Octavian „gründete an der Stelle, wo sein Lager gestanden hatte, eine Stadt, von ihm Nicopolis genannt, zu deren Besiedelung er Leute aus der näheren Umgebung teils sammelte, teils zwangsweise verpflanzte. … Mit dem Rest seiner Schiffe nahm Caesar die feindliche Verschanzung, ohne bei der geringen Zahl der Gegner auf Widerstand zu stoßen. Sodann holte er, was von Antonius' Heer übriggeblieben war, auf dem Marsch nach Makedonien ein und zog es kampflos auf seine Seite."[65]

So unproblematisch die Eingliederung eines großen Teils der Truppen des Antonius also war, so schwierig war der weitere Umgang mit diesem inzwischen viel zu großen Heer. Octavian schickte die Soldaten, die am längsten gedient hatten, „ohne ihnen ein Geschenk zu geben, nach Italien zurück, während er den Rest verteilte. Denn in Sizilien hatten sie ihm nach dem Sieg Schrecken eingejagt, und er musste einen neuen Aufruhr fürchten." Die verbleibenden Soldaten bei der Stange zu halten, war insofern einfach, als diese „auf die Reichtümer Ägyptens hofften. All jene hingegen, die mit Caesar zusammen den Sieg errungen hatten und nun aus dem Kriegsdienst entlassen wurden, waren – weil ohne Belohnung geblieben – tief enttäuscht und begannen bald danach zu revoltieren. Caesar war voll Misstrauen gegen sie, und da er fürchten musste, sie könnten Maecenas, dem auch damals Rom und das restliche Italien anvertraut waren, als einem gewöhnlichen Ritter den Gehorsam verweigern, schickte er Agrippa – angeblich zu einem anderen Zweck – dorthin. Dazu räumte er ihm wie schon Maecenas eine derart weitgehende Vollmacht in allen Dingen ein, dass sie selbst seine Briefe, die er an den Senat und andere Empfänger schrieb, vorher lesen und nach Wunsch Abänderungen daran vornehmen durften. Deswegen hatten sie von Caesar auch einen Ring erhalten, um damit die Schreiben erneut zu versiegeln."[66]

Doch der Unmut der ausgemusterten Soldaten verebbte nicht. Notgedrungen musste Octavian Anfang des Jahres 30 mitten im Winter selbst nach Italien eilen. „Caesar landete in Brundisium, setzte aber seinen Weg nicht weiter fort. Denn als der Senat von seiner Anfahrt hörte, kam er ihm dorthin entgegen. … Auch der Ritterstand, die Mehrzahl des einfachen Volks und noch andere Personen, die einen als Gesandte, die anderen auf eigenen Entschluss, strömten in Menge zusammen, und so kam es, dass angesichts seines Eintreffens und der bei der Mehrzahl herrschenden Begeisterung niemand mehr an Unruhen dachte. Denn die ausgedienten Soldaten hatten sich gleichfalls in Brundisium eingefunden, die einen aus Furcht, die anderen voller Hoffnung und wieder andere, weil man sie zum Kommen aufgefordert hatte. Caesar machte allen Geldgeschenke, denen aber, die ihm alle Feldzüge hindurch gedient hatten, ließ er auch noch Land zuweisen. Indem er nämlich die Gemeinden Italiens, die auf Antonius' Seite gestanden hatten, aus ihren Heimstätten vertrieb, konnte er seinen Soldaten ihre Städte und Ländereien überlassen. Die Mehrzahl der Enteigneten aber entschädigte er durch Ansiedlung in Dyrrhachium, Philippi und anderswo, während er dem Rest für den Grundbesitz Geld bezahlte oder wenigstens in Aussicht stellte. Denn obwohl ihm der Sieg viel Geld einbrachte, waren doch die Aufwendungen noch viel größer. … Später hat er dann die Schuld aus der ägyptischen Beute abgetragen."[67]

Nach einem Monat war die Lage in Italien beruhigt und Octavian konnte wieder in den Osten aufbrechen, wo Kleopatra versuchte zu retten, was zu retten war. Sie hatte „ohne Wissen des Antonius an Caesar ein goldenes Zepter, einen goldenen Kranz und den königlichen Thronsessel geschickt. Sie wollte durch diese Insignien zum Ausdruck bringen, dass sie ihm auch ihr Königtum anbiete, und erreichen, dass er, wenn er schon Antonius hasse, wenigstens mit ihr Mitleid habe. Caesar nahm die Geschenke als gutes Vorzeichen entgegen … und ließ Kleopatra neben anderen drohenden Erklärungen öffentlich wissen, er werde, wenn sie die Waffen niederlege und der Königswürde entsage, sein weiteres Vorgehen in ihrer Sache überdenken."[68]

Während er also Kleopatra – auch bei weiteren Vorstößen[69] – im Unklaren ließ, beantwortete Octavian mehrere Kontaktversuche des Antonius überhaupt nicht. Als ihn dieser in seiner Verzweiflung schließlich zum Zweikampf herausforderte, antwortete Octavian höhnisch, „ihm stünden doch viele Wege zum Tod offen".[70]

In Ägypten spitzte sich unterdessen die Lage zu (siehe zum Folgenden Abb. 27 auf S. 115). Antonius erfuhr, dass der Ritter Cornelius Gallus „das Heer des Scarpus übernommen, überraschend mit diesen Truppen Paraetonium erreicht und den Ort besetzt habe. Er … zog gegen Gallus, um die Truppen, die sich ihm ja als alte Kriegskameraden sehr verbunden fühlten, wenn möglich kampflos auf seine Seite zu ziehen. Andernfalls wollte er sie mit Hilfe einer starken Streitmacht zu Wasser wie zu Lande, die er gegen sie heranführte, gewaltsam niederzwingen. Doch Antonius schaffte es nicht einmal, mit ihnen ins Gespräch zu kommen, obgleich er bis an die Mauer herantrat und seine Stimme laut ertönen ließ. Denn Gallus hatte den Trompetern befohlen, mit allen Instrumenten gleichzeitig zu blasen, und verhinderte so, dass irgendjemand etwas verstehen konnte. Außerdem erlitt Antonius bei einem plötzlichen Ausfall eine Schlappe und später auch mit seiner Flotte einen harten Schlag. Gallus ließ nämlich zur Nachtzeit quer über die Hafeneinfahrt irgendwie Ketten unter Wasser spannen und seine Gegner, indem er auf jede sichtbare Bewachung verzichtete, scheinbar völlig gleichgültig und ohne jede Gefährdung einfahren. Als sie dann im Hafenbecken waren, zog er mit Hilfe von Maschinen die Ketten hoch, umzingelte zugleich die feindlichen Schiffe auf allen Seiten – vom Land, von den Häusern und vom Meer her – und verbrannte die einen, während er die anderen versenkte. Inzwischen hatte Caesar Pelusium erobert, scheinbar im Sturm, in Wirklichkeit aber hatte Kleopatra ihm die Stadt in die Hände gespielt. Sie sah ja, dass niemand ihnen half, und merkte, dass Widerstand gegen Caesar unmöglich war."[71]

Das Weitere ist bekannt. Antonius beging Selbstmord und starb in Kleopatras Armen. Octavians Ziel war es nun, „sich der Schätze zu bemächtigen sowie Kleopatra lebend ge-

Abb. 25: AEGYPTO CAPTA – Ägypten ist erobert

fangenzunehmen und im Triumph mitzuführen." Um beides sollten sich der Ritter Gaius Proculeius und der Freigelassene Epaphroditos kümmern. Octavian schickte sie „zur Königin und gab ihnen Anweisung, was sie zu sagen und zu tun hätten. So wurden sie bei Kleopatra vorgelassen und richteten zunächst maßvolle Worte an sie, nahmen sie dann aber plötzlich fest, ehe noch ein Abkommen getroffen war. Hierauf schafften sie alles beiseite, womit sie sich das Leben hätte nehmen können, und gestatteten ihr, einige Tage in ihrem Domizil zu bleiben, um die Einbalsamierung von Antonius' Leichnam zu besorgen."[72] Bekanntlich nutzten Octavians Maßnahmen nichts. Proculeius, der Octavian vom Selbstmord abgehalten hatte (siehe S. 82), konnte Kleopatras Selbstmord nicht verhindern. Plutarch[73] schmückte den Auftritt des Proculeius publikumswirksam aus und verhalf ihm so zu einer Rolle in Shakespeares Drama *Antony and Cleopatra*.

Octavian feierte die Unterwerfung Ägyptens auf der von einem eindrucksvollen Krokodil dominierten Rückseite des im Jahr 28 geprägten Denars, der in Abb. 25 zu sehen ist. Die Vorderseite ziert natürlich ein würdiges Porträt des inzwischen 35-jährigen CAESAR in seinem sechsten Konsulat.

In Rom wurden zahllose Ehrungen für Octavian beschlossen, die Denkmäler des Antonius umgestürzt und dessen Geburtstag zum *dies vitiosus*, zum verdorbenen Tag, erklärt, an dem – wie sonst nach einer ungünstigen Vogelschau eines Augurs – Amtshandlungen untersagt waren. „Die Nachricht von seinem Tod traf ein, als Cicero, der Sohn Ciceros, gerade für einen Teil des Jahres das Konsulat bekleidete. Einige meinten, dies sei nur durch göttliches Walten zu erklären; hatte doch Ciceros Vater vor allem auf Antonius' Betreiben hin sein Leben verloren."[74]

Octavian, der im Jahr 30 zum vierten Mal Konsul war, konnte es sich nach seinem Sieg bei Actium leisten, durch die Wahl seiner Partner in diesem Amt seine Versöhnungsbereitschaft in alle Richtungen zu demonstrieren. *Consul ordinarius* an seiner Seite war für ein halbes Jahr Marcus Licinius Crassus, der Enkel von Caesars Partner im Ersten Triumvirat, obwohl der „aufseiten des Sextus [Pompeius] und Antonius gestanden hatte und nicht einmal Prätor gewesen war."[75] Ihm folgte als *consul suffectus* Antistius Vetus nach,

Abb. 26: Büste und Obelisk des Cornelius Gallus

der uns bereits als Feldherr begegnet ist (siehe S. 91). Der Briefwechsel zwischen Cicero und Brutus zeigt ihn als Vertrauten des Brutus, der auch Cicero beeindruckte: „Vetus habe ich angesichts seiner freundschaftlichen Gesinnung und außergewöhnlichen Beflissenheit dir gegenüber aufgrund deines Briefes in mein Herz geschlossen und in ihm einen Mann gefunden, der dir und dem Staat mit hingebender Liebe dient."[76] Um das Bild abzurunden und vielleicht ein – bei Octavian aber nur schwer vorstellbares – schlechtes Gewissen zu beruhigen, rückte ihm für das letzte Quartal der Sohn des großen, von den Triumvirn ermordeten Redners nach.

Ägypten wurde mehr oder weniger zum Privatbesitz des Octavian (und später der Kaiser). Er machte „Ägypten tributpflichtig und vertraute seine Leitung dem Cornelius Gallus an; denn wegen der Menschenfülle in Stadt und Land, der leicht zu beeinflussenden Bewohner und seiner Bedeutung für die Getreideversorgung und den allgemeinen Wohlstand wagte er es nicht, das Land einem Senator anzuvertrauen, ja er gestattete nicht einmal einem Mann solchen Ranges, sich dort aufzuhalten, es sei denn, er hätte ihm selbst die Erlaubnis erteilt."[77] Die von Octavian getroffenen Vorsichtsmaßnahmen zeigen, welch enges Vertrauensverhältnis er zu dem einige Jahre älteren Cornelius Gallus hatte. Schon dessen Beitrag zur Eroberung Ägyptens – insbesondere seine Rolle bei der Übernahme der Legionen des Pinarius Scarpus, immerhin Miterbe und Verwandter Octavians – deutete dies an.

Gallus ging tatkräftig an die anspruchsvolle Aufgabe, eine Provinzialstruktur aufzubauen. Er hielt dabei mit seinen Leistungen nicht hinter dem Berg, sondern ließ wohl an vielen Orten seine Standbilder aufstellen und Tatenberichte anschlagen (siehe S. 117). Die im Nildelta gefundene zeitgenössische Büste, die in Abb. 26 zu sehen ist, ist daher mit großer Wahrscheinlichkeit ihm zuzuschreiben.

Gallus ließ auch in Alexandria das früheste Denkmal der römischen Herrschaft über Ägypten errichten, nämlich den 25 m hohen Obelisken, der heute in Rom auf dem Petersplatz beeindruckt (siehe Abb. 26).[78] Die Stiftungsinschrift des Gallus ist für den heutigen Betrachter nicht zu erkennen. Zum einen befindet sie sich in 10 m Höhe, zum anderen wurde sie (wohl im Jahr 14 n. Chr.) überschrieben. Gallus führt darin den Titel eines *praefectus fabrum*, der uns schon bei Balbus begegnet ist (siehe S. 15). Gallus dürfte also bei Octavian eine ähnliche Vertrauensstellung besessen haben wie Balbus bei Caesar. Da in der Inschrift der Statthalter-Titel fehlt, wurde der Obelisk wohl unmittelbar nach der Eroberung Ägyptens aufgestellt und daher schon von Kleopatra in Auftrag gegeben – wahrscheinlich zu Ehren des Marcus Antonius. Es war eine Ironie des Schicksals, dass er nun das *forum Iulium* schmückte.

Dass Gallus auf seine Leistungen als Statthalter stolz war, zeigt eindrucksvoll eine – ägyptisch, lateinisch und griechisch formulierte – Widmungsinschrift auf einer Granitsäule, die er im April 29 im oberägyptischen Philae aufstellen ließ.[79] Im lateinischen Text lesen wir: „Gaius Cornelius, Sohn des Gnaeus, Gallus, römischer Ritter, nach der Besiegung der Könige durch Caesar, den Sohn des Vergöttlichten, erster Präfekt Alexandrias und Ägyptens, … Sieger über die Abgefallenen der Thebais innerhalb von 15 Tagen, in denen er den Feind zweimal in einer Feldschlacht besiegte, Eroberer von fünf Städten, … wobei er sich der Rädelsführer bemächtigt hatte, nachdem er das Heer über den Nilkatarakt hinausgeführt hatte, in eine Gegend, in die weder vom römischen Volk noch von den ägyptischen Königen eine Kriegsmacht geführt worden war, … hat diese Dankesgabe … geweiht."

Der Ritter Cornelius Gallus war nicht nur ein fähiger Offizier und erfolgreicher Statthalter, sondern auch ein Förderer der Künste und ein geschätzter Dichter, der von Vergil überschwänglich gerühmt wurde. Sogar die Musen spenden ihm stehend Beifall:[80]

Dann, wie den Gallus einst, umschweifend am Strome Permessus,
zu den böotischen Höhn dort eine der Musen geleitet;
wie vor dem Manne gesamt Apollos Schar sich erhoben.

Ob Vergils Lobgesang auf Gallus mehr ist als pflichtschuldiger Dank an einen großzügigen Gönner, muss offen bleiben. Von dessen vier Büchern mit Elegien überlebten nur Bruchstücke von neun Versen auf einem 1978 entdeckten ägyptischen Papyrus.[81]

6 Augustus

Im Unterschied zu seinem Adoptivvater, der auf die Befindlichkeiten der Senatoren wenig Rücksicht nahm, verstand es Octavian, die republikanischen Konventionen zu wahren, ohne die Macht aus den Händen zu geben. Auch einstige Gegner konnte er für sich gewinnen, indem er ihnen Aufstiegsmöglichkeiten bot und Zugang zu seinem Freundeskreis gewährte. Doch die Lücken, die der Tod seiner engen Vertrauten Agrippa und Maecenas riss, waren schwer zu schließen.

6.1 Triumphe und ein Neuanfang

Als Octavian am 1. Januar 29 sein fünftes Konsulat antrat, weilte er gerade auf Samos.[1] Im Sommer kehrte er nach Italien zurück, hielt sich aber zunächst eine Weile in der zwischen Capua und Neapel gelegenen Stadt Atella auf, um Halsbeschwerden auszukurieren. Während dieser Zeit las ihm Vergil die eben fertig gestellte *Georgica*, sein poetisch ausgefeiltes Lehrgedicht über Landbau und Landleben „an vier aufeinanderfolgenden Tagen vor, wobei ihn Maecenas ablöste, sooft ihm selbst die Stimme versagte".[2] Maecenas dürfte die Rolle des Vorlesers schon deswegen gern übernommen haben, weil Vergil ihm dieses Werk gewidmet – und Maecenas es mit Nachdruck eingefordert – hatte.[3]

Octavian lauschte

- den Mühen der Landarbeit:

  Wenn du daher mit Hacken nicht stets das Unkraut beseitigst
  und mit Klappern die Vögel verscheuchst und verschattetem Acker
  Licht mit der Sichel verschaffst und Regen erflehst in Gelübden,
  starrt dein Auge umsonst auf des Nachbarn lastende Ernte,
  ach, und du schüttelst die Eiche im Wald, deinen Hunger zu stillen.

- den Vorzügen Italiens:

  ... hier prangt mit Früchten die Flur, mit erlesenen Weinen,
  Ölbäume grünen am Hang, und fröhlich weiden die Rinder.

- der von ihm gebändigten Natur (eigentlich ein Werk Agrippas; vgl. S. 78):

  Oder gedenk ich der Häfen, der Dammriegel um den Lucrinersee
  und der grollenden Brandung? Sie tobt mit schäumendem Gischte,
  wo der julische Hafen erdröhnt vom Andrang des Meeres
  und die Tyrrhenische Flut zum Avernersee mächtig hereinwogt.

◇ am liebsten aber wohl dem Lobpreis seiner Siege, denen keine Grenzen gesetzt sind:

> *Heldengeschlecht gebar dies Land, die Marser, Sabeller,*
> …
> *Scipios kriegsharte Art und dich, erhabener Caesar.*
> *Jetzt schon an Asiens fernstem Gestad vertreibst du als Sieger*
> *weit von den Burgen Roms die kriegsgebrochenen Inder.*

Seine Ankunft in Rom lief dann auch, wie es der so gepriesene Sieger erwarten durfte.[4] „Sobald er die Stadt betrat, brachten sämtliche Bürger und auch der Konsul Valerius Potitus [Messalla, siehe den Stammbaum auf S. 61] Opfer dar. … Öffentlich und in eigener Person opferte dieser im Namen des Senats und Volks aus Anlass von Caesars Ankunft, was zuvor noch bei niemandem geschehen war. Hierauf erwies Caesar seinen Unterfeldherren, wie herkömmlich, Lob und Ehre, Agrippa aber verlieh er abgesehen von sonstigen Auszeichnungen wegen seines Seesiegs eine dunkelblaue Flagge. Er machte auch den Soldaten gewisse Geschenke und ließ unter dem Volk an jeden Einzelnen vierhundert Sesterzen verteilen, zunächst nur an die erwachsenen Männer, dann aber auch – und zwar wegen seines [13-jährigen] Neffen Marcellus – an die Kinder. Infolge dieser [und anderer großzügiger] Maßnahmen … vergaßen die Römer sämtliche unerfreulichen Erfahrungen mit ihm und schauten mit Vergnügen seinem [dreitägigen] Triumph zu.“ Den Höhepunkt bildete der dritte Tag, an dem der Sieg über Ägypten feiert wurde. „Glänzend erwiesen sich auch schon die anderen Festzüge – dank der aus Ägypten stammenden Beute, die für sämtliche Festzüge ausreichte –, die Siegesfeier über Ägypten jedoch ließ an Kostbarkeit und Prunk alles Sonstige hinter sich. Unter anderem wurde das Bild der auf einer Liegestatt ruhenden toten Kleopatra mitgeführt, so dass gewissermaßen auch sie … als Siegestrophäe zu sehen war. Hinter all diesen Schaustücken zog Caesar ein und verrichtete sämtliche Handlungen in der hergebrachten Weise, nur dass er seinen Mitkonsul und die übrigen Amtsträger im Gegensatz zur früheren Ordnung zusammen mit den restlichen Senatoren, die an seinem Siege teilgenommen hatten, hinter sich herziehen ließ. Traditionell gingen die Beamten voraus und nur die Senatoren folgten nach.“ Die neue Marschordnung zeigte allen: Octavian würde sich keinem Magistrat unterordnen.

Spiele in einem nie dagewesenen Umfang schlossen sich an. „In großen Mengen wurden wilde und zahme Tiere erlegt, darunter auch ein Nashorn und ein Nilpferd, die man damals zum ersten Mal in Rom zu sehen bekam. … Außerdem kämpften Daker und Sueben in dichten Scharen miteinander. … Das ganze Schauspiel dauerte erwartungsgemäß viele Tage und erfuhr selbst durch eine Erkrankung Caesars keine Unterbrechung, sondern wurde in seiner Abwesenheit durch andere fortgesetzt.“[5]

Ägyptens Reichtum ermöglichte ein umfangreiches Bauprogramm. Octavian „durfte sich mit Recht rühmen, er hinterlasse eine Stadt aus Marmor, die er als Ziegelstadt übernommen habe. … Auch die führenden Männer forderte er häufig auf, gemäß ihren finanziellen Mitteln die Stadt entweder durch neue Denkmäler zu schmücken oder alte Denkmäler wieder aufbauen und herausputzen zu lassen. Seine Aufforderung fand damals bei vielen große Resonanz: So errichteten Marcius Philippus den Tempel des Herkules der Musen, Lucius Cornificius den Tempel der Diana, Asinius Pollio das Atrium der Freiheitsgöttin, Munatius Plancus den Tempel des Saturn, Cornelius Balbus [minor] ein [im Jahr 13 eingeweihtes] Theater, Statilius Taurus ein Amphitheater und Marcus Agrippa sogar eine Reihe außerordentlich schöner Bauten."[6] Noch im Jahr 30 konnte Statilius Taurus sein Theater mit einem Gladiatorenkampf einweihen. In der Hoffnung auf künftige Spektakel „verlieh ihm das Volk daher das Recht, jedes Jahr einen Prätor zu wählen."[7] Knapp ein Jahrhundert später fiel das Amphitheater dem Brand zum Opfer, der unter Nero weite Teile Roms zerstörte.

Das Ergebnis (und die Voraussetzung) dieses Baubooms fasst Ovid so zusammen:[8]

Rohe Schlichtheit herrschte einstmals, golden ist Rom jetzt;
einer bezwungenen Welt riesige Schätze sind sein.

In den Jahren 28 und 27 fungierten jeweils Octavian (zum sechsten bzw. siebten Mal) und Agrippa (zum zweiten bzw. dritten Mal) als Konsuln. Um diese Zeit heiratete Agrippa Octavians Nichte Marcella maior.[9] Ob seine erste Gattin Pomponia Attica verstorben war oder Agrippa sich scheiden ließ (weil ihn Octavian durch diese Hochzeit enger an sich binden wollte?), ist nicht bekannt.

Im Jahr 28 waren Octavian und Agrippa zudem Zensoren. Octavian nutzte dieses Amt, um den Senat zu säubern und die auf über 1 000 Mitglieder angeschwollene Körperschaft zu verkleinern, was allerdings nicht so reibungslos wie gewünscht funktionierte. Natürlich stand Octavian an der Spitze der neu aufgestellten Senatorenliste, er war der *princeps senatus*.[10] Zeitlebens schätzte er die Anrede *princeps*; sie wahrte am besten den Schein, er sei nur der Erste unter Gleichen, die er lediglich durch seine Autorität, nicht jedoch an Amtsgewalt überrage.[11]

Ende des Jahres 28 zog Octavian einen Schlussstrich unter die Zeit des Triumvirats. „Da er in der Zeit der Bürgerkriege und der Verwicklungen mit äußeren Feinden, besonders aber während seiner gemeinsam mit Antonius und Lepidus ausgeübten Herrschaft, sehr viele ungesetzliche und ungerechte Anordnungen getroffen hatte, hob er sie alle mit einem einzigen Erlass auf, wobei er als Termin der Außerkraftsetzung das Ende seines sechsten Konsulats bestimmte."[12] Um das Misstrauen, das einstige Anhänger des Antonius ihm gegenüber hegten, zu zerstreuen, „ließ er erklären, dass er die gesamte Korrespondenz, die in Antonius' Kästen gefunden worden sei, den Flammen übergeben habe. Und zweifellos hatte er dies in gewissen Fällen getan, doch hob er den größeren Teil mit aller Sorgfalt auf und machte auch später unbedenklich davon Gebrauch."[13]

Beim Antritt seines siebten Konsulats richtete sich Octavian „nach den aus den frühesten Zeiten überlieferten Bräuchen. Insbesondere überließ er seinem Amtsgenossen Agrippa die ihm zustehende Zahl von Rutenbündeln, während er sich mit den restlichen begnügte."[14] In republikanischer Zeit wechselten sich die Konsuln – wenn sie sich nicht im Krieg befanden – monatlich in der Geschäftsführung ab. Nur dem geschäftsführenden Konsul gingen 12 Liktoren voraus, dem anderen lediglich ein *accensus* (Amtsdiener), während ihm die Liktoren möglicherweise folgten.[15] Von Dio erfahren wir also, dass Octavian am 1. Januar 27 erstmals (formal) seinem Amtskollegen den Vorrang einräumte. Im Laufe des Monats wird sich zeigen, dass dies nur Teil einer Inszenierung war. Es hätte sich schlecht gemacht, wenn er am 13. und 16. Januar die Senatssitzungen, in denen er sich diverse Rechte und Ehren verleihen ließ, selbst geleitet hätte. Er wusste, dass Agrippa diese Aufgabe zuverlässig erledigen würde.

Von den Provinzen „gab er die schwächeren als befriedete und von keinem Krieg heimgesuchte Gebiete an den Senat zurück, behielt aber die stärkeren für sich; sie seien – so seine Begründung – unsicher und gefährdet und hätten entweder Feinde zu Nachbarn oder könnten von sich aus einen ernsten Umsturz verursachen. Diese Regelung traf Caesar, wie er sagte, damit der Senat ungefährdet aus den besten Teilen des Reichs seinen Nutzen ziehen könne, er selbst aber die Mühen und Gefahren auf sich zu nehmen habe. In Wirklichkeit aber sollten die Senatoren unter diesem Vorwand unbewaffnet und zu keinem kriegerischen Unternehmen fähig sein, während er allein über Waffen verfügte und Soldaten unterhielt.“[16] Die Abbildung 27 zeigt die beim Tod des Augustus bestehende Verteilung der Provinzen.[17]

„Als man ihn mit einem besonders ehrenden Titel anzusprechen wünschte und die einen diesen, die anderen jenen vorschlugen und befürworteten, war Caesar sehr geneigt, den Namen Romulus anzunehmen. Doch als er merkte, dass ihn dies dem Verdacht aussetzte, nach dem Königtum zu streben, bestand er nicht mehr darauf und nahm den Titel *Augustus* an, der ihn seiner Ansicht nach über Menschenmaß hinaushob; denn die kostbarsten und heiligsten Gegenstände werden allesamt *augusta* genannt.“[18] Formell besiegelt wurde die Titelverleihung durch einen – von Senat und Volk einhellig angenommenen – Antrag des vor Actium übergelaufenen Munatius Plancus. Fünf Jahre später wurde er dafür mit dem Amt des Zensors belohnt, das er nach Velleius aber mehr schlecht als recht ausübte.[19]

Da Octavian des Öfteren feststellen musste, dass ihm während seiner Abwesenheit die Kontrolle über Rom entglitt, ordnete er das Amt des Stadtpräfekten, des *praefectus urbi*, neu. Anfangs waren wohl dessen Kompetenzen und sein Verhältnis zu den regulären Magistraten noch unklar, was zumindest den ersten Inhaber dieses Amtes verunsicherte. „Früher war es so: Wenn die Könige und danach die Amtsinhaber von zu Hause aufgebrochen waren, wurde, um die Hauptstadt nicht ohne Führung zu lassen, für diese Zeit jemand gewählt, der Recht sprechen und unvorhergesehene Probleme lösen sollte. … Augustus aber übertrug im Bürgerkrieg Cilnius Maecenas aus dem Ritterstand die Zuständigkeit für alle Angelegenheiten in Rom und Italien [siehe S. 87]. Als er zur Alleinherrschaft gelangt war, berief er wegen der großen Bevölkerungszahl und der Langsamkeit, mit der Gesetze Hilfe brachten, einen Konsular, der die Sklaven und den Teil der Bürger, der zu frecher Auflehnung neigt, wenn er keine Gewalt fürchten muss, im Zaum halten sollte. Messalla Corvinus war der Erste, der dieses Amt und schon nach wenigen Tagen die Entlassung erhielt, weil er es angeblich nicht auszuüben wusste. Dann nahm es Taurus Statilius, obwohl er schon ziemlich alt war, in großartiger Weise auf sich.“[20]

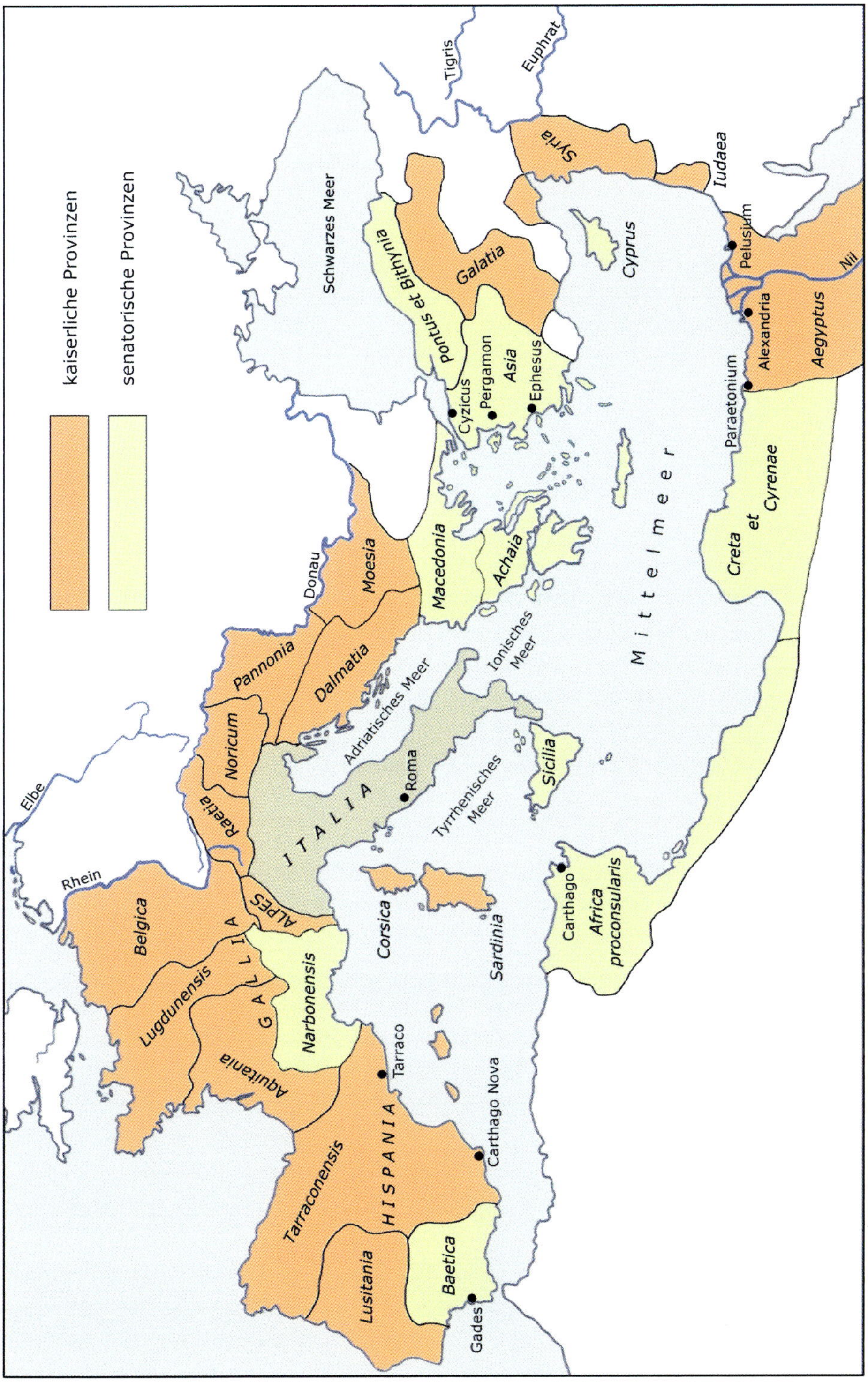

Abb. 27: Verteilung der Provinzen beim Tod des Augustus

Im Bürgerkrieg hatte Maecenas mehrfach die mit dem neuen Amt verbundenen Aufgaben erfüllt, ohne Amtsinhaber zu sein. Jetzt, da – dem Anschein nach – die republikanische Ordnung wiederhergestellt war, war derartiges nicht mehr möglich. Daher ist Maecenas nun nicht mehr in administrativer Funktion zu sehen. Er dürfte dies nicht bedauert haben.

6.2 Pax Augusta

In den Jahren 26 und 25 bekleidete Augustus zum achten und neunten Mal das Konsulat. Beide Konsulate trat er im spanischen Tarraco (dem heutigen Tarragona; siehe Abb. 27) an.[21] Bei seinem achten Konsulat hatte er Statilius Taurus zum Kollegen, für den es das zweite Konsulat war – eine Ehre, die nur wenigen zuteil wurde. Der in der Provinz *Hispania Tarraconensis* dem Patron Statilius Taurus gewidmeten Inschrift

T(ito) STATILIO TAVRO IMP(eratori) III CO(n)S(uli) II PATRONO

ist zu entnehmen, dass er außerdem dreimal zum *Imperator* ausgerufen wurde: für seine Leistungen in Afrika (was ihm einen Triumph einbrachte; siehe S. 88), Illyrien und Spanien. Eine ähnliche Inschrift zeigt, dass er überdies Augur war.[22]

Abgesehen von seinem Jugendfreund Agrippa stieg kein Gefolgsmann Octavians höher, was dafür spricht, dass Octavius Statilius Taurus in der engeren Umgebung Caesars kennengelernt hatte. Schon im Jahr 63 könnten Mitglieder der *gens Statilia* dazugehört haben.[23] Zu den fünf von Cicero festgesetzten Verschwörern aus dem Umfeld Catilinas (siehe S. 15) gehörte nämlich neben „anderen Vornehmen aus den Kolonien und Landstädten“[24] auch der Ritter Lucius Statilius. Als die fünf Verschwörer verhaftet und „in Privathäusern inhaftiert werden sollten, wurde … Statilius dem Gaius Caesar übergeben.“ Dies ist zwar kein Beweis, aber ein Indiz für eine bereits eine Generation vor Statilius Taurus bestehende Klientelbeziehung.

Das enge Verhältnis, in dem Statilius Taurus zu Augustus stand, sollte sich auch für seine Nachkommen auszahlen (siehe den Stammbaum auf S. 61). Ein Enkel war 11 n. Chr. *consul ordinarius*, ein zweiter fünf Jahre später. Zwei Urenkel erreichten dieses Amt unter Kaiser Claudius in den Jahren 44 und 45 n. Chr. Diese seltene Konstellation zeigt die Nähe der beiden Brüder zum Kaiserhaus. Dass diese nicht nur Vorteile brachte, musste der Konsul des Jahres 44 leidvoll erfahren. „Den für seinen Reichtum bekannten Statilius Taurus stürzte [die Kaisergattin] Agrippina aus Gier nach seinem Park ins Unglück.“[25] Nach seiner Statthalterschaft in der Provinz *Africa proconsularis* warf man ihm „einige wenige Erpressungen, im Übrigen abergläubische Zaubereien vor. Da er die Verlogenheit des Anklägers nicht länger ertragen konnte, … machte er noch vor einem Senatsbeschluss seinem Leben gewaltsam ein Ende.“

Im Jahr 26 „weihte Agrippa das Bauwerk mit dem Namen Saepta ein. Denn anstatt die Erneuerung einer Straße zu versprechen, hatte er auf dem Marsfeld dieses Gebäude, das von Lepidus mit Säulenhallen für die *comitia tributa* umgeben worden war, durch Marmortafeln und Gemälde schmücken lassen und ihm zu Ehren des Augustus den Namen

Iulia gegeben. Agrippa blieb bei seinem Unternehmen nicht nur von jeglicher Missgunst verschont, im Gegenteil, er wurde hierfür sowohl von Augustus selbst als auch von allen anderen hoch geehrt. Grund hierfür war die Tatsache, dass er Augustus bei den menschenfreundlichsten, ruhmvollsten und vorteilhaftesten Planungen beriet und mit ihm zusammenarbeitete, ohne den geringsten Anteil am Ruhm für sich zu beanspruchen. … Ganz anders Cornelius Gallus, den die erwiesene Ehre zu Übermut verleitete: Er erging sich in vielfachen, respektlosen Äußerungen über Augustus und ließ sich auch zahlreiche tadelnswerte Handlungen zuschulden kommen. So ließ er in fast ganz Ägypten Standbilder von sich errichten und Verzeichnisse seiner sämtlichen Taten auf den Pyramiden anbringen. Er wurde deswegen von Valerius Largus, seinem Gefährten und Vertrauten, angeklagt und von Augustus geächtet, worauf er sich in den kaiserlichen Provinzen nicht mehr aufhalten durfte. Nachdem es so weit war, griffen ihn auch zahlreiche andere an und reichten gegen ihn eine Menge schriftlicher Klagen ein. Der Senat entschied einmütig, dass Gallus durch die Gerichtshöfe verurteilt und mit Verbannung und Verlust des Vermögens bestraft werden solle. … Aus Schmerz darüber beging der Angeklagte, ehe noch die Beschlüsse wirksam wurden, Selbstmord. Auch in diesem Fall zeigte sich die Falschheit der Masse. … Sie schlug sich auf die Seite des Largus, da ja dessen Stern aufzugehen begann, wäre aber gewiss bereit gewesen, gegen ihn die gleichen Urteile zu fällen, wenn er irgendwie in eine ebensolche Lage geraten wäre. Proculeius indessen empfand gegen Largus eine derartige Verachtung, dass er bei einer Begegnung mit ihm seine Nase und seinen Mund mit der Hand zuhielt und damit den Anwesenden deutlich machte, dass man in Gegenwart dieses Schurken nicht einmal in Sicherheit atmen könne."[26] Die unmissverständliche Reaktion des Proculeius zeigt, dass er spätestens in Ägypten zum engeren Freundeskreis des Gallus gehört hatte.

Augustus entzog Gallus seine Freundschaft, weil dieser eigene Leistungen zu deutlich zur Schau gestellt hatte, statt sie dem *princeps* zuzurechnen. Zudem hatte er eine lose Zunge und ließ sich nach reichlichem Weingenuss bisweilen zu unbotmäßigen Äußerungen hinreißen.[27] Nichts davon war strafrechtlich relevant, bot aber übereifrigen Opportunisten im Senat die Chance, gegen einen Ritter, der als Statthalter in Ägypten eine bisher Senatoren vorbehaltene Stellung einnahm und daher bei ihnen mit wenig Wohlwollen rechnen konnte, einen Prozess anzustrengen, in dem fragwürdige Zeugen Gallus weitere Vergehen vorwarfen.

Bezeichnend ist die Reaktion des Augustus. „Als Gallus durch die Anzeigen der Ankläger und die Beschlüsse des Senats sogar in den Selbstmord getrieben wurde, lobte er zwar deren Treue, dass sie sich so sehr für ihn entrüstet hätten, vergoss aber auch Tränen darüber und klagte über sein Los, dass er allein Freunden nicht so sehr zürnen dürfe, wie er wolle."[28] Er scheint also mehr sich als den Tod seines Freundes bedauert zu haben. Man darf daher annehmen, dass Augustus das demonstrative Verhalten des Proculeius, das ihm sicher zugetragen wurde, nicht gefiel und sich dadurch sein Verhältnis zu ihm abkühlte.

Die Saepta Iulia wurden übrigens ein großer Erfolg. Eigentlich sollten auf der von Säulenhallen umgebenen riesigen Platzanlage Volksversammlungen und Wahlen abgehalten werden. Doch als diese immer mehr zu einem – nur wenig Zeit beanspruchenden – Ritual verkamen, wurde sie zur beliebten Einkaufs- und Flaniermeile. Noch 100 Jahre später schreibt Martial:[29]

> *Mamurra streifte lange und viel im Saepta-Bezirk umher,*
> *dort, wo das goldene Rom seine Schätze umsetzt;*
> ...
> *Antike Schalen wog er ab und alle Pokale,*
> *die durch Mentors Hand geadelt waren;*
> *er zählte die grünen Edelsteine in ornamentiertem Gold*
> *und was von eindrucksvoller Größe am schneeweißen Ohre klimpert;*
> *nach echten Sardonyxen suchte er auf jedem Tisch*
> *und bestimmte den Preis für die großen Jaspisse.*
> *Als er endlich zur elften Stunde müde wegging,*
> *kaufte er zwei Becher für ein As und trug sie eigenhändig nach Hause.*

Im Jahr 25 zog Augustus gegen die „Asturer und Cantabrer. Doch im Vertrauen auf ihre Festungen wollten sie sich ihm nicht beugen. Sie ließen sich wegen ihrer zahlenmäßigen Unterlegenheit und da sie größtenteils nur aus Speerwerfern bestanden, auf keinen Nahkampf ein. Sie bereiteten ihm außerdem dadurch viele Schwierigkeiten, dass sie, sooft er irgendwo eine Bewegung versuchte, die höher gelegenen Punkte vorweg besetzten und in den Tälern sowie Waldgebieten Hinterhalte legten. Dadurch geriet Augustus in größte Bedrängnis. Er erkrankte sogar infolge der Überanstrengung und der Sorgen und musste sich nach Tarraco zurückziehen, wo er seine Tage in leidendem Zustand verbrachte. Inzwischen kämpfte Gaius Antistius [Vetus] gegen die feindlichen Stämme und erzielte zahlreiche Erfolge, freilich nicht weil er ein besserer Feldherr als Augustus war, sondern weil sich die Barbaren aus Geringschätzung gegen ihn auf Nahkämpfe einließen und dabei besiegt wurden."[30]

Es zeigte sich wieder einmal, dass Augustus im Gegensatz zu seinem Adoptivvater kein großer Feldherr war. Dios Versuche, dies zu bemänteln, wirken hilflos. Dass die erzielten Erfolge nur kurzfristig und oberflächlich waren, zeigt insbesondere der verlustreiche Krieg, den Agrippa im Jahr 19 – brutal gegen Freund und Feind – führte (siehe S. 126).

Augustus wird sich an seinen ersten Aufenthalt in Spanien zwanzig Jahre früher erinnert haben (siehe S. 26). Wie damals Caesar nutzte er den Feldzug, um vielversprechende Mitglieder seiner Familie dem Heer zu präsentieren (siehe den Stammbaum auf S. 24): seinen 17-jährigen Neffen Marcellus und seinen ebenso alten Stiefsohn Tiberius: „Als dieser Krieg zu Ende war, entließ Augustus seine älteren Soldaten und gestattete ihnen, in der Provinz *Hispania Lusitania* eine Stadt mit dem Namen Augusta Emerita [heute Mérida] anzulegen. Für jene Soldaten aber, die noch im wehrfähigen Alter standen, veranstaltete er durch Marcellus und Tiberius, die beide als Ädilen amtierten, unmittelbar in den Heerlagern Vorführungen."[31]

Teilte sich Octavian/Augustus zur Absicherung der im Januar 27 vorgenommenen Neuordnung des Staates von 28 bis 26 das Konsulat mit den treuen Gefolgsleuten Agrippa und Statilius Taurus, so wählte er im Jahr 25 den Wendehals Marcus Iunius Silanus als Kollegen. Zunächst Unterfeldherr des Lepidus, war er erst zu Marcus Antonius und später zu Sextus Pompeius gewechselt. Nach dem Vertrag von Misenum (siehe S. 74) rehabilitiert, kehrte er zu Antonius zurück, trat aber rechtzeitig vor Actium zu Octavian über (siehe S. 99).[32] Augustus signalisierte durch diese Wahl, dass man unter ihm auch mit fragwürdigen Lebensläufen Karriere machen und seiner Familie eine gute Zukunft sichern konnte.

Ein Enkel des Iunius Silanus wurde im Jahr 19 n. Chr. Konsul. Verheiratet war er mit einer Tochter der Agrippa-Tochter Iulia, also mit einer Urenkelin des Augustus. Deren „hübsche und aufreizende“[33] Tochter Iunia Calvina war eine der wenigen Nachkommen des Augustus, die am Ende der Regierungszeit Vespasians noch lebten. Als sich überraschend das Mausoleum des Augustus öffnete, scherzte Vespasian, der seine Angst vor dem Tod oft mit Witzen überspielte, dieses Vorzeichen gelte nicht ihm, sondern Iunia Calvina aus dem Geschlecht des Augustus.[34] Es gibt gute (über den Beinamen Calvina hinausgehende) Gründe anzunehmen, dass Iunia Calvina über ihre Großmutter väterlicherseits von Domitius Calvinus abstammte.[35]

Trotz seines mäßigen Erfolgs in Spanien konnte Augustus in diesem Jahr einen Sieg feiern. Denn „zur gleichen Zeit bestrafte Marcus Vinicius einige Germanen, weil sie Römer, die zu Handelszwecken in ihr Land gekommen waren, festgenommen und getötet hatten. Und so lieferte er auch den Anlass, dass Augustus [zum achten Mal] den Titel *Imperator* erhielt.“[36] Zum Zeichen, dass nun im gesamten Reich Frieden herrschte, ließ Augustus den zu Kriegszeiten geöffneten Ianustempel schließen. Einige Jahre später wurde der *Pax Augusta*, der Personifizierung des von ihm gebrachten Friedens, ein Altar geweiht, die *Ara Pacis*, „bis heute dank seines figürlichen und ornamentalen Schmucks das staunenswerteste Denkmal der Zeit“[37] (siehe Abb. 28).

Ohne den Ianustempel wieder öffnen zu müssen, konnte Augustus das *Imperium Romanum* im Osten erheblich vergrößern. Als im Jahr 25 Amyntas, der König von Galatien (siehe S. 99), starb, setzte er keinen neuen Klientelkönig ein, sondern gliederte das Gebiet als Provinz *Galatia* dem Reich ein (siehe Abb. 27). Zum ersten Statthalter und damit zum Verantwortlichen für diese – im Land sicher nicht überall begrüßte und organisatorisch anspruchsvolle – Transformation ernannte er Marcus Lollius.[38] Über die Ahnen des vorher nicht in Erscheinung getretenen Lollius[39] ist nichts bekannt. Man darf vermuten, dass er einer der zahlreichen neuen Männer im Umfeld des *princeps* war. Augustus hätte ihm die Statthalterschaft nicht übertragen, wenn er sich nicht schon vorher mehrfach bewährt hätte. Dass er auch in Galatien erfolgreich agierte, sieht man daran, dass er nach seiner Statthalterschaft im Jahr 21 *consul ordinarius* wurde (siehe S. 124). Dieser Zeitpunkt lässt vermuten, dass Lollius etwa so alt war wie Augustus.

Insgesamt sollte es Augustus auf 21 imperatorische Akklamation bringen. Der wesentlich erfolgreichere Feldherr Agrippa hat dagegen (zu Lebzeiten) den *Imperator*-Titel nie geführt. Wie Dio berichtet, widmete er sich lieber unermüdlich der Ausschmückung Roms:

Abb. 28: Ara Pacis

„Zunächst vollendete er zu Ehren der Seesiege die sogenannte Basilika des Neptun und verlieh ihr zusätzlichen Glanz durch das Gemälde mit der Darstellung der Argonauten. Sodann erbaute er das Lakonische Schwitzbad. ... Er vollendete auch das sogenannte Pantheon. Diesen Namen trägt ... es meiner Meinung nach, weil es wegen seiner kuppelförmigen Gestalt dem Himmel gleicht. Dort wollte Agrippa auch eine Augustusstatue aufstellen und das ganze Werk nach ihm benennen; Augustus versagte sich jedoch beiden Ehrungen, worauf Agrippa im Tempel selbst ein Standbild des älteren Caesar und im Vorraum Statuen von Augustus und sich aufstellen ließ. Das geschah nicht aus Rivalität und Ehrgeiz Agrippas gegenüber Augustus, sondern hatte seinen Grund in dessen herzlicher Ergebenheit für den Kaiser und in seiner unausgesetzten Sorge um das Gemeinwohl. Daher sah Augustus nicht nur von jedem Tadel ab, sondern ehrte ihn umso mehr.“[40]

Agrippas „dem Himmel gleichendes“ Pantheon lässt sich dank einer knapp 150 Jahre später erfolgten Restaurierung des durch Brand und Blitzschlag schwer in Mitleidenschaft gezogenen Gebäudes und seiner Umwidmung in eine christliche Kirche im Jahr 609 n. Chr. noch heute bewundern (siehe Abb. 29).

6.3 Hochzeiten, Turbulenzen, Adoptionen

Octavian war dreimal verheiratet, hatte aber nur ein einziges Kind, seine Tochter Iulia, die seine zweite Gattin Scribonia Ende 39 zur Welt brachte. Noch am Tag der Geburt ließ sich Octavian von ihr scheiden.[41] Kurz darauf „nahm er Livia Drusilla ihrem Gatten Tiberius

Abb. 29: Im Pantheon

Nero weg“[42] und heiratete die mit Drusus Schwangere. Die Ehe sollte bis zum Tod des Augustus halten. Livia, die aus ihrer Ehe mit Tiberius Nero bereits einen Sohn – den späteren Kaiser Tiberius – hatte, überlebte ihren Gatten um 15 Jahre.

Als einziges Kind des Augustus war Iulia die zentrale Figur in seinen dynastischen Plänen, für die er sie – nicht untypisch für die römische Oberschicht – zeitlebens rücksichtslos einspannte. Lange Zeit spielte sie klaglos die ihr zugedachte Rolle. Als sie ihrer überdrüssig wurde, endete dies für sie tragisch. Im Jahr 25, als Augustus die knapp 14-Jährige mit seinem 17-jährigen Neffen Claudius Marcellus verheiratete, war für Vater und Tochter die Welt noch in Ordnung. Da Augustus infolge einer Erkrankung die Feierlichkeiten „in Rom nicht selbst leiten konnte, betraute er Agrippa damit, in seiner Abwesenheit das Fest auszurichten“.[43]

Das Jahr 23 brachte Unruhe. Es begann mit einem Prozess gegen einen gewissen Marcus Primus, dem vorgeworfen wurde, als Statthalter der Provinz *Macedonica* ohne Auftrag des Senats einen Krieg begonnen zu haben. Als er erst erklärte, „er habe auf Veranlassung des Augustus, dann wieder, er habe auf Geheiß des Marcellus gehandelt, erschien der Herrscher unaufgefordert vor Gericht und stellte auf die Frage des Prätors, ob er Primus mit der Kriegführung beauftragt hatte, dies in Abrede. Und wie nun der Anwalt des Angeklagten, Murena [Konsul an der Seite des Augustus], nach einigen ungebührlichen Bemerkungen gegenüber Augustus wissen wollte: ‚Was hast du hier zu tun und wer hat dich gerufen?‘, gab er nur zur Antwort: ‚Das Wohl des Staates.‘ Damit gewann er sich das Lob der verständigen Leute, und so erhielt er auch das Recht, den Senat beliebig oft einberufen zu dürfen;

doch ließen ihn einige andere auch ihre Verachtung fühlen. Jedenfalls traten nicht wenige für einen Freispruch des Primus ein, andere verschworen sich sogar gegen Augustus. … Selbst Murena soll, wie man entweder wahrheitsgetreu oder in verleumderischer Absicht berichtet, unter den Verschwörern gewesen sein, zumal er sich allen gegenüber in gleicher Weise einer maßlosen und ungezügelten Redeweise bediente. Die erwähnten Männer stellten sich nicht dem Gericht, wurden daher in Abwesenheit unter der Annahme, sie wollten fliehen, für überführt erklärt und bald darauf getötet.“[44]

Der spektakuläre Auftritt des Augustus vor dem Gericht darf nicht verwundern. Denn mit einem Freispruch des Primus hätten die Richter Augustus indirekt beschuldigt, er oder gar sein knapp 20-jähriger Neffe hätten den Senat übergangen, der allein einen Krieg erklären konnte. Die von Augustus stets aufrechterhaltene republikanische Fassade hätte dadurch deutliche Risse bekommen.

Weder sein Bruder Proculeius, noch sein Schwager Maecenas konnten Murenas Begnadigung erreichen, was möglicherweise daran lag, dass deren Verhältnis zum *princeps* etwas gelitten hatte. Maecenas wurde vorgeworfen, er habe „seiner Gattin Terentia verraten, dass man hinter die Verschwörung des Murena gekommen sei, obwohl dies geheim gehalten werden sollte.“[45] Bei Proculeius könnte noch sein Verhalten beim Tod des Gallus nachgewirkt haben (siehe S. 117). Ungeachtet dessen hat sich Proculeius wohl mit Nachdruck für seinen Bruder eingesetzt, wie die folgenden – nach dem Tod des Proculeius geschriebenen – Verse des Horaz zeigen: [46]

> *Weiterleben wird für lange Zeiten Proculeius,*
> *wohlbekannt durch sein väterliches Herz für seine Brüder;*
> *ihn wird der überdauernde Ruhm*
> *auf unzerstörbaren Schwingen tragen.*

Man meint die Trauer angesichts seines Freitodes zu spüren, von dem Plinius lakonisch berichtet, „dass sich Gaius Proculeius, ein vertrauter Freund des Kaisers Augustus, wegen heftiger Magenschmerzen durch einen Gipstrank das Leben nahm.“[47]

Die Verschwörung hatte Augustus gezeigt, dass unter den Senatoren der Unmut über seine Amtsführung wuchs, insbesondere weil er seit dem Jahr 31 stets eines der beiden Konsulate besetzte und damit ihre Chancen verringerte, dieses prestigeträchtige Amt zu erreichen. Augustus zog daraus die Konsequenzen. Er legte Mitte des Jahres sein Konsulat nieder und übernahm es nur noch zwei Mal – 18 bzw. 21 Jahre später. Dass für den Rest des Jahres zwei überzeugte Republikaner die nach seinem Rücktritt und Murenas Tod frei gewordenen Stellen übernahmen, war sicher kein Zufall.

Der gewiefte Taktiker Augustus erreichte es, dass sein publikumswirksamer Amtsverzicht durch neue Befugnisse mehr als kompensiert wurde: „Der Senat beschloss, dass Augustus Volkstribun auf Lebenszeit sein solle, und verlieh ihm das Recht, bei allen Sitzungen jedweden Gegenstand und zu jeder beliebigen Zeit, auch wenn er nicht Konsul sei, zur Verhandlung zu bringen. Des weiteren sollte er auf Lebensdauer das Prokonsulat besitzen und es weder beim Überschreiten des *pomerium* [der geheiligten Stadtgrenze Roms] niederlegen noch später erneuern müssen. In den Provinzen endlich erhielt er eine Machtfülle, die in allen Fällen die des Statthalters übertraf. Infolgedessen erlangten er wie auch seine Nachfolger eine gewisse gesetzliche Grundlage, neben den anderen Befugnissen auch die eines Volkstribuns auszuüben; denn den Titel eines Volkstribuns selbst nahmen weder Augustus noch sonst ein Kaiser an.“[48] Damit beschreibt Dio korrekt die beiden Gewalten, auf denen künftig die Macht der römischer Kaiser basierte: die *tribunicia potestas*, also die Amtsgewalt eines Volkstribuns (siehe dazu auch S. 87), sowie ein allen Statthaltern überlegenes *imperium proconsulare*, das beim Betreten Roms nicht erlosch.

Augustus nahmen die Turbulenzen wohl schwer mit. Er „erkrankte wieder einmal und zwar so ernst, dass es keine Hoffnung auf Genesung mehr zu geben schien. Jedenfalls traf er alle nötigen Anordnungen, wie wenn er mit seinem Ende rechnen müsse, und versammelte um sich die Magistrate sowie die führenden Senatoren und Ritter. Zwar ernannte er niemanden zu seinem Nachfolger, obwohl alle erwarteten, dass Marcellus dafür vorgesehen werde, doch nach einem Gespräch mit den Anwesenden über die öffentlichen Angelegenheiten übergab er [dem Konsul] Piso das von ihm in einem Buch niedergelegte Verzeichnis der Streitkräfte und staatlichen Einnahmen und händigte Agrippa seinen Siegelring aus. Doch obschon Augustus nicht einmal mehr imstande war, die wichtigsten Geschäfte zu erledigen, stellte ihn ein gewisser Antonius Musa mit Hilfe kalter Bäder und Tränke wieder her.“[49]

Dass alle in Marcellus – der außer seiner Abstammung nichts vorzuweisen hatte – den potentiellen Nachfolger des Augustus sahen, konnte Agrippa – bei dem es genau umgekehrt war – nicht recht sein. So war den meisten auch klar, „dass Marcellus zu Lebzeiten des Agrippa diese Stellung nicht unangefochten innehaben werde.“[50] Nach Velleius wurde die Rivalität entschärft, indem Agrippa „nach Asien ging, angeblich in Staatsgeschäften im Auftrag des *princeps*. Gerüchten zufolge aber war er aus geheimer Rivalität gegenüber Marcellus der gegenwärtigen Situation aus dem Weg gegangen.“ Flavius Josephus notiert nüchterner, dass Agrippa „im Namen des Augustus die Provinzen jenseits des Ionischen Meeres verwalten sollte.“[51] Dafür stattete ihn Augustus mit einem umfassenden, der eigenen Befehlsgewalt gleichgestellten *imperium* aus[52] – sicher auch ein Versuch, die entstandene Missstimmung zu glätten. Das nach der Genesung des Augustus ohnehin nicht mehr akute Nachfolgeproblem löste sich – zum Leidwesen des Augustus – von selbst: Noch im gleichen Jahr starb Marcellus.

Im Jahr 22 wurde Lucius Arruntius *consul ordinarius*. Dass der einst proskribierte Arruntius, dem Octavian bereits bei der Schlacht von Actium eine wichtige Aufgabe anvertraut hatte, inzwischen fest etabliert war, zeigt nicht nur dieses Amt, sondern auch die Karriere seines gleichnamigen Sohnes. Der war „vermögend, zielstrebig und hochgebildet“, wurde 6 n. Chr. *consul ordinarius* und von Augustus bei einer seiner letzten Beratungen vor seinem Tod als nicht ungeeignet für die Stellung des *princeps* eingestuft. „Er würde sie sich, falls man ihm die Gelegenheit biete, auch zutrauen.“[53] Beim Leichenzug des Augustus wurden auf seinen Antrag hin „die Überschriften der erlassenen Gesetze und die

Namen der von ihm besiegten Völker vorangetragen".[54] Das Zeugnis, das Augustus dem jüngeren Arruntius ausgestellt hatte, machte ihn in den Augen des Tiberius und seiner Umgebung suspekt und führte zu manchen Anfeindungen. Da er vom absehbaren Nachfolger Caligula eher eine Verschlechterung als eine Verbesserung seiner Situation erwartete, machte er seinem Leben kurz vor dem Tod des Tiberius ein Ende. „Natürlich könne man in den wenigen Tagen bis zum Ableben des *princeps* diesem aus dem Weg gehen. Wie aber entkomme man dem jugendlichen Alter des Mannes, der nun drohe?"[55]

Im Herbst des Jahres 22 verließ Augustus Rom für drei Jahre, um Angelegenheiten auf Sizilien und im Osten des Reichs zu regeln. Während seiner Abwesenheit brachen „unter der römischen Bevölkerung wegen der Wahl der Konsuln Streitigkeiten aus. ... Eines der Konsulate wurde nämlich Augustus vorbehalten, und so trat zu Beginn des Jahres [21] lediglich Marcus Lollius sein Amt an. Da sich jedoch der Kaiser weigerte, die Aufgabe zu übernehmen, stritten sich Quintus Lepidus und Lucius Silvanus heftig um dieses Amt und richteten dadurch eine derartige Verwirrung an, dass besonnene Leute forderten, Augustus solle zurückkehren. Als er dies nicht tat und die beiden Bewerber, die sich bei ihm eingefunden hatten, mit Vorwürfen und dem Befehl zurückschickte, die Abstimmung in ihrer Abwesenheit durchzuführen, gab das Volk ebensowenig Ruhe und begann sogar von neuem einen heftigen Streit, bis zu einem späten Zeitpunkt endlich Lepidus gewählt werden konnte. Augustus war über den Vorfall ungehalten, und da er sich weder ausschließlich mit Rom beschäftigen konnte, noch die Stadt in einem gesetzlosen Zustand zurückzulassen wagte, suchte er nach einer geeigneten Persönlichkeit, um sie mit ihrer Leitung zu betrauen. Am besten dafür geeignet schien ihm Agrippa",[56] den er deswegen im Frühjahr 21 aus dem Osten zurückrief.

Geeignet schien ihm Agrippa auch für eine andere Rolle. Die inzwischen knapp 18-jährige Iulia, das einzige Kind des Augustus, war seit zwei Jahren Witwe und Augustus machte sich natürlich Gedanken über eine erneute Verheiratung. Die Wahl des künftigen Gatten wollte wohl bedacht sein. Denn durch diese Verbindung weit über andere hinausgehoben, konnte ihm dieser leicht gefährlich werden. Deshalb dachte Augustus zunächst an „Proculeius und andere Männer, die ein bemerkenswert ruhiges Leben führten und in keinerlei politische Aktivitäten verwickelt waren".[57] Warum er sich aber schließlich für Agrippa entschied, erfahren wir von Dio, der Maecenas das entscheidende Argument in den Mund legt (siehe zum Folgenden den Stammbaum auf S. 24): „Neben anderen Gründen erfolgte der Schritt, wie es heißt, auch auf Veranlassung des Maecenas, der Augustus, als er ihn in dieser Angelegenheit um Rat fragte, den Bescheid gab: ‚Du hast ihn so groß gemacht, dass er entweder dein Schwiegersohn werden oder sterben muss.'" Und so ließ Augustus „Agrippa zu sich kommen und veranlasste ihn, sich von seiner bisherigen Frau [Marcella], obwohl sie des Kaisers eigene Nichte war, scheiden zu lassen und dafür Iulia zu heiraten. Dann entsandte er ihn sogleich nach Rom, wo er sowohl die Ehe schließen als auch die Verwaltung der Stadt übernehmen sollte." Agrippa dürfte dieses Arrangement leichter gefallen sein als der 25 Jahre jüngeren Iulia, zumal er dadurch seine Stellung als zweiter Mann im Staat gefestigt wusste und auf eine strahlende Zukunft möglicher Söhne hoffen konnte.

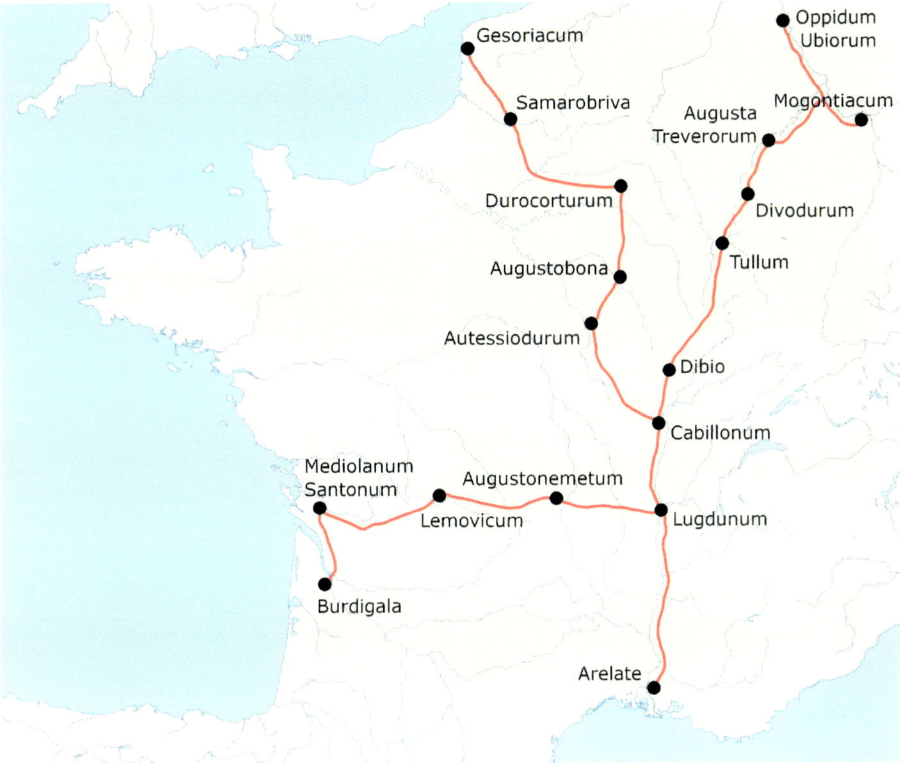

Abb. 30: Agrippas Straßenbauprojekte

Um ihre Zustimmung hat Augustus seine Tochter sicher nicht gefragt, im Unterschied zu seiner Schwester Octavia (minor), die er bat, „ihm ihren Schwiegersohn zu überlassen".[58]

Agrippas Aktionen der nächsten Jahre zeigen, dass ihm Augustus nicht nur Vollmachten für Rom, sondern für den gesamten Westteil des Reichs übertragen hatte, Agrippa also dort, ebenso wie bei seinem Aufenthalt im Osten, ein von Augustus unabhängiges Kommando besaß. Zunächst begab er sich in die gallischen Provinzen. „Deren Einwohner lagen nämlich nicht nur in gegenseitigem Streit, sondern wurden auch von den Germanen heimgesucht."[59] Dass sich Agrippa in Gallien nicht nur – wahrscheinlich nicht einmal vorrangig – um (militärische) Streitschlichtung kümmerte, wissen wir von Strabo.[60] Danach ließ Agrippa in Gallien vier von Lugdunum (Lyon) ausgehende Straßen anlegen, eine durch die Cevennen bis zu den an der unteren Charente lebenden Santonen und weiter nach Aquitanien, die zweite bis zum Rhein, insbesondere wohl zum linksrheinischen Oppidum Ubiorum, wo Agrippa die germanischen Ubier angesiedelt hatte.[61] Die dritte führte bis zum Ärmelkanal, die vierte nach Süden, um den Anschluss an die Straßen der Provinz *Gallia Narbonensis* zu schaffen. Auch wenn es wohl zunächst nur darum ging, bestehende Wege auszubauen und zu verbinden, Trassen zu begradigen und Brücken anzulegen, erforderten diese Maßnahmen umfassende geographische und kartografische Kenntnisse.

Einen Eindruck von der Größe des Projekts vermittelt die Abb. 30, die einen möglichen Verlauf der Straßen zeigt. Die genannten Städte sind teilweise spätere Gründungen.

Von Gallien aus eilte Agrippa nach Spanien, weil „die im Krieg lebendig gefangenen und in die Sklaverei verkauften Cantabrer allesamt ihre jeweiligen Herren getötet und nach ihrer Rückkehr in die Heimat viele Stammesgenossen ebenfalls zum Aufstand veranlasst hatten. Gemeinsam mit ihnen besetzten sie einige Plätze, befestigten sie und unternahmen Anschläge auf die römischen Besatzungen. Gegen diese Männer zog nun Agrippa in den Kampf. Er hatte jedoch auch mit den eigenen Soldaten einige Schwierigkeiten; denn nicht wenige von ihnen waren überaltert und durch die andauernden Kriege erschöpft, fürchteten außerdem die Cantabrer als gefährliche Feinde und verweigerten darum ihrem Führer den Gehorsam. Gleichwohl stellte Agrippa teils durch Vorhaltungen, teils durch freundlichen Zuspruch, teils auch, indem er ihnen neue Hoffnungen machte, die Disziplin bald wieder her. Im Konflikt mit den Cantabrern musste er freilich viele Schlappen einstecken; denn als Sklaven der Römer hatten sich die Gegner nicht nur praktische Erfahrungen erworben, sondern hegten auch keine Hoffnung, bei Gefangennahme erneut mit dem Leben davonzukommen. Schließlich blieb Agrippa doch erfolgreich; denn nachdem er eine Menge Soldaten verloren hatte und viele andere, die sich besiegen ließen, hatte degradieren müssen, … vernichtete er beinahe alle Feinde im wehrfähigen Alter, entwaffnete die übrigen und zwang sie, von ihren Bergfesten in die Ebenen herabzusteigen. Er sandte indessen hierüber keinen Bericht an den Senat und nahm auch keinen Triumph an.“[62] In seinem Tatenbericht spricht Augustus natürlich nur von eigenen Taten: Er habe die spanischen Provinzen befriedet.[63]

Statt einen Triumph zu feiern, ließ Agrippa die Wasserleitung *Aqua Virgo* „auf eigene Kosten in die Stadt [Rom] hereinführen und gab ihr den Namen *Augusta*. Augustus fand so großen Gefallen an dieser Maßnahme, dass er, als einmal der Wein knapp wurde und die Leute lauthals darüber Klage führten, lediglich erklärte, Agrippa habe in reichstem Maße Vorsorge getroffen und keiner müsse daher verdursten.“[64] Noch heute speist die *Aqua Virgo* den Trevi-Brunnen.

Dynastisch lief für Augustus zunächst alles nach Wunsch. Er bekam „von Agrippa und Iulia drei Enkel, Gaius, Lucius und [den nach Agrippas Tod geborenen] Agrippa [Postumus], sowie zwei Enkelinnen, Iulia und Agrippina“.[65] Gaius wurde im Jahr 20, Lucius im Jahr 17 geboren. Unmittelbar nach der Geburt des Lucius adoptierte Augustus beide Enkel. Im Jahr 13 präsentierte der stolze (Adoptiv-)Vater und Großvater die beiden auf dem Revers des in Abb. 31 gezeigten Denars. Zwischen ihnen sehen wir ihre Mutter, Agrippas Gattin Iulia. Der über ihr angedeutete Eichenkranz umrahmt auf dem Avers das stets jugendliche Porträt des (inzwischen 50-jährigen) Augustus. Auf dieser Münze wurde für alle sichtbar, dass Agrippa als Thronfolger ausgedient und ihm Augustus seine Kinder weggenommen hatte.

Im Jahr 16 „begab sich Augustus nach Gallien, wobei er die Kriege, die dort ausgebrochen waren, zum Vorwand nahm. Denn infolge seines langen Aufenthaltes in der Stadt war er vielen lästig geworden, dazu kränkte er viele, die irgendwie seinen Anordnungen zuwi-

Abb. 31: Augustus präsentiert seine Familie

derhandelten, durch Strafen, während er sich andererseits genötigt sah, eine Menge von Leuten zu schonen und so seine eigenen Gesetze zu übertreten. Unter diesen Umständen kam er nach Solons Vorbild zu dem Entschluss, außer Landes zu gehen. Einige vermuteten sogar, er habe wegen Terentia, der Gemahlin des Maecenas, Rom verlassen, um in der Ferne allem Klatsch entrückt – wurde doch in Rom viel über sie geredet – mit ihr zusammenleben zu können. Er war nämlich derart leidenschaftlich in sie verliebt, dass er sie einmal sogar in einen Schönheitswettbewerb mit Livia treten ließ. … Die Leitung der Stadt und des übrigen Italien übertrug Augustus dem [Statilius] Taurus; er hatte nämlich Agrippa wieder nach Syrien entsandt und stand außerdem mit Maecenas wegen dessen Frau nicht mehr so gut wie zuvor.“[66]

Jenseits dieser Gerüchte gab es für Augustus einen – zumindest vorzeigbaren – Grund für seinen Aufbruch nach Gallien. Dort hatte nämlich Marcus Lollius, der zuvor noch in Thrakien erfolgreich gewesen war, eine Niederlage erlitten. Germanische Stämme „hatten zunächst in ihrem Gebiet einige Römer festgenommen und gekreuzigt, waren dann über den Rhein gegangen und sowohl über Germanien wie Gallien plündernd hergefallen. Als ihnen aber die römische Reiterei entgegentreten wollte, griffen sie diese aus einem Hinterhalt an und setzten ihr nach, als sie die Flucht ergriff. Dabei stießen sie unerwartet auf Lollius, den Statthalter der Provinz, und fügten auch ihm eine Niederlage zu. Wie nun Augustus davon hörte, rückte er in Eilmärschen gegen die Feinde, fand jedoch keine Gelegenheit zu einer Kriegstat. Denn die Barbaren, die von den Vorbereitungen des Lollius und dem Anmarsch des Kaisers erfuhren, kehrten in ihr eigenes Land zurück, stellten Geiseln und schlossen Frieden.“[67]

Auch in Makedonien gab es um diese Zeit Kämpfe. Ein in Amphipolis (siehe Abb. 11 auf S. 58) gefundener Gedenkstein belegt, dass an ihnen auch Tarius Rufus, der bereits bei Actium für Octavian gekämpft hatte (siehe S. 98) und im Jahr 16 als *consul suffectus* den Höhepunkt seiner Karriere erreichte, beteiligt war. Ebenfalls nur aus einer Inschrift wissen wir, dass er bereits vorher Statthalter der Provinz Zypern war.[68] In den Geschichtsbüchern tritt Tarius Rufus dagegen kaum in Erscheinung. Trotzdem gehörte er wohl zum engeren Freundeskreis des Augustus, wie die folgende von Seneca – in der seinem Zögling Nero gewidmeten Schrift über die Milde – überlieferte Geschichte zeigt.[69]

„Tarius, der seinen Sohn beim Verbrechen des Vatermordes ertappt und nach Untersuchung der Sache bestraft hatte, wurde von jedem bewundert, weil er sich mit der Verbannung, sogar mit der komfortablen Verbannung nach Massilia [dem heutigen Marseille] begnügte. … Als Tarius über seinen Sohn Gericht halten wollte, bat er Caesar Augustus in das Richterkollegium. Dieser kam in das Privathaus und setzte sich hinzu. … Nachdem man den Fall angehört und alles gründlich erörtert hatte, sowohl das, was der junge Mann zu seinen Gunsten gesagt hatte, wie das, wessen er beschuldigt wurde, bat er [Augustus], dass jeder seinen Urteilsspruch aufschreiben solle, damit nicht der Spruch Caesars zu dem aller würde. Dann schwor er, ehe die Täfelchen geöffnet wurden, dass er die Erbschaft des Tarius, eines begüterten Mannes, nicht antreten werde. … So verlor Tarius am selben Tage auch den zweiten Erben. Aber Caesar erkaufte sich die Freiheit seiner Entscheidung. Und nachdem er bewiesen hatte, dass seine Strenge kostenlos sei, worum sich ein *princeps* immer kümmern muss, sagte er, er sei dorthin zu verbannen, wohin es dem Vater richtig schiene. Nicht den Sack, nicht Schlangen, nicht Kerker verhängte er, eingedenk nicht, über wen er entschied, sondern für wen er im Rat sitze. Mit der mildesten Strafe müsse ein Vater zufrieden sein bei einem so jungen Sohn, der zu diesem Verbrechen angestiftet worden sei. … Doch müsse jener aus der Stadt und den Augen des Vaters entfernt werden."

Der Vater ersparte seinem Sohn also nicht nur die überlieferte grausame Hinrichtung, er zeigte seine Güte auch in der Wahl des Verbannungsortes – im Unterschied zu Augustus, der den Dichter Ovid aus bis heute nicht geklärten, aber sicher nicht schwerer wiegenden Gründen ans Schwarze Meer verbannt hatte. Die Annehmlichkeiten von Marseille wusste schon ein früher dorthin Verbannter zu schätzen, der von Cicero (erfolglos) verteidigte Milo. Verängstigt von Pompeius Magnus und seinen Soldaten hatte der sonst so schlagfertige Cicero vor Gericht nur wenige Worte herausgebracht. Als er Milo die stark verbesserte schriftliche Ausarbeitung seiner Gerichtsrede nach Marseille schickte, antwortete der sarkastisch, „es sei für ihn ein Glück gewesen, dass jene Worte in dieser Form nicht auch vor dem Gerichtshof gesprochen worden seien. Er könnte sonst nicht solch köstliche Rotbarben verspeisen."[70]

Plinius weiß ebenfalls von der engen Beziehung des Tarius Rufus zu Augustus, erzählt aber eine ganz andere Geschichte von seinen Vermögensverhältnissen: „Er war nach Art der Alten sehr sparsam. Um sich einen Namen zu machen, verbrauchte er durch den Ankauf und die Bestellung von Äckern im Picenum [Gebiet südlich von Ancona] gegen 100 Millionen Sesterzen, die er der Freigebigkeit des Kaisers Augustus verdankte, so dass niemand sein Erbe antreten wollte. Soll man also den Verlust des Vermögens und Hunger schätzen? Nein, beim Herkules! Ich halte vielmehr Mäßigung in allen Dingen für das Nützlichste. Den Acker gut zu bebauen, ist notwendig, aber ihn übertrieben gut zu bestellen, ist schädlich, außer es geschieht durch die eigene Familie oder Leute, die man ohnehin ernähren muss. Ferner bringen dem Gutsherrn manche Ernteerträge keinen Nutzen, wenn man die

Kosten der Arbeit in Rechnung stellt."[71] Die Geschichte, die nicht so recht verstehen lässt, wie man auf diese Weise ein immenses Vermögen verschleudern könnte, legt eine andere Vermutung nahe: Makler hatten Rufus, der von Landwirtschaft wenig Ahnung hatte, aber in römischer Tradition damit renommieren wollte, ungeeignete Flächen zu Wucherpreisen angedreht.

6.4 Tod dreier Freunde

Im Jahr 15 starb Vedius Pollio, den Plinius und Seneca unter die Freunde des Kaisers Augustus zählen.[72] Am Golf von Neapel besaß er die prächtige Villa Pausilypum. Doch anders als ihr griechischer Name versprach, stillte sie seinen Kummer nicht. Dort soll sich nämlich die Geschichte abgespielt haben, die seinen Ruf nachhaltig ruinierte. Folgen wir Dios Schilderung.

Danach war Vedius Pollio „ein Mann, der eigentlich nichts Erwähnenswertes geleistet hatte, denn er stammte von Freigelassenen ab, war in den Ritterstand aufgenommen worden und hatte nichts Rühmenswertes geleistet. Doch sein Reichtum wie auch seine Grausamkeit machten ihn so sehr bekannt, dass er einen Platz in der Geschichtsschreibung gefunden hat. ... Er hielt sich in Bassins Muränen, die auf Menschenfleisch abgerichtet waren; ihnen warf er die Sklaven, die er zum Tod verurteilt hatte, zum Fraß vor. Eines Tages, als er Augustus zu Gast hatte, zerbrach sein Mundschenk einen Kristallbecher. Ohne auf seinen Gast Rücksicht zu nehmen, befahl Pollio, den Sklaven den Muränen vorzuwerfen. Als sich der Unglückliche Augustus zu Füßen warf und ihn um Hilfe anflehte, versuchte dieser zunächst, Pollio durch gütliches Zureden von einer solch grässlichen Tat abzubringen. Als jener nicht auf ihn hören wollte, sagte er: ‚Lass alle derartigen und auch andere wertvolle Trinkgefäße herbringen, damit ich mich ihrer bedienen kann!' Als man sie herbeigeschafft hatte, befahl Augustus, sie zu zerbrechen. Wie Pollio das sah, war er natürlich empört, empfand jedoch angesichts der Menge des zerbrochenen Geschirrs keinen Zorn mehr wegen des einen Trinkbechers, und da er den Sklaven nicht für das bestrafen konnte, was Augustus getan hatte, verhielt er sich wohl oder übel ruhig. So ein Mensch war Pollio, der damals aus dem Leben schied. Unter seinen zahlreichen Vermächtnissen an viele andere Personen hinterließ er Augustus einen großen Teil seines Besitzes samt dem Pausilypum ... und traf die Anordnung, dass [an der Stelle seines römischen Hauses] für die Öffentlichkeit ein ausnehmend schönes Bauwerk errichtet werden solle. Doch Augustus ließ Pollios Haus bis auf den Grund niederreißen und tat so, als stehe das mit den Vorarbeiten für den Neubau in Zusammenhang. In Wirklichkeit aber wollte er verhindern, dass Pollio in Rom ein Denkmal bekäme, und errichtete stattdessen eine Säulenhalle, auf die er nicht Pollios, sondern Livias Namen setzte."[73]

Am Golf von Neapel reihten sich Städte, Villen und Gärten derart aneinander, dass „der Eindruck einer einzigen Stadt"[74] entstand. Jeder, der etwas auf sich hielt, hatte dort ein Anwesen (viele sogar mehrere, wie wir schon bei Cicero sahen). Auch Fischteiche waren nichts Ungewöhnliches.[75] Pollios Stadthaus im Armeleuteviertel Subura bildete dagegen einen – sicher Neid hervorrufenden – Kontrast zur umgebenden Bebauung. Ausgrabungen legen nahe, dass das Areal etwa die Größe eines Fußballfeldes hatte.[76] Ovid glorifiziert den Abrissbefehl des Augustus:[77]

Wo jetzt
Livias Portikus steht, stand einst ein riesiges Haus.
Wie eine Stadt – so groß war ein einziges Haus, und die Mauer
mancher Landstadt umschließt einen noch kleineren Raum.
Weil diese Pracht, wie es schien, ein böses Beispiel gab, fiel das
Haus, aber nicht, weil sein Herr strebte, ein König zu sein.
So einen mächtigen Bau zu vernichten, nahm Caesar, der Erbe,
auf sich, und so einen Schatz, den er besaß, zu zerstörn.
So muss ein Zensor stets sein, und so wird ein Beispiel gegeben,
wenn der Vollstrecker selbst tut, was er sonst andren befiehlt!

Wer war dieser Vedius Pollio, der sich ein solches Haus leisten konnte?[78] Jedenfalls nicht der von Dio geschilderte Widerling. Denn dessen Verdikt, dass es von Vedius bis auf obige Skandalgeschichte nichts Lohnenswertes zu berichten gebe, verträgt sich schlecht mit seiner freundschaftlichen Beziehung zu Augustus und steht in krassem Widerspruch zur Feststellung des Tacitus, er sei ein sehr einflussreicher Ritter gewesen.[79]

Geboren wurde Vedius Pollio wohl in Beneventum (siehe Abb. 5 auf S. 35), wo er ein *Caesareum* für Augustus und die Kolonie Beneventum errichten ließ und ein – offensichtlich ebenfalls sehr reicher – Freigelassener des Vedius Spiele mit 500 Gladiatoren veranstaltete.[80] Es ist bezeichnend für Vedius Pollio, dass die Stiftungsinschrift für das Caesareum – wohl innerhalb Italiens der erste Kultbau für Augustus – gegen die Regel zuerst den Stifter und erst danach die Geehrten nennt.

Ein unter Kaiser Claudius von einem Prokonsul der Provinz *Asia* erlassenes Edikt[81] erwähnt eine Verfügung des Vedius Pollio, der wahrscheinlich dort nach der Schlacht von Actium noch vor der Ernennung eines ordentlichen Statthalters die durch den Bürgerkrieg zerrütteten öffentlichen Finanzen in Ordnung bringen und insbesondere die Steuern dieser reichen Provinz fließen lassen sollte, um die leeren Kassen Octavians aufzufüllen. Augustus hätte die Beziehung zu ihm nicht so lange aufrechterhalten, wenn Vedius dabei nicht sehr erfolgreich gewesen wäre. Die kleinasiatische Stadt Tralleis ehrte Vedius sogar mit einer Münze (siehe Abb. 32). Auf der Vorderseite lesen wir hinter seinem – stark an entsprechende Augustus-Porträts erinnernden – Profil ΟΥΗΙΔΙΟΣ, also Veidios. Die Rückseite zeigt das bärtige Haupt des Zeus. Durch seine Tätigkeit in der Provinz *Asia* dürfte der schon vorher vermögende Ritter seinen Reichtum beträchtlich vergrößert haben.

Von den Aktivitäten des Vedius Pollio vor der Schlacht von Actium bleibt viel spekulativ. Ob der bei Cicero[82] erwähnte und als „großer Windbeutel" charakterisierte Publius Vedius dieselbe Person meint, ist umstritten. Nicht bezweifelt werden kann, dass Vedius Pollio schon vor Actium Erfahrungen gesammelt hatte, die Octavian veranlassten, ihn nach Kleinasien zu schicken. Etwas mehr ist über seine Aktivitäten nach dieser Mission bekannt.

Abb. 32: Vedius Pollio

In Karthago gefundene Weinamphoren mit dem Stempel P · · · VED · · · PO belegen eine von ihm – wahrscheinlich auf Kos – betriebene Töpferei. Ähnliche Funde in Palästina lassen vermuten, dass er darin Wein von eigenen Weinbergen transportierte, vielleicht sogar für König Herodes, der große Mengen italischer Produkte importierte.

So sehr Octavian nach Actium die von Vedius eingetriebenen Gelder benötigte, so wenig wollte er als Augustus mit dem Neureichen in einem Atemzug genannt werden. Mit dem offiziellen Ende des Triumvirats sollten nicht nur die vorher verübten Missetaten, sondern auch anrüchige Helfershelfer vergessen werden. Zudem schwanden generell die Möglichkeiten, neben dem *princeps* zu glänzen, wie man sehr gut an den *fasti triumphales* ablesen kann. Im Jahr 19 feierte mit Balbus minor der letzte, nicht dem Kaiserhaus angehörende Römer einen Triumph (*ex Africa*). Es ist bemerkenswert, dass er zugleich der erste Triumphator war, der das römische Bürgerrecht nicht schon seit Geburt besaß.[83] Als wenig später Agrippa auf seinen Triumph über Spanien (siehe S. 126) verzichtete, wagte niemand mehr, danach zu greifen. Schließlich hatte Agrippa ein größeres Anrecht auf diesen Triumph als viele der Triumphatoren. Im Gegensatz zu diesen hatte er ja nicht unter dem Kommando des Augustus gekämpft, sondern ein eigenes Kommando besessen.

Wieso hätte also Augustus im Jahr 15 einem Ritter die Möglichkeit bieten sollen, durch einen prächtigen Bau bleibendes Ansehen beim Volk zu erwerben – zumal er durch einen Abriss zweierlei erreichte: Zum einen war er eine Warnung an jeden Vermögenden: Versuche, den *princeps* zu übertrumpfen, zahlen sich nicht aus. Zum anderen priesen die Bewohner der Subura gewiss die Großzügigkeit des Augustus und der Livia, wenn sie aus den verwinkelten, dunklen und quirligen Gassen ihres Viertels in den mit altehrwürdigen Gemälden verzierten Säulengang[84] und den von ihm umschlossenen hellen, ruhigen Park mit seinen Wasserspielen traten.

Sehen wir uns vor diesem Hintergrund die oben von Dio – und ähnlich von Plinius oder Seneca – erzählte Geschichte etwas näher an. Zunächst fällt auf, dass Dio die Freundschaft zwischen Vedius und Augustus nicht erwähnt. Angesichts der einführenden Charakterisierung des Vedius ist es daher schwer zu verstehen, dass ihn Augustus besucht. Dies wird verdrängt, indem Augustus immer mehr in den Mittelpunkt rückt. Augustus weiß natürlich, dass kein Gesetz dem Besitzer eines Sklaven verbietet, diesen zu töten. Würde Augustus hier eingreifen, würde dies die Fiktion einer wiedererstandenen Republik als solche entlarven. Doch Augustus findet einen Weg, seine Menschenfreundlichkeit hell erstrahlen zu lassen, ohne dafür das Recht zu beugen. Der für seinen großen Reichtum bekannte und beneidete Vedius Pollio, der sich nach seinem Tod nicht mehr wehren konnte, bot sich als Gegenspieler in dieser Anekdote geradezu an. Hätte sie sich wirklich so abgespielt, hätte er Augustus in seinem Testament keinesfalls so großzügig bedacht.

Wesentlich mehr als der Tod des Vedius traf Augustus drei Jahre später der Tod eines anderen Freundes. Augustus und Agrippa waren etwa gleich alt. Zeitgenossen, die den häufig kränkelnden Augustus und den in vielen Schlachten erprobten, offensichtlich robusten Agrippa kannten, konnten davon ausgehen, dass Agrippa den Kaiser überleben würde. Doch Agrippa starb mehr als 25 Jahre vor ihm.

Über die Aktivitäten des im Jahr 16 von Augustus nach Syrien geschickten Agrippa (siehe S. 127) erfahren wir nur Bruchstückhaftes.[85] Doch selbst dies lässt seine weit über das Militärische hinausgehenden Interessen und Fähigkeiten erkennen: Wahrscheinlich stiftete er auf dem Weg in den Osten in Athen ein prächtiges Odeon, das etwa 1 000 Besuchern Platz bot; allein durch sein Erscheinen konnte er Unruhen am Schwarzen Meer beenden; das von den Seleukiden zerstörte Berytus (das heutige Beirut) gründete er durch die Ansiedlung von zwei Veteranenlegionen neu als römische Kolonie. Ferner wissen wir, dass ihn seine Gattin Iulia in den Osten begleitete und auf dem Weg nach Troja beinahe zusammen mit den Trägern ihrer Sänfte in einem reißenden Fluss ertrunken wäre.

Im Jahr 13 kehrte Agrippa aus dem Osten nach Rom zurück, wo er wie üblich auf den ihm zugesprochenen Triumphzug verzichtete und es auch unterließ, „dem Senat über seine Taten zu berichten, was auch die späteren Sieger, indem sie sein Vorgehen als eine Art Präzedenzfall auffassten, veranlasste, gleichfalls keine Berichte mehr für die Öffentlichkeit zu schicken".[86] Schon im Herbst entsandte ihn Augustus „in das auf Krieg versessene Pannonien.… Und obschon der Winter bereits eingesetzt hatte, zog Agrippa ins Feld; als jedoch, erschrocken über seinen Anmarsch, die Pannonier nicht mehr weiter an Empörung dachten, kehrte er um und erkrankte [im März 12] nach seiner Ankunft in Kampanien." Augustus eilte sofort zu ihm, „fand aber Agrippa nicht mehr am Leben. Er ließ seinen Leichnam in die Hauptstadt bringen und … den Leichenzug Agrippas in der Weise durchführen, wie später sein eigener stattfand."[87]

Die Begräbnisfeier war also nicht weniger prächtig als jene, mit denen zu Zeiten der Republik alte Geschlechter erfolgreicher Angehöriger gedachten. Bei Agrippa fehlte allerdings ein äußerst beeindruckendes Element solcher Feiern, das Polybios so beschreibt: Man lässt Masken mit den Gesichtszügen berühmter Ahnen „Leuten aufsetzen, die den Toten an Größe und Erscheinung möglichst ähnlich sehen. Diese ziehen entsprechende Gewänder an: wenn der Verstorbene Konsul oder Prätor war, eine Toga mit Purpursaum, wenn er Zensor war, eine Toga ganz aus Purpur, wenn er aber einen Triumph gefeiert oder dergleichen vollbracht hatte, eine goldbestickte Toga. Sie fahren alle auf Wagen, vorangetragen aber werden Rutenbündel, Beile und die übrigen Amtsinsignien, je nachdem worauf ein jeder zu Lebzeiten in Staatsämtern Anspruch hatte. Wenn sie bei der Rednertribüne angekommen sind, nehmen sie alle auf kurulischen Stühlen Platz."[88] Bei Agrippa saßen keine berühmten Ahnen in der ersten Reihe der Trauergemeinde, als *homo novus* hatte er keine. Daher hatten wohl viele Angehörige des alten Adels keine Lust, die in ihren Augen für einen Emporkömmling viel zu pompöse Feier durch ihre Anwesenheit weiter aufzuwerten. Sie mussten erst von Augustus nachdrücklich dazu aufgefordert werden.[89]

Ein aus dem Fayûm stammendes Papyrusfragment überliefert den Teil der von Augustus gehaltenen Grabrede, in dem er die Vollmachten aufzählt, die Agrippa formal auf eine Stufe mit ihm gestellt hatten: „Denn die tribunizische Gewalt wurde dir auf fünf Jahre gemäß einem Beschluss des Senats im Konsulatsjahr der beiden Lentuli übertragen, und für eine weitere Fünfjahresfrist wurde sie dir unter dem Konsulat des Tiberius Nero und des Quinctilius Varus, deiner Schwiegersöhne, verlängert. Und in den Provinzen, in die dich das Gemeinwesen schicken würde, sollte keines (anderen) Amtsgewalt größer sein als die deine, wie im Gesetz festgelegt war. Durch unseren Eifer und deine eigenen Vorzüge [wurdest du] vermöge der Zustimmung aller zum höchsten Gipfel emporgehoben."[90]

Die *tribunicia potestas*, die Amtsgewalt eines Volkstribuns, über die Agrippa danach seit dem Jahr 18 verfügte,[91] sowie das *imperium*, das er seit 23 in allen Provinzen, in denen er im amtlichen Auftrag unterwegs war, besaß[92] und dem des Augustus gleichrangig war, machte Agrippa auch in den Augen der Provinzialen zum unbestritten zweiten Mann im Staat, ja zum Kollegen des Augustus. Dies zeigen exemplarisch die parallel aufgebauten Inschriften über den beiden seitlichen Durchgängen des monumentalen Eingangs zur Agora von Ephesus (siehe Abb. 33 sowie Abb. 27 auf S. 115). Die beiden Freigelassenen Mazaeus und Mithridates widmeten das 4/3 v. Chr. errichtete Tor ihren Patronen, dem

> *Imperator Caesar Augustus, dem Sohn des Gottes [Caesar], dem pontifex maximus, Konsul zwölfmal, Inhaber der trib. Gewalt zwanzigmal und der Livia, [der Frau] des Caesar Augustus,*

sowie dem

> *M. Agrippa, Sohn des Lucius, Konsul dreimal, Imperator, Inhaber der trib. Gewalt sechsmal und der Iulia, des Caesar Augustus Tochter*

Bemerkenswert ist der Schreibfehler IMB statt IMP im zweiten Text.

Augustus ließ „den Toten in seinem eigenen Grabmal beisetzen, obwohl Agrippa ein persönliches auf dem Campus Martius erworben hatte."[93] So sehr Augustus seinen Freund rühmte, so wenig respektierte er Agrippas letzten Wunsch. Noch Agrippas letzte Ruhestätte sollte erkennen lassen, dass er alles Augustus verdankte.

Dio würdigt Agrippa ausführlich: „So endete das Leben Agrippas, des Mannes, der sich in jeder Art offensichtlich als die vornehmste Persönlichkeit unter seinen Zeitgenossen er-

Abb. 33: Monumentale Widmungen in Ephesus

wiesen und die Freundschaft des Augustus zu dessen und des Staates größtem Vorteil genutzt hatte. Denn je mehr er die anderen an Tüchtigkeit übertraf, um so ergebener ordnete er sich freiwillig seinem Herrn unter; und während er seine ganze Klugheit und seinen ganzen Heldensinn den entscheidenden Interessen des Kaisers zuwandte, nutzte er alle Ehre und Macht, welche ihm dieser verlieh, nur dazu, anderen Wohltaten zu erweisen. Das war der Hauptgrund, warum er Augustus selbst niemals widerwärtig oder den übrigen Bürgern ein Gegenstand des Hasses wurde; er half vielmehr dem Kaiser die Alleinherrschaft zu begründen, als wäre er tatsächlich ein Anhänger des autokratischen Systems, und gewann gleichzeitig durch Wohltaten die Zuneigung des Volks, als würde er durch und durch demokratisch denken. Jedenfalls hinterließ er bei seinem Tod seinen Mitbürgern Gärten und das nach ihm benannte Bad, dessen Besuch kostenlos sein sollte; dafür übergab er Augustus bestimmte Grundstücke. Und der Kaiser überließ sie nicht nur dem Staat, sondern verteilte auch an jeden Bürger vierhundert Sesterzen und deutete dabei an, dass Agrippa es so bestimmt habe. … Lange, lange Zeit spürte der Herrscher seinen Verlust und brachte ihn so auch in den Augen des Volks zu Ehren; seinen nachgeborenen Sohn aber nannte er Agrippa."

Dass der Wasserversorgung Roms das besondere Augenmerk des Agrippa galt, haben wir bereits gesehen (siehe S. 126). Bis zu seinem Tod kümmerte er sich neben seinen zahlreichen sonstigen Aufgaben darum, „wieviel Wasser in die öffentlichen Einrichtungen, die Brunnen und die privaten Haushalte geleitet wurde. Er unterhielt auch eine eigene aus Sklaven gebildete Mannschaft zur Unterhaltung der Aquädukte, Sammelbecken und Brunnen."[94] Augustus erbte diese erfahrene Mannschaft samt den Aufzeichnungen zur Wasserverteilung, machte daraus im Jahr 11 eine staatliche Einrichtung und „verkaufte dies als eigene Wohltaten".[95] Fortan kümmerte sich um die Wasserversorgung der Millionenstadt ein *curator aquarum*, der sicher froh war, sich auf das von Agrippa aufgebaute Expertenteam stützen zu können. Erster *curator* wurde Messalla Corvinus, der nach Frontinus dieses Amt bis zum Jahr 12 oder 13 n. Chr. innehatte. Es ist unwahrscheinlich, dass er das Amt bis zu seinem Tod ausübte. Nach der (von Hieronymus überarbeiteten) Chronik des Eusebius verlor er nämlich „zwei Jahre, bevor er starb, Gedächtnis und Verstand in solchem Maß, dass er kaum noch wenige Worte zu verbinden wusste."[96] Nach Plinius ließ ihn seine Demenz sogar seinen Namen vergessen.[97]

Im Jahr 23 n. Chr. machte Tiberius den inzwischen über 80-jährigen Tarius Rufus zum *curator aquarum*. Seine oben beschriebenen missglückten Grundstücksspekulationen (siehe S. 128) hatten offensichtlich sein Verhältnis zum Kaiserhaus nicht getrübt. Da bereits im folgenden Jahr ein Nachfolger ernannt wurde, scheint er im Amt gestorben zu sein.[98]

Wie breit gestreut Agrippas Interessen waren, zeigt sein Plan, in einer Säulenhalle eine Weltkarte für die Bevölkerung Roms (*orbem terrarum urbi*) anzubringen. Dieses bei seinem Tod noch unvollendete Werk ließ Augustus gemäß den Bestimmungen und Aufzeichnungen des Agrippa fertigstellen. Die wohl sehr präzise Karte ist leider nicht erhalten.[99] Aus einer weiteren Notiz des Plinius erfahren wir, dass es generell ein Anliegen Agrippas war, Kunst und Kultur zu „demokratisieren", sie also einfachen Bürgern nahezubringen: „Agrippa, der sonst mehr dem einfachen Landleben als den feineren Genüssen zugetan war, drückte in einer vortrefflichen und des größten Bürgers würdigen Rede den Wunsch aus, alle Gemälde und Bildsäulen öffentlich zu zeigen; dies wäre besser, als sie in das Exil einsamer Landhäuser zu verbannen."[100] Sein eigener Werdegang dürfte dabei eine Rolle gespielt haben.

Im Jahr 8 starb mit Maecenas der zweite wichtige Freund und Berater des Augustus. Nach Plinius hatte er schon seit einigen Jahren mit gesundheitlichen Problemen zu kämpfen. Er litt wohl unter häufigen Fieberattacken und „konnte in den letzten drei Jahren seines Lebens keinen Augenblick schlafen."[101] Seneca zufolge machte sich Maecenas über seine Beerdigung wenig Gedanken: „Treffend sagt Maecenas: ‚Ich sorge mich nicht um ein Grabmal; die Natur bestattet die Verlassenen.' Man könnte annehmen, dies habe ein ehrenhafter Mann mit einem Gürtel um die Tunika gesprochen; er hatte nämlich eine großartige, männliche Art, wenn nicht sein Glück sie verweichlicht [wörtlich: ihr den Gürtel genommen] hätte."[102] Selbst eine Äußerung, der sogar der überzeugte Stoiker Seneca Beifall zollen muss, garniert er mit dem Tadel, Maecenas habe seine Tunika nach Art der Frauen ohne Gürtel (also knöchellang) getragen – und sich auch entsprechend benommen.

Das Jahr hatte zunächst für Augustus gut begonnen. Er hatte Geldgeschenke an die Soldaten verteilt, bei denen sein Adoptivsohn Gaius Caesar die ersten militärischen Erfahrungen gesammelt hatte. Er hatte das *pomerium* vorverlegt und den Monatsnamen Sextilis in

Augustus geändert. „Während den Kaiser all dies mit Stolz erfüllte, betrübte ihn sehr der Tod des Maecenas. Er hatte nämlich durch ihn zahlreiche Hilfen erfahren, weshalb er ihm, wiewohl er nur Ritter war, sogar die Leitung der Stadt auf lange Zeit übertrug. Besonders wertvoll aber hatte er seine Dienste in Augenblicken empfunden, in denen sein eigenes Temperament durchzugehen drohte; dann pflegte Maecenas seinen Zorn zu bannen und den Kaiser in mildere Stimmung zu versetzen. Als etwa Augustus einmal Gericht hielt, kam er dazu und sah, dass er viele zum Tod verurteilen wollte. Er versuchte zunächst, sich einen Weg durch die herumstehenden Personen zu bahnen und in seine Nähe zu gelangen. Als er das nicht schaffte, schrieb er auf ein Täfelchen: ‚Steh endlich auf, Henker!' Dann warf er es, so als enthielte es etwas Gleichgültiges, in den Gewandbausch des Augustus, worauf dieser kein Todesurteil mehr fällte, sondern sich auf der Stelle erhob und entfernte. Der Herrscher ließ sich nicht nur derartige Freiheiten gefallen, sondern war sogar froh darüber, dass er jedes Mal, wenn er sich infolge seiner Wesensart oder unter dem Zwang der Verhältnisse zu ungebührlichen Zornesausbrüchen hinreißen ließ, durch die freimütigen Worte seiner Freunde auf den rechten Weg zurückgeführt wurde. … Obgleich er über höchsten Einfluss beim Kaiser verfügte und so einer Menge von Leuten Ämter und Ehren verschaffte, ließ er sich nicht aus dem Gleichgewicht bringen; er blieb vielmehr bis zu seinem Lebensende dem Ritterstand treu. Deshalb betrauerte Augustus seinen Tod sehr, auch weil ihn Maecenas, wiewohl er am Verhältnis des Herrschers mit seiner Gemahlin Anstoß nahm, als seinen Erben einsetzte und ihm bis auf ganz wenige Vorbehalte Generalvollmacht darüber erteilte, ob er einem seiner Freunde etwas zukommen lassen wolle oder nicht. So war die Wesensart des Maecenas und sein Verhältnis zu Augustus. Als erster richtete er übrigens in der Stadt ein Schwimmbecken mit warmem Wasser ein und erfand auch eine Reihe von Zeichen für Schnellschrift.“[103]

Augustus erbte insbesondere das Stadthaus des Maecenas – „einen Riesenbau, der fast bis zu den Wolken reicht“[104] – mit seinen berühmten Gärten, wohin sich der Kaiser gern zurückzog, wenn er sich nicht wohl fühlte.[105]

Die folgenden im Jahr 23 herausgegebenen – und daher eher als Aufmunterung nach einer überstandenen Krankheit oder als humorvolle Anspielung auf eine hypochondrische Neigung seines Freundes und Gönners Maecenas gemeinten – Zeilen des Horaz[106] wirken 15 Jahre später prophetisch: Beide starben im Jahr 8, Maecenas Ende September, Horaz – im Unterschied zu Maecenas völlig überraschend – am 27. November.

Warum tötest du mich mit deinen Klagen?
Es wollen weder die Götter noch ich, Maecenas,
dass du vor mir stirbst, du
hoher Glanz und Krone meines Lebens!

Ach, wenn dich, die Hälfte meiner selbst, ein allzu frühes
Geschick hinwegnimmt, was soll ich, die andere Hälfte, dann noch hier?
Wäre ich mir doch weit weniger wert und nur als Torso
noch vorhanden! Nein, dieser Tag,

er würde unser beider Ende bringen. Es ist kein falscher
Eid, den ich da schwöre: Wir werden gehen, wir werden gehen,
sobald du vorangehst, bereit, den letzten
Gang zusammen zu nehmen.

Wie wichtig Agrippa und Maecenas für Augustus waren, lässt sich auch daran erkennen, dass er seine – nicht erhaltene – Autobiographie diesen beiden widmete.[107]

Maecenas' Rolle als Berater des Augustus – nicht aber die eines Förderers der Künste – übernahm der ebenfalls aus dem Ritterstand stammende und einen ähnlichen Lebensstil pflegende Sallustius Crispus, den „Gaius Sallustius, der glänzendste römische Geschichtsschreiber, adoptiert hatte; er war nämlich der Enkel seiner Schwester. Er … übertraf ohne die Würde eines Senators viele Triumphatoren und Konsulare an Einfluss; im Unterschied zur Gewohnheit der Vorfahren pflegte er einen eleganten Lebensstil, der durch Reichtum und Überfluss schon eher Verschwendung war. Dahinter steckte jedoch eine Willensstärke, die ihn den schwierigsten Aufgaben gewachsen und umso energischer sein ließ, je mehr er nach außen hin verschlafenes Desinteresse zur Schau trug. Deshalb stand er zu Lebzeiten des Maecenas an zweiter Stelle, dann wurde er der wichtigste Mann, auf den sich die Befehlshaber bei ihren geheimen Beratungen stützten."[108] Dass Crispus nicht von Anfang an auf Octavians Seite gestanden hatte,[109] spielte offensichtlich keine Rolle mehr.

Horaz bescheinigt Sallustius Crispus, dass es ihm eher um ein gediegenes Ambiente als um einen mit Silberbarren gefüllten Tresor ging:[110]

Farblos ist das Silber, das man im Geiz
in der Erde vergräbt, Sallustius Crispus, du
Gegner des Ungemünzten, wenn es nicht Glanz erhält
durch den Gebrauch im rechten Maß.

Metall war auch eine Quelle seines Reichtums. Plinius rühmt die Qualität des sallustianischen Kupfers, das in den Alpen gefördert wurde und benannt war nach dem Besitzer der Gruben, „dem Freund des Kaisers Augustus".[111]

Lustig macht sich Horaz im ersten Buch seiner Satiren über Sallustius' amouröse Eskapaden. Zwar sei er so vernünftig, die Finger von verheirateten Frauen zu lassen – dringend geboten, wenn man das Wohlwollen des Augustus, der es selbst damit freilich nicht so genau nahm, nicht verlieren wollte –, gebe aber ein Vermögen für Freigelassene aus, die mit weit weniger zufrieden wären.[112] Da diese Satiren zwischen 35 und 33 veröffentlicht wurden und man davon ausgehen kann, dass Crispus zu diesem Zeitpunkt mindestens 20 Jahre alt war, war er höchstens 10 Jahre jünger als Augustus.

6.5 Rabenvater und pater patriae

Nach der Geburt des Agrippa Postumus stand Iulia wieder für die Familienpolitik des Augustus zu Verfügung. „Er sah sich viel und lange, sogar unter Leuten aus dem Ritterstand, nach einer passenden Partie um; seine Wahl fiel auf seinen Stiefsohn Tiberius, den er zwang, sich von seiner Frau [Vipsania Agrippina, der Tochter aus Agrippas erster Ehe], die schwanger war und mit der er bereits ein Kind hatte, scheiden zu lassen."[113] Da Tiberius Agrippina sehr geliebt hatte, verwundert es nicht, dass die von Augustus im Jahr 11 erzwungene Ehe von Anfang an unglücklich verlief. Auch deswegen zog sich Tiberius im Jahr 6 nach Rhodos zurück.

Die inzwischen 33-jährige Iulia war nun endgültig ihrer Rolle als folgsame Tochter überdrüssig – unverzeihlich in den Augen des Augustus. Er schickte sie im Jahr 2 v. Chr. auf eine kleine Insel im Tyrrhenischen Meer in eine trostlose Verbannung, die ihre Mutter Scribonia freiwillig mit ihr teilte.[114] Augustus „nahm seiner Tochter den Weinkonsum und jede luxuriösere Garderobe; er ließ auch nicht zu, dass ein freier Mann oder Sklave sie besuchten, wenn sie ihn nicht gefragt hatten. … Erst nachdem fünf Jahre verstrichen waren, ließ er sie von der Insel aufs Festland bringen und lockerte die Bedingungen ihrer Verbannung etwas. … Als seine [8 n. Chr. verbannte] Enkelin Iulia nach ihrer Verbannung ein Kind zur Welt brachte, verbot er, dass man es anerkenne und großziehe."[115]

Auch wenn Tacitus kein Verständnis für die Sitten- und Ehepolitik des Augustus zeigt, sieht er in den beiden Iulias die Hauptschuldigen dieser Tragödie: „Wenn dem vergöttlichten Augustus das Glück im Hinblick auf den Staat auch gewogen war, so hatte er zu Hause doch viel Unglück wegen des unmoralischen Lebenswandels seiner Tochter und Enkelin, die er aus der Hauptstadt vertrieb und deren Liebhaber er mit Tod oder Verbannung bestrafte. Denn dadurch, dass er ein zwischen Männern und Frauen häufig vorkommendes Fehlverhalten mit den schwerwiegenden Begriffen ‚Verstoß gegen heilige Pflichten' und ‚Majestätsbeleidigung' bezeichnete, ging er über die milde Beurteilung durch unsere Vorfahren und seine eigenen Gesetze hinaus."[116] Einen üblen Beigeschmack erhält die unversöhnliche Härte des Augustus gegenüber Tochter und Enkelin insbesondere dadurch, dass er sich selbst um seine rigorosen Gesetze nie scherte (siehe S. 127).

Das Jahr 2 v. Chr. brachte für Augustus nicht nur den endgültigen Bruch mit seiner Tochter, sondern im Kontrast dazu auch die größte Anerkennung von Volk und Senat. „Die Gesamtheit der Bürger gab ihm spontan und einhellig den Beinamen *pater patriae* [Vater des Vaterlands]. Zuerst tat es die Plebs, zunächst durch eine Gesandtschaft, die sie nach Antium schickte, dann, da er das Angebot ausgeschlagen hatte, in Rom in dem Moment, als er Schauspiele besuchte, zu denen die Leute zahlreich und mit Lorbeerkränzen geschmückt zusammengeströmt waren. Bald folgte der Senat in der Kurie, weder durch einen förmlichen Beschluss noch durch Akklamation, sondern auf die Initiative des Valerius Messalla hin, der im Auftrag aller sagte: ‚Möge dies dir und deinem Haus Glück und Segen bringen, Caesar Augustus! So nämlich glauben wir, ewiges Glück für den Staat und reiche Freude für unsere Stadt zu erbitten: Der Senat begrüßt dich in völliger Übereinstimmung mit dem römischen Volke als Vater des Vaterlands.' Zu Tränen gerührt antwortete ihm Augustus (ich [Sueton] gebe den genauen Wortlaut wieder, wie ich es auch bei Messalla getan habe): ‚Nun, da meine innigsten Gebete Erfüllung gefunden haben, Senatoren, kann ich von den unsterblichen Göttern nur noch erbitten, dass es mir vergönnt sei, diese eure allgemeine Zustimmung bis ans Ende meines Lebens zu genießen.'"[117]

Abb. 34: Augustus und seine Söhne/Enkel

Augustus erweist sich wieder einmal als Meister der Inszenierung: Zum einen die spontane, zunächst zurückgewiesene, dann in feierlichem Rahmen angenommene Ehrung durch das Volk, zum anderen im Senat weder reine Akklamation, noch ein formaler Antrag, der schlecht zum – vorgeblich spontanen – Wunsch des Volks gepasst hätte, sondern die mit Inbrunst vorgetragene Bitte eines Konsulars aus einem alten patrizischen Geschlecht (siehe S. 59), in der nochmals der Konsens von Volk und Senat beschworen wird.

Wie wichtig Augustus diese Ehrung war, zeigt die Tatsache, dass er damit seinen Tatenbericht schließt: „Als ich mein dreizehntes Konsulat verwaltete, gaben mir der Senat, der Ritterstand und das römische Volk einmütig [*universus*] den Titel *pater patriae*. Sie beschlossen, dies solle inschriftlich verzeichnet werden in der Vorhalle meines Hauses sowie in der Curia Iulia und auf dem Augustusforum auf der Basis des Viergespanns, das mir dort gemäß einem Senatsbeschluss errichtet worden war.“[118]

Trotz des Zerwürfnisses mit seiner Tochter schien sich für Augustus alles zum Besten zu fügen. Er stand auf dem Höhepunkt von Ruhm und Ansehen; durch seine beiden Adoptivsöhne schien die Nachfolge geregelt. Eine äußerst umfangreiche Serie von Silber- und Goldmünzen, die Augustus ab 2 v. Chr. prägen ließ, sollte dies überall im Reich verkünden. Auf der Rückseite dieser Münzen stehen – wie auf dem in Abb. 34 gezeigten Aureus – die beiden CAESARES in der Toga, zwischen ihnen zwei Speere und Schilde, welche ihnen die Ritterschaft als den neu gewählten *principes iuventutis*, den Führern der ritterlichen Jugend, überreicht hatte. Die Schöpfkelle (*simpulum*; links, als Zeichen für das Amt des *pontifex*) und der Augurstab (*lituus*, rechts) stehen für die Priesterämter, die sie trotz ihrer Jugend bekleiden. Die (auf der gezeigten Münze nur teilweise lesbare) Revers-Umschrift verrät weiter, dass beide bereits designierte Konsuln sind. Natürlich zeigt die Umschrift, die auf dem Avers das alterslose Porträt des inzwischen über 60-Jährigen umrahmt, den neuen Titel. Sie lautet CAESAR AVGVSTVS DIVI F(ilius) PATER PATRIAE.

Doch die (vermeintliche) Idylle hielt nicht lange. Iulias „zahlreiche Nachkommenschaft wurde weder für sie selbst noch für den Staat zum Segen.“[119]

Epilog

Als sich im Jahr 1 v. Chr. „die Armenier erhoben und die Parther mit ihnen gemeinsame Sache machten, war Augustus darüber beunruhigt und wusste sich keine Hilfe. Denn er selbst war aus Altersgründen zu keinem Feldzug mehr fähig, und Tiberius hatte sich [im Jahr 6 nach Rhodos] zurückgezogen; einen anderen einflussreichen Mann wollte er aber nicht absenden. … In seiner Zwangslage wählte er den [19-jährigen] Gaius und stattete ihn mit einem *imperium proconsulare* aus."[1] Wegen dessen Jugend stellte er ihm Berater an die Seite, von denen wohl Marcus Lollius – der sich als erster Statthalter der Provinz *Galatia* (siehe S. 119) im Osten gut auskannte – einer der wichtigsten war (Sueton nennt ihn *rector*, Velleius *moderator* des Gaius[2]).

Dass Augustus dem Konsular Lollius seinen Enkel und Adoptivsohn anvertraute, beweist, dass er ihn hoch schätzte (und ihm die Niederlage gegen die Germanen nicht nachtrug). Dies verwundert angesichts der Charakterisierung, die wir bei Velleius lesen: Danach „war er ein Mann, dem der Gelderwerb allgemein mehr am Herzen lag als eine ordentliche Amtsführung, und gerade in seinem ausgeprägten Bestreben, seine Fehler zu verheimlichen, höchst verabscheuenswert."[3] In das gleiche Horn stößt Plinius, wenn er über dessen Enkelin Lollia schreibt: „Lollia Paulina, die Gemahlin des Kaisers Gaius [Caligula], sah ich einst … bedeckt mit Smaragden und Perlen, die abwechselnd aneinander gefügt am ganzen Kopf, in den Haaren, Locken, Ohren, am Hals, an den Händen und Fingern glänzten, und deren Wert sich auf 40 Millionen Sesterzen belief. Sie selbst war sogleich bereit, den Kaufpreis durch Rechnungen zu belegen. Und dies waren nicht etwa Geschenke des verschwenderischen *princeps*, sondern von ihrem Großvater ererbte, durch die Plünderung der Provinzen gewonnene Schätze. … Damit seine Enkelin mit einem Schmuck von 40 Millionen Sesterzen glänzen konnte, nahm Marcus Lollius, der wegen der Geschenke der Könige im ganzen Orient berüchtigt war, Gift, als ihm vom Gaius Caesar, dem Sohn des Augustus, die Freundschaft aufgekündigt worden war."[4]

Abgesehen vom sicher vorhandenen Reichtum – der bei einem führenden Senator aber nicht verwundert – und der üblichen Praxis, an Statthalterschaften gut zu verdienen, belegen diese Vorwürfe lediglich, dass Lollius ein Mann von großem Einfluss war. Geschenke verteilten die Könige schließlich nicht wahllos. Auch die sogenannte Lollius-Ode 4.9 des Horaz, die in ihrer „Gesamtaussage in der Forschung höchst umstritten"[5] ist, bringt uns den wahren Marcus Lollius nicht näher.

Lollius scheint das Bauernopfer eines Konflikts zwischen Gaius Caesar und Tiberius geworden zu sein. Lollius riet wohl Gaius (im Sinne des Augustus?) zur Vorsicht gegenüber Tiberius, womit er sich bei diesem (und beim Tiberius-freundlichen Velleius) unbeliebt machte. Als nach einem Treffen der beiden Thronrivalen die Spannungen nicht mehr zu überspielen waren, lenkte man den Unmut auf Lollius,[6] bezichtigte ihn, Urheber der Verstimmung zu sein, untergrub systematisch seinen Ruf und trieb ihn in den Selbstmord.

In guter Erinnerung hatte ihn zumindest die damals zur Provinz *Galatia* gehörende Stadt Sagalassos, wie allein schon die außergewöhnliche Größe der Statue zeigt, die sie „ihrem Patron Marcus Lollius" errichtete.[7] Weil er darauf nicht als Statthalter angesprochen wird, wurde sie höchstwahrscheinlich errichtet, als er als Begleiter des Gaius in Kleinasien weilte.

Als im Jahr 3 n. Chr. der inzwischen 23-jährige Gaius Caesar in Armenien die Stadt Artagira belagerte, veranlasste ihn der Festungskommandant „dicht an die Mauer heranzukommen, so als wolle er ihm ein Geheimnis des Partherkönigs verraten. Dabei fügte er dem Prinzen eine Wunde zu. … Nachdem die Stadt endlich bezwungen wurde, legte sich nicht bloß Augustus, sondern auch Gaius den Titel *Imperator* zu. … Gaius aber erkrankte infolge der Verwundung, und da er auch sonst schon über keine kräftige Gesundheit verfügte und dieser Zustand seine geistigen Fähigkeiten beeinträchtigt hatte, stumpfte ihn sein Leiden weiter ab. Schließlich bat er, ins Privatleben zurückkehren zu dürfen, und zwar wollte er sich irgendwo in Syrien niederlassen. Tief betrübt informierte Augustus daraufhin den Senat vom Wunsch seines Sohnes und forderte den jungen Mann auf, wenigstens nach Italien zu kommen und hier sein Leben nach Belieben zu verbringen."[8] Gaius erreichte Italien nicht mehr. Im Februar des Jahres 4 n. Chr. starb er in einer Hafenstadt an der Südküste Kleinasiens. Dies war für Augustus umso tragischer, als bereits im August des Jahres 2 n. Chr. Gaius' Bruder Lucius in Massilia mit 18 Jahren einer plötzlichen Erkrankung erlegen war.

Der einige Monate nach dem Tod des Agrippa geborene Agrippa Postumus konnte die Lücke nicht schließen. Zwar adoptierte Augustus im Jahr 4 n. Chr. den 15-Jährigen zusammen mit seinem 45-jährigen Stiefsohn Tiberius. Doch schon zwei Jahre später verstieß er Agrippa Postumus „wegen seines ordinären und übermütigen Charakters und verbannte ihn nach Surrentum" (heute Sorrent), im Jahr darauf dann auf die südlich von Elba gelegene Insel Planasia (heute Pianosa). „Jedes Mal, wenn sein Name oder der von einer der beiden Iulias fiel, seufzte er und pflegte sogar folgenden Vers [aus Homers Ilias] zu zitieren: ‚Wäre ich doch ehelos geblieben und ohne Nachkommen gestorben!' Und er sprach von ihnen nur als seinen drei Eiterbeulen und Krebsgeschwüren."[9] Was die beiden Iulias über ihren Vater bzw. Großvater dachten oder sagten, ist leider nicht überliefert.

Nach Seneca habe Augustus immer wieder geklagt: „Nichts davon wäre mir widerfahren, wenn Agrippa oder Maecenas noch am Leben gewesen wäre."[10] Bedenkt man die oben (auf S. 136) geschilderte Gerichtsszene, so hätte ihn Maecenas vielleicht zu einem rücksichtsvolleren Umgang mit seiner Tochter bewogen. (Sallustius Crispus konnte diese Rolle offensichtlich nicht ausfüllen.) Unbestreitbar ist jedenfalls: Wäre Agrippa noch am Leben gewesen, hätte Augustus weder Iulia in die Ehe mit Tiberius treiben noch dessen glückliche Ehe mit Agrippas Tochter Vipsania Agrippina zerstören können.

Nach der Verstoßung des Postumus war klar, dass sich Agrippas Hoffnung und Augustus' Wunsch, ein (leiblicher) Nachkomme könne der nächste *Augustus* werden, nicht

Abb. 35: Caligula ehrt seinen Großvater Agrippa

erfüllen würden. Trotzdem wurde Agrippa der Ahn römischer Kaiser (siehe den Stammbaum auf S. 24): Er ist Großvater des Caligula und Urgroßvater des Nero. Die Abb. 35 zeigt einen von Caligula zu Ehren Agrippas geprägten As. Auf der Rückseite steht Neptun (mit Delfin und Dreizack) für dessen Seesiege. Etwa 40 Jahre später greifen die Kaiser Titus und Domitian diesen Münztyp im Rahmen ihrer Restitutionsprägungen auf, mit denen sie an bedeutende Personen der römischen Geschichte erinnern.

Im Jahr 9 n. Chr. erhielt Augustus eine letzte Hiobsbotschaft. „Insgesamt hat er nur zwei schwere Niederlagen mit Schimpf und Schande erlitten; das war nirgendwo anders als in Germanien: die des Lollius [16 v. Chr.; siehe S. 127] und die des Varus [9 n. Chr.]. Bei der Niederlage des Lollius war die Schmach größer als die Schlappe, die Niederlage des Varus hätte fast das Ende bedeutet, waren doch drei Legionen und ihr Führer, die Legaten und alle Hilfstruppen niedergemacht worden. … Er soll so aus der Fassung gebracht worden sein, dass er Bart und Haare über Monate hat wachsen lassen und manchmal den Kopf gegen die Tür schlug und sagte: ‚Quinctilius Varus, gib mir die Legionen wieder!' Und den Tag der Niederlage soll er jedes Jahr in Schwermut und ganz traurig verbracht haben.“[11]

Augustus gab zwar nie das Heft aus der Hand, entzog sich jedoch zunehmend offiziellen Verpflichtungen. Die so gewonnene Ruhe wusste er angenehm zu gestalten. Sueton beschreibt Augustus als begeisterten Würfelspieler. Gespielt wurde dabei mit vier Würfelknöchelchen (*tali*, Knochen aus dem Sprunggelenk bestimmter Tiere; siehe Abb. 36), die jeweils vier Seiten besaßen. Die beiden breiteren trugen die Werte 3 und 4, die schmaleren die Werte 1 und 6. Mit vier Einsen würfelte man einen „Hund“, bei einer „Venus“ zeigte jeder Würfel einen anderen Wert. Dass eine Venus der beste Wurf ist, verrät Martial:[12]

Wenn dir kein Würfel dieselbe Seite zeigt,
wirst du sagen, ich hätte dir ein großes Geschenk gemacht.

Schon während des sizilischen Kriegs wurden über Octavians Würfelleidenschaft Witze gemacht. In Rom kursierte damals dieser Zweizeiler:[13]

Nachdem er zweimal zu Wasser besiegt die Schiffe verloren hat,
verlegt er sich nun aufs Würfelspiel, um endlich einmal zu siegen.

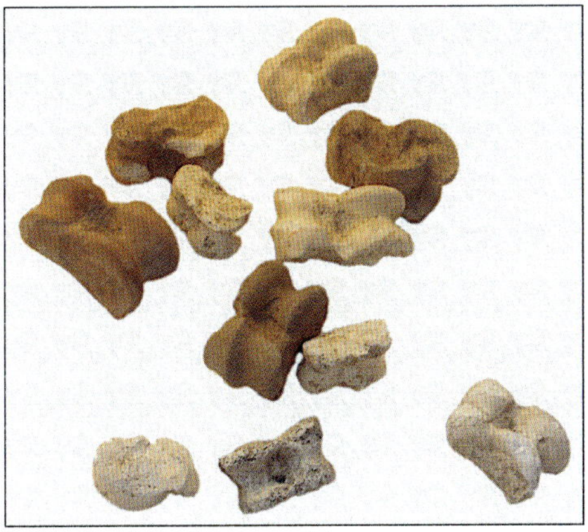

Abb. 36: Würfel

Dies dürfte ihm nicht gefallen haben. Doch im Unterschied zu den Gerüchten über seine anderen Leidenschaften machte Augustus „das Gerede von seinem Hang zum Würfelspiel keine Angst. Noch als alter Mann spielte er offen und ehrlich nur zum Zeitvertreib, und zwar nicht nur im Dezember [in dem es während der Saturnalien erlaubt war], sondern auch in anderen Monaten, an Fest- und Werktagen. In einem Brief, den er selbst geschrieben hat, heißt es: ‚Ich habe mit den Personen gespeist, mit denen ich immer zu Tische liege, mein lieber Tiberius; als Gäste gesellten sich Vinicius und der ältere Silius hinzu. Zwischen den Gängen spielten wir gestern wie heute, wie es sich für Greise schickt. Wir würfelten nämlich so, dass jeder, der einen Hund oder eine Sechs geworfen hatte, für jeden Würfel einen Denar in die Mitte legen musste, die konnte dann alle der einstecken, der eine Venus geworfen hatte.‘“[14]

Sehen wir uns die beiden Mitspieler Marcus Vinicius und Publius Silius Nerva etwas näher an. Vinicius war ein *homo novus* aus der kampanischen Kleinstadt Cales.[15] Silius Nerva entstammte einer wenig bekannten senatorischen Familie. Sein Vater hatte die Prätur erreicht und war im Jahr 51 Statthalter der Provinz *Pontus et Bithynia* (siehe Abb. 27 auf S. 115), wie wir aus seiner Korrespondenz mit Cicero wissen, der zu dieser Zeit Statthalter der (später aufgelösten) Provinz *Cilicia* im südlichen Kleinasien war.[16] Silius wurde im Jahr 20 *consul ordinarius*, Vinicius im Jahr darauf *consul suffectus*. Wegen ihrer (eher bescheidenen) Herkunft kann man davon ausgehen, dass beide in ihrem Konsulatsjahr über 40 Jahre und damit etwa so alt wie Augustus waren.

Das Konsulat hatte sich Marcus Vinicius durch militärische Leistungen verdient (siehe S. 119). Auch als Konsular war er nicht untätig. Zum Jahreswechsel 13/12 sehen wir ihn als Prokonsul an der Seite Agrippas bei dessen letzter Unternehmung (siehe S. 132).[17] Danach wurde Vinicius Statthalter der Provinz *Illyricum*, die später in die Provinzen *Dalmatia* und *Pannonia* geteilt wurde. Eine in Tusculum gefundene Inschrift[18] hält fest, dass er in dieser Funktion „als erster die Donau überschritten“ und feindliche Heere besiegt habe. Von 1 bis 4 n. Chr. – als Tiberius das Kommando in Germanien übernahm – befehligte er die römischen Truppen am Rhein, wo „ein gewaltiger Krieg entbrannt war. Vinicius hatte diesen Krieg auf einigen Schauplätzen glücklich geführt, an anderen Orten erfolgreich die Stellung gehalten, und man hatte ihm deswegen die *ornamenta triumphalia*, die Insignien eines Triumphators, verliehen nebst einer höchst ruhmvollen Inschrift über seine Taten."[19] Da Triumphe inzwischen dem Kaiserhaus vorbehalten waren, war dies die höchste für ihn erreichbare Ehrung.

Von Silius erfahren wir vor seinem Konsulat nichts. Unmittelbar danach war er einige Jahre auf der iberischen Halbinsel im Einsatz, zunächst in dem von Agrippa geführten Krieg (siehe S. 126), danach als Statthalter der Provinz *Hispania Tarraconensis*, wo er dazu beitrug, die einst so kriegerische Provinz „sogar vom Räuberunwesen zu befreien".[20] Im Jahr 16 bekämpfte er als Prokonsul der Provinz *Illyricum* in Norditalien eingefallene Alpenstämme. Im Gegensatz zu dem im folgenden Jahr von Augustus veranlassten Feldzug seiner beiden Stiefsöhne Drusus und Tiberius – der später zur Errichtung der Provinz *Raetia* führte – weiß man über die Aktionen des Silius im Alpenraum allerdings nur wenig.[21] Es spricht aber manches dafür, dass sie der Vorbereitung dieses Feldzugs, insbesondere der Erkundung des Geländes dienten. Die Pannonier nutzten die Abwesenheit des Silius und „überfielen im Verein mit den Norikern Istrien; die ersteren ergaben sich indes freiwillig, nachdem Silius und seine Unterführer ihnen schweren Schaden zugefügt hatten, und schafften es auch, dass die Noriker in die gleiche Sklaverei gerieten."[22]

Ihre Freundschaft mit dem Kaiser brachte auch den Familien der beiden Würfelpartner eine glänzende Zukunft – bis Valeria Messalina, die berühmt-berüchtigte dritte Gattin von Kaiser Claudius (siehe den Stammbaum auf S. 61), verhängnisvoll eingriff.

Vinicius' Sohn Publius wurde 2 n. Chr. *consul ordinarius*, seinem Enkel Marcus gelang dies sogar zweimal, zunächst 30 n. Chr. unter Kaiser Tiberius, der ihn 33 mit seiner Adoptivenkelin (und Agrippas Enkelin) Iulia Livilla (siehe den Stammbaum auf S. 24) verheiratete, dann 45 n. Chr. unter Kaiser Claudius. Ein friedliches Ende war ihm wohl nicht beschieden: Nach Dio wurde er von Messalina vergiftet.[23]

Ein anderer Zweig der Vinicii erlangte das Konsulat schon vor Marcus. Ein Lucius Vinicius war 33 *consul suffectus* (zusammen mit Quintus Laronius); dessen gleichnamiger Sohn erreichte dieses Amt im Jahr 5. Von letzterem erfahren wir bereits im Jahr 16, in dem er Münzmeister war und den in Abb. 37 gezeigten Denar prägen ließ. Seinen Namen lesen wir auf der Rückseite links vom Gedenkstein, dessen (nur aus Abkürzungen bestehende) Inschrift Augustus für von ihm selbst finanzierte Straßenbaumaßnahmen rühmt. Die Vorderseite ziert eine Reiterstatue des Kaisers vor einer Stadtmauer. Vier Jahre später verschwanden die Namen der Münzmeister von den Edelmetallprägungen.

Sueton berichtet von einer Begebenheit, die (dem jüngeren) Lucius Vinicius eine Rüge des Augustus einbrachte: Augustus verbot seiner Tochter und seinen Enkelinnen „den Umgang mit Leuten, die nicht zum Haus gehörten, so dass er sogar einmal an Lucius Vinicius, einen ausgezeichneten Mann aus vornehmer Familie, schrieb, er habe schickliches Betragen sehr vermissen lassen, indem er nach Baiae gekommen sei, um seiner Tochter die Aufwartung zu machen."[24] Vinicius scheint ein guter Anwalt gewesen zu sein: „Kein rö-

Abb. 37: Denar des Lucius Vinicius

mischer Bürger reagierte beim Plädoyer vor Gericht scharfsinniger als er. Was andere lange Überlegungen gekostet hätte, brachte ihm sein erster Gedanke."[25]

Auch die Nachkommen des Publius Silius hielten sich lange an der Spitze des Senats. Ein Sohn wurde im Jahr 3 n. Chr. *consul suffectus*, ein zweiter vier, ein dritter zehn Jahre später *consul ordinarius*. Aufsehen erregte der Sohn Gaius des letzteren als designierter Konsul unter Kaiser Claudius, nachdem sich Valeria Messalina für ihn, „den schönsten jungen Mann in Rom",[26] zu interessieren begann. „Sie kam ständig und zwar nicht heimlich, sondern mit großem Gefolge in sein Haus, hängte sich an ihn, wenn er ausging, schenkte ihm reichlich Geld und Ehrenämter; zuletzt konnte man so, als ob die Herrschaft schon auf ihn übergegangen sei, Sklaven, Freigelassene und was sonst einem *princeps* zur Verfügung steht, bei dem Ehebrecher sehen."[27] Das Ende war unausweichlich: Messalina wurde erstochen, Silius verurteilt und hingerichtet.[28]

Dass nicht jeder engere Vertraute des Augustus Spuren in den Werken der Geschichtsschreiber hinterlassen hat, zeigt exemplarisch Paullus Fabius Maximus. Obwohl Mitglied eines Patriziergeschlechts, das seine Abstammung auf einen Sohn des Herkules zurückführte,[29] kennen wir aus Inschriften nur einige spärliche Daten seiner Laufbahn: einen Aufenthalt in Spanien im Gefolge Octavians,[30] sein Konsulat im Jahr 11 und die wenig später folgende Statthalterschaft in der Provinz *Asia*. Bekannt war er für seine Liebe zur Kunst, die sich in großzügiger Unterstützung der Dichter äußerte.[31] Dass er zum engeren Kreis um Augustus gehörte, lässt sich aus den klagenden „Briefen" Ovids erahnen, die dieser ihm vom Schwarzen Meer schickte – in der (vergeblichen) Hoffnung, er könne beim Kaiser die Aufhebung seiner Verbannung erwirken:[32]

> *Maximus, der du erfüllst das Maß solch mächtigen Namens,*
> *der du den Rang des Geschlechts mehrst durch den Adel des Geists,*
> ...
> *Hier nun werd' ich bereits vom vierten Winter gepeinigt,*
> *kämpfe mit Pfeilen und Frost, kämpfe mit meinem Geschick.*
> ...

Solches zu hören, das könnte den Sinn des Kaisers bewegen,
Maximus – wenn es zuvor hätte den deinen bewegt;
möge, so fleh' ich, dein Wort des Erhabenen Ohren begüten,
das ja Verklagten zumeist Hilfe in Nöten erweist:
so mit jenem dir eigenen Zauber der kundigen Rede
rühre des Mannes Gemüt, welcher den Himmlischen gleicht!

Ovid rühmt darin Fabius Maximus als erfolgreichen, redegewandten Anwalt; der ältere Seneca stuft dessen rhetorisches Talent dagegen eher als mäßig ein.[33]

Erst ein von Tacitus berichtetes Ereignis kurz vor Augustus' Tod am 19. August 14 n. Chr. zeigt uns Fabius Maximus als engen Freund des Kaisers – ironischerweise jenes, das ihn diese Freundschaft kostet. Grund war eine Indiskretion, die in Livia Sorgen um die Zukunft ihres Sohnes Tiberius geweckt und damit zu Unruhe im Kaiserhaus geführt hatte. „Es war nämlich das Gerücht aufgekommen, wenige Monate vorher sei Augustus unter großer Geheimhaltung mit Fabius Maximus als einzigem Begleiter nach [der Insel] Planasia gefahren, um Agrippa [Postumus] zu besuchen. Viele Tränen seien dort auf beiden Seiten geflossen und Beweise der Zuneigung ausgetauscht worden; dies habe die Hoffnung genährt, der junge Mann werde wieder in das Haus des Großvaters aufgenommen. Das habe Maximus seiner Frau Marcia anvertraut und die der Livia. Davon habe der Caesar erfahren. Und als nicht viel später Maximus ums Leben gekommen sei, wobei unklar blieb, ob er den Tod selbst suchte, habe man bei seinem Begräbnis Marcia jammern hören, sie mache sich Vorwürfe, schuld am Tod ihres Mannes zu sein."[34] Nach Plutarch war es wohl Selbstmord, da ihm Augustus seine Freundschaft aufgekündigt hatte. Beim morgendlichen Empfang habe dieser auf seinen Gruß „Ave, Caesar!" lakonisch „Vale, Fabi!" (Lebe wohl, Fabius!) geantwortet.[35] Der Karriere seines Sohnes Paullus Fabius Persicus scheint dies nicht geschadet zu haben. Er wurde unter Tiberius im Jahr 34 n. Chr. *consul ordinarius* – zusammen mit Lucius Vitellius, dem Vater des späteren Kaisers.

Nach der Machtübernahme des Tiberius galt es, die Herrschaft abzusichern. Wie Octavian Caesars (angeblichen) Sohn Caesarion hatte umbringen lassen, wurde jetzt Agrippa Postumus, der (zeitweilige) Adoptivsohn des Augustus, beseitigt:[36] „Die erste Untat des neuen Prinzipats war die Ermordung des Postumus Agrippa. … Keine Erklärung gab Tiberius in dieser Angelegenheit vor dem Senat ab: Er tat so, als habe es Befehle seines Vaters gegeben, mit denen dieser den wachhabenden Tribun anwies, Agrippa unverzüglich umzubringen, sobald für ihn selbst die letzte Stunde geschlagen habe." Tacitus bezweifelt die Existenz einer solchen Anweisung. „Zweifellos hatte sich Augustus häufig bitter über den Lebenswandel des jungen Mannes beklagt und damit erreicht, dass dessen Verbannung durch Senatsbeschluss bestätigt wurde; aber er griff nie so hart durch, dass er einen seiner Angehörigen hätte ermorden lassen. Es war auch nicht glaubhaft, dass der Enkel für die Sicherheit des Stiefsohns umgebracht worden sei. Näher kommt der Wahrheit, Tiberius und Livia hätten – er aus Furcht, sie aus stiefmütterlichen Hassgefühlen – den verdächtigen und verhassten jungen Mann schnell beseitigen lassen. Dem Zenturio, der, wie beim

Militär üblich, die Ausführung seines Befehls meldete, gab er zur Antwort, er habe keinen Befehl erteilt. … Als der an der geheimen Aktion beteiligte Sallustius Crispus – er hatte dem Tribun den schriftlichen Auftrag übermittelt – davon erfuhr, warnte er aus Furcht, er werde als Schuldiger vorgeschoben, … Livia davor, Familiengeheimnisse, Ratschläge von Freunden und Dienstleistungen von Soldaten in die Öffentlichkeit zu tragen."

Die Behauptung des Tacitus, der Mord an Agrippa Postumus sei für die Sicherheit des Tiberius keinesfalls nötig gewesen, widerlegt sein eigener Bericht über ein Ereignis aus dem Jahr 16 n. Chr.,[37] das fast „den Staat durch Uneinigkeit und Bürgerkrieg in seinen Grundfesten erschüttert" hätte. Als sich nämlich ein Sklave des Postumus, der „von Alter und Körperbau seinem Herrn nicht unähnlich" war, in verschiedenen Landstädten zeigte, „verbreitete sich in Italien die Nachricht, durch die Gnade der Götter sei Agrippa gerettet worden. … Schon bereitete ihm nach seiner Landung in Ostia eine riesige Menschenmenge einen feierlichen Empfang, schon kam es in der Hauptstadt zu geheimen Versammlungen, während Tiberius die Frage umtrieb, ob er mit militärischer Macht seinen eigenen Sklaven in Schranken weisen oder die unbegründete Leichtgläubigkeit sich mit der Zeit verflüchtigen lassen solle. … Schließlich betraute er Sallustius Crispus mit der Angelegenheit. Der wählte von seinen Klienten zwei aus – einige Autoren sprechen auch von Soldaten – und wies sie an, Komplizenschaft vorzutäuschen, sich auf diese Weise an ihn heranzumachen, Geld anzubieten und Treue in gefährlichen Situationen zu versprechen. Sie verfuhren, wie befohlen. Dann warteten sie eine Nacht ab, in der er ohne Bewachung war, übernahmen eine zuverlässige Einheit und schleppten ihn gefesselt und geknebelt in den Palast. Auf die Frage des Tiberius, wie er Agrippa geworden sei, soll er geantwortet haben: ‚So wie du Caesar.' … Tiberius wagte nicht, ihn öffentlich zu bestrafen, sondern ließ ihn in einem abgelegenen Teil des Palastes umbringen und seinen Leichnam heimlich beseitigen."

Keine machtpolitische Rechtfertigung lässt sich für das Verhalten des neuen Kaisers gegenüber seiner einstigen Gattin Iulia finden. Als sie erfuhr, dass Tiberius sie nicht begnadigen, sondern ihr im Gegenteil das Leben noch schwerer machen würde,[38] verlor die 52-Jährige jeglichen Lebensmut. Sie starb unter ungeklärten Umständen wenige Monate nach ihrem Vater; mutmaßlich setzte sie ihrem Leben selbst ein Ende.

Sallustius Crispus war beim Tod des Augustus an die 70 Jahre alt. Offensichtlich lebte er noch viele Jahre. Nach Tacitus bestand nämlich seine Freundschaft mit Tiberius bis ins hohe Alter, „allerdings mehr nach außen hin, als dass sie noch eine wirkliche Bedeutung gehabt hätte. So war es auch Maecenas ergangen, weil das Schicksal nur selten eine dauernde Machtposition verleiht; das mag daran liegen, dass Überdruss entweder die einen erfasst, wenn sie alles gewährt haben, oder die anderen, wenn es schon nichts mehr gibt, was sie noch wünschen könnten."[39] Für ihre zunehmende Bedeutungslosigkeit kann Tacitus allerdings weder bei Maecenas, noch bei Sallustius Crispus – der Dio und Sueton keiner Erwähnung wert war – einen Beleg liefern. Die Karriere des von Sallustius Crispus adoptierten Passienus Crispus spricht jedenfalls gegen schwindenden Einfluss. Dieser wurde zweimal Konsul, Gatte der jüngeren Agrippina und damit Stiefvater des Kaisers Nero, dem er sein großes Vermögen vermachte.[40]

Anmerkungen

Vorwort – Helfer, Freunde, Verwandte

1 Sueton, *De vita Caesarum*, Divus Iulius 53.
2 Sonnabend [136], S. 10.
3 Syme [143], S. 28.
4 Cicero, *Ad Atticum* 1.18.1.
5 Velleius Paterculus, *Historia Romana* 2.121.3.
6 Velleius Paterculus, *Historia Romana* 2.124.4.

Vor den Iden des März

1 Cicero, *Ad familiares* 6.12.2.
2 Plutarch, Caesar 17.
3 Tacitus, Annalen 12.60.4.
4 Cicero, *Ad familiares* 6.8.1.
5 Strabo, Geografie 3.5.3.
6 Cicero, *Pro Balbo* 6.
7 Cicero, *Pro Balbo* 56.
8 Cicero, *Pro Balbo* 64.
9 Cicero, *Pro Balbo* 58f.
10 Cicero, *Pro Balbo* 63f.
11 Cicero, *Pro Balbo* 65.
12 Sueton, *De vita Caesarum*, Divus Iulius 81.
13 Die Provinz wurde von Augustus in die Provinzen *Hispania Lusitania* und *Hispania Baetica* aufgeteilt (siehe Abb. 27 auf S. 115).
14 *Praefectus fabrum*, ursprünglich der Kommandant der Pioniertruppen, war zu einem Titel für einen Verwaltungsposten geworden.
15 Cicero, *Ad Atticum* 2.3.3f.
16 Plinius, *Naturalis historia* 7.31.
17 Sueton, *De vita Caesarum*, Divus Iulius 77.
18 Cicero, *Ad Quintum fratrem* 3.1.9,12.
19 Cicero, *Pro Rabirio Postumo* 47.
20 Cicero, *Pro Rabirio Postumo* 3.
21 Cicero, *Pro Sestio* 53.113.
22 Cicero, *Ad Quintum fratrem* 3.4.1.
23 Siehe Cicero, *Ad Atticum* 4.16.6 und 4.17.2.
24 Cassius Dio, Römische Geschichte 40.46 (3).
25 Cicero, *Pro Rabirio Postumo* 22f.
26 Allerdings herrscht Unsicherheit darüber, in welchen Briefen der dort genannte Postumus oder Curtius der uns interessierende Mann ist. Die von Dessau [39], White [161], Syme [147] und Siani-Davies [133] vorgetragenen Argumente fasst Klodt in [77] sehr gut zusammen. Im Folgenden wird davon ausgegangen, dass es sich bei dem von Cicero für ein Militärtribunat empfohlenen Mann und bei dem inschriftlich bekannten Prokonsul Rabirius um andere Personen handelt, hingegen der in Caesars *De bello Africo* erwähnte Rabirius Postumus der uns interessierende ist (siehe die Argumentation von Siani-Davies).
27 Cicero, *Pro Rabirio Postumo* 40.

28 Cicero, *Pro Rabirio Postumo* 41.
29 Cicero, *Pro Rabirio Postumo* 43.
30 Plutarch, Caesar 17. Sueton (*De vita Caesarum*, Divus Iulius 72) spricht von einer plötzlichen Erkrankung.
31 Siehe etwa Cicero, *Ad Quintum fratrem* 3.1.8.
32 Cicero, *Ad Atticum* 4.16.8.
33 Cicero, *Ad familiares* 7.15.2.
34 Plinius, *Naturalis historia* 12.6. Bisweilen wird vermutet, dass es sich bei dem von Plinius genannten Mann um einen Verwandten unseres Matius handelt, was aber kaum zu dessen Charakterisierung als Freund des Augustus passt.
35 Cicero, *Ad Atticum* 5.1.2.
36 Cicero, *Ad Atticum* 5.5.2.
37 Cicero, *Ad Atticum* 7.3.11.
38 Cicero, *Ad Atticum* 8.3.5.
39 Cicero, *Ad Atticum* 9.10.2.
40 Cicero, *Ad Atticum* 8.9.4.
41 Cicero, *Ad Atticum* 8.15A.1.
42 Cicero, *Ad Atticum* 9.7B.2.
43 Cicero, *Ad Atticum* 9.11.2.
44 Siehe Cicero, *Ad Atticum* 9.12.
45 Cicero, *Ad Atticum* 9.15.6.
46 Cicero, *Ad Atticum* 9.2a und 9.5.
47 Cicero, *Ad familiares* 2.16.7.
48 Cicero, *Ad Atticum* 2.5.2.
49 Cicero, *Ad Atticum* 10.18.2.
50 Caesar, *De bello civili* 3.34–36.
51 Siehe Caesar, *De bello civili* 3.89.
52 Plutarch, Cicero 38.
53 Cicero, *Ad Atticum* 11.5.3.
54 Cicero, *Ad Atticum* 11.6.3.
55 Cicero, *Ad Atticum* 11.7.2.
56 Cicero, *Ad Atticum* 11.9.
57 Caesar, *De bello Alexandrino* 34.1 und Appian, Die Bürgerkriege 2.91.381.
58 Plutarch, Caesar 50.
59 Plutarch, Cicero 39.
60 Sueton, *De vita Caesarum*, Divus Iulius 83.
61 Caesar, *De bello Gallico* 2.2.1 und 2.11.3.
62 Zur Bewerbung und zu seiner ritterlichen Herkunft siehe Cicero, *Pro Plancio* 17.
63 Cicero, *Ad Atticum* 9.14.
64 Cicero, *Ad Atticum* 9.18.3. Lesart allerdings unsicher.
65 Nikolaos V.13.
66 *De bello Africo* 86.3.
67 *De bello Africo* 8.1.
68 *De bello Africo* 26.3.
69 Nikolaos VII.16.
70 Siehe Cassius Dio, Römische Geschichte 41.62 (2).
71 Siehe Tacitus, Annalen 1.3.1 und Plinius, *Naturalis historia* 7.6. Aus dem bei Plinius angegebenen Sterbealter errechnet sich sein Geburtsdatum.
72 Siehe etwa CIL II.474.
73 Siehe Cassius Dio, Römische Geschichte 55.8 (4).

74 Siehe Cassius Dio, Römische Geschichte 43.31 (1).
75 Nikolaos XI.25.
76 Plutarch, Marcus Antonius 11.
77 Cassius Dio, Römische Geschichte 43.42.
78 Appian, Die Bürgerkriege 4.83; daraus auch das folgende Zitat.
79 Appian, Die Bürgerkriege 1.93.433. Der uns interessierende Sohn dürfte also um 85 geboren sein. Dies und seine spätere Laufbahn lassen vermuten, dass er unter Caesar die Prätur erreicht hatte.
80 Nikolaos XXII.77.
81 Sueton, *De vita Caesarum*, Divus Iulius 83.
82 Siehe Nikolaos XV.35. Der Senat hatte Caesar mit der *lex Cassia* ermächtigt, Bürger in den Patrizierstand zu erheben (Tacitus, Annalen 11.25.2).
83 Plutarch, Marcus Antonius 8.
84 Siehe Cassius Dio, Römische Geschichte 43.51 (7). Die kontroverse Diskussion zu dieser Frage fasst Gesche [54] überzeugend zusammen; zu Calvinus siehe insbesondere S. 473.
85 Appian, Die Bürgerkriege 3.9.30f.
86 Sueton, *De vita Caesarum*, Divus Augustus 89.
87 Velleius Paterculus, *Historia Romana* 2.59.5.
88 Velleius Paterculus, *Historia Romana* 2.76.4: *obscurissimis initiis*; ähnlich Cassius Dio, Römische Geschichte 48.33 (2).
89 Syme ([146], S. 229) schließt dies aus dort gefundenen Grabinschriften von Freigelassenen mit den ebenso seltenen Namen Salvidenus bzw. Salvidena.
90 Cicero, *Ad Atticum* 13.50.1.
91 Siehe Cicero, *Ad Atticum* 13.45f.
92 Cicero, *Ad Atticum* 13.52.1.
93 Siehe Cicero, *Ad Atticum* 9.15.4.
94 Siehe Sueton, *De vita Caesarum*, Divus Iulius 6.
95 Siehe Velleius Paterculus, *Historia Romana* 2.61.3. In Münzkatalogen liest man meist, dass das Reiterstandbild dem Erbauer des abgebildeten Aquädukts errichtet wurde. Dagegen überzeugend Hölscher [67], S. 339f.
96 Cicero, *Oratio Philippica* 6.13.
97 Frontinus, *De aquaeductu urbis Romae* 7.
98 Plinius, *Naturalis historia* 31.24.
99 Syme [149], S. 435.
100 Siehe CIL VI.40940 und Itgenshorst [70], S. 455.
101 Nach CIL XI.1362 ist er *ultimus gentis suae.*

Octavians Weg zum Konsulat

1 Cicero, *Ad familiares* 6.15.
2 Siehe Appian, Die Bürgerkriege 2.143.596 und Sueton, *De vita Caesarum*, Divus Iulius 83.
3 Sueton, *De vita Caesarum*, Divus Iulius 85.
4 Nepos, Atticus 5.3.
5 Cicero, *Ad Atticum* 14.1.1.
6 Cicero, *Ad Atticum* 14.3.
7 Cicero, *Ad Atticum* 1.5.7.
8 Cicero, *Ad Atticum* 14.4.
9 Cicero, *Ad Atticum* 14.5.1.
10 Appian, Die Bürgerkriege 3.9.32. Dass die Nachricht von seiner Mutter kam, berichtet Nikolaos XVI.37.
11 Velleius Paterculus, *Historia Romana* 2.59.5.
12 Nikolaos XVI.43.

13 Siehe Cassius Dio, Römische Geschichte 45.3 (2).
14 Appian, Die Bürgerkriege 3.10.35.
15 Nikolaos XVII.47f.
16 Nikolaos XVII.50.
17 Nikolaos XVIII.51.
18 So die Überlegungen in Alföldi [3].
19 Nikolaos XVIII.53.
20 Appian, Die Bürgerkriege 3.11.38.
21 Nikolaos XVIII.57.
22 Cicero, *Ad Atticum* 14.9.3.
23 Cicero, *Ad Atticum* 14.10.1.
24 Cicero, *Ad Atticum* 14.11.2.
25 Cicero, *Ad Atticum* 14.12.2.
26 Cicero, *Ad familiares* 16.27.
27 Siehe Cicero, *Ad Atticum* 14.16.1.
28 Siehe Cicero, *Ad Atticum* 2.1.11.
29 Cicero, *Ad Atticum* 14.17.6.
30 Appian, Die Bürgerkriege 3.23.88f.
31 Nikolaos XXXI.132.
32 Cicero, *Ad Atticum* 14.20.4f.
33 Cicero, *Ad Atticum* 14.21.2–4.
34 Cicero, *Ad Atticum* 14.22.1.
35 Cicero, *Ad Atticum* 15.1.3.
36 Cicero, *Ad Atticum* 15.2.3.
37 Cicero, *Ad familiares* 12.2.2.
38 Cicero, *Oratio Philippica* 3.25.
39 Auch in Antium besaß Cicero früher eine Villa, die er jedoch inzwischen verkauft hatte (siehe *Ad Atticum* 9.9.4 und 13.47).
40 Cicero, *Ad Atticum* 5.21 und 6.1.
41 Cicero, *Ad Atticum* 15.11.3.
42 Cicero, *Ad Atticum* 15.12.2.
43 Cicero, *Ad Atticum* 15.16a.
44 Cicero, *Ad Atticum* 15.17.2.
45 Cicero, *Ad Atticum* 15.18.2.
46 Cicero, *Ad Atticum* 15.20.3.
47 Cicero, *Ad Atticum* 15.21.3.
48 Cicero, *Ad Atticum* 15.25.
49 Cicero, *Ad familiares* 11.29.1.
50 Cicero, *Ad Atticum* 15.29.1.
51 Cicero, *Ad Atticum* 16.5.3.
52 Siehe Cicero, *Ad Atticum* 16.3.6.
53 Plinius, *Naturalis historia* 2.23.
54 Cicero, *Ad Atticum* 16.7.1.
55 Plutarch, Cicero 43.
56 Cicero, *Ad Brutum* 3.4.
57 Cicero, *Ad familiares* 12.25.4.
58 Cicero, *Oratio Philippica* 1.29.
59 Zur Datierung siehe etwa Heuss [63], Kytzler [82] oder Shackleton Bailey in [30].
60 Cicero, *Ad familiares* 11.27.
61 Cicero, *Ad familiares* 11.28.

62 Cicero, *Ad Atticum* 15.13.1,7.
63 Cicero, *Ad Atticum* 16.8.1f.
64 Appian, Die Bürgerkriege 3.43.
65 Augustus, *Res gestae* 1.
66 Cicero, *Ad Atticum* 16.9.
67 Cicero, *Ad Atticum* 16.13b.
68 Cicero, *Ad Atticum* 16.15.3.
69 Cicero, *Oratio Philippica* 5.42–51.
70 Appian, Die Bürgerkriege 3.51.209.
71 Cicero, *Ad familiares* 10.30.5.
72 Cassius Dio, Römische Geschichte 46.40 (1).
73 Cicero, *Ad Brutum* 23.9.
74 Cicero, *Ad familiares* 11.14.3.
75 Cicero, *Ad familiares* 11.26.
76 Siehe Cicero, *Ad familiares* 10.24.
77 Cicero, *Ad Brutum* 20.1.
78 Livius, *Ab urbe condita* 7.26.
79 Sueton, *De vita Caesarum*, Divus Augustus 31. Dass Valerius Corvus einer der so Geehrten war, weiß Gellius (*Noctes Atticae* 9.11.10).
80 Cicero, *Ad Brutum* 23.1.
81 Sueton, *De vita Caesarum*, Tiberius 70. Sueton nennt Corvinus *senex*; doch bedenkt man sein Sterbejahr, kann er höchstens 30 Jahre älter als Tiberius gewesen sein.
82 Cicero, *Ad Brutum* 12.2.
83 Die beiden folgenden Zitate aus Cicero, *Ad Brutum* 18.
84 Siehe Cassius Dio, Römische Geschichte 46.42 (2).
85 Appian, Die Bürgerkriege 3.88.365.
86 Appian, Die Bürgerkriege 3.89.368.
87 Cassius Dio, Römische Geschichte 46.44 (4f.).
88 Cassius Dio, Römische Geschichte 46.45 (2).
89 Siehe Appian, Die Bürgerkriege 3.94.387.
90 In Münzkatalogen ist meist von zwei solchen Stühlen die Rede. Da aber ein kurulischer Stuhl auf römischen Münzen – mangels Beherrschung der Perspektive – stets wie hier abgebildet wird und auch nur eine einzige Sitzfläche zu sehen ist, ist dies wohl nicht richtig.
91 Cassius Dio, Römische Geschichte 46.46 (1).
92 Siehe auch die überzeugende Argumentation bei Alföldi [2], S. 488f. In diesem Artikel auch ausführliche Überlegungen zu den im Jahr 43 geprägten Goldmünzen.
93 Siehe Badian [10] sowie Münzer [103], S. 223 Anm. 1 und S. 235.
94 Cassius Dio, Römische Geschichte 46.45 (5).
95 Cicero, *Ad Caesarem iuniorem* 1.15=2.25 A.
96 Plutarch, Cicero 46.
97 Plutarch, Brutus 27.
98 Siehe Cassius Dio, Römische Geschichte 46.49; daraus auch das folgende Zitat.
99 Ein Indiz ist eine Erwähnung des Salvidienus in Ciceros Briefsammlung (*Ad Brutum* 25.4). Auch wenn der Brief wohl nachträglich eingefügt wurde, ist die Erwähnung des Salvidienus gerade angesichts seines späteren Schicksals nicht ohne Beweiskraft.

Das Zweite Triumvirat

1 Cassius Dio, Römische Geschichte 46.52 (2).
2 Appian, Die Bürgerkriege 3.96.396f.

3 Velleius Paterculus, *Historia Romana* 2.64.1. Die Geschichtsschreiber schildern seinen Tod unterschiedlich.
4 Plutarch, Cicero 46.
5 Appian, Die Bürgerkriege 4.2.6f.
6 Ventidius Bassus, der nach Appian Octavian als Konsul ablöste, führte schon im Jahr 41 Truppen gegen ihn (siehe Appian, Die Bürgerkriege 5.31–50).
7 Nikolaos XXVI.96.
8 Siehe etwa Cicero, *Oratio Philippica* 13.2.
9 Siehe Cicero, *Oratio Philippica* 3.26.
10 Seneca, *Epistulae morales* 27.5f.
11 Tacitus, Annalen 6.9.3.
12 Cassius Dio, Römische Geschichte 59.18.
13 CIL XI.4772.
14 CIL I^2, S. 64.
15 Appian, Die Bürgerkriege 4.5.16–18.
16 Appian, Die Bürgerkriege 4.6.22.
17 Appian, Die Bürgerkriege 4.6.25.
18 Appian, Die Bürgerkriege 4.5.20.
19 Appian, Die Bürgerkriege 4.12.45.
20 Appian, Die Bürgerkriege 4.37.155.
21 Appian, Die Bürgerkriege 4.19.73.
22 Livius, Ab urbe condita 120 (*Suasoriae* 6.17 des älteren Seneca).
23 Appian, Die Bürgerkriege 4.20.82f.
24 Appian, Die Bürgerkriege 4.85.355–357.
25 Cassius Dio, Römische Geschichte 48.18 (1f.).
26 CIL X.8337.
27 Appian, Die Bürgerkriege 4.85.359–361.
28 Cassius Dio, Römische Geschichte 48.18 (4).
29 Cassius Dio, Römische Geschichte 48.19 (1).
30 Cicero, *Oratio Philippica* 11.12.
31 Die folgenden Zitate aus Appian, Die Bürgerkriege 4.87.368–4.107.447.
32 Plutarch, Brutus 40.
33 Velleius Paterculus, *Historia Romana* 2.70.1f.
34 Plutarch, Brutus 42 und 45.
35 Plinius, *Naturalis historia* 7.46.
36 Sueton, *De vita Caesarum*, Divus Augustus 91. Ähnlich Dio (Römische Geschichte 47.41) und Paterculus (*Historia Romana* 2.70.1), die sogar wissen, dass ihn sein Leibarzt Artorius wegen dieses Traums inständig gebeten habe, das Lager trotz seiner Krankheit zu verlassen.
37 Velleius Paterculus, *Historia Romana* 2.70.4f.
38 Velleius Paterculus, *Historia Romana* 2.71.1.
39 Appian, Die Bürgerkriege 4.38.161.
40 Cassius Dio, Römische Geschichte 47.11 (4).
41 Appian, Die Bürgerkriege 4.15.60.
42 Tacitus, Annalen 11.7.2.
43 Tacitus, Annalen 13.34.1.
44 Appian, Die Bürgerkriege 4.115.479–116.487.
45 Siehe Appian, Die Bürgerkriege 4.130.548.
46 Servius Honoratus in seinem Kommentar zum Vers VIII.682 der Aeneis.
47 Cassius Dio, Römische Geschichte 48.20 (2).
48 Cassius Dio, Römische Geschichte 48.4 (1).

49 Cassius Dio, Römische Geschichte 48.13 (4).
50 Siehe Appian, Die Bürgerkriege 5.26.103.
51 Siehe Appian, Die Bürgerkriege 5.3 und Cassius Dio, Römische Geschichte 48.1f.

Kampf um die Herrschaft im Westen

1 Velleius Paterculus, *Historia Romana* 2.127.1.
2 Cicero, *Ad familiares* 12.25.1. Dieser Brief zeigt, dass beide keine Anhänger der Republik waren; doch lässt sich aus dem Versuch des Calvisius, die ihm wohl von Caesar übertragene Provinz *Africa vetus* zurückzubekommen, nicht folgern, dass sie zunächst Anhänger des Antonius waren, ehe sie zu Octavian wechselten (anders Kreiler [79], S. 423 und S. 427).
3 Appian, Die Bürgerkriege 5.12f.
4 Cassius Dio, Römische Geschichte 48.6 (4f.).
5 Appian, Die Bürgerkriege 5.30.118.
6 Siehe Appian, Die Bürgerkriege 5.12.47.
7 Zum den folgenden Kämpfen und der Belagerung von Perusia Appian, Die Bürgerkriege 5.31ff.
8 Siehe Appian, Die Bürgerkriege 5.66.278.
9 Velleius Paterculus, *Historia Romana* 2.76.4.
10 CIL XI.6721.17.
11 Cassius Dio, Römische Geschichte 48.33 (2).
12 Siehe Sueton, *De vita Caesarum*, Divus Augustus 29.
13 Siehe Cohen [35], Octave Auguste Nrn. 514 (die hier abgebildete Münze), 249 und 567.
14 Dazu Appian, Die Bürgerkriege 5.51.217, 5.55.230, 5.59.249.
15 Zum Folgenden Appian, Die Bürgerkriege 5.56.235–64.272.
16 Horaz, Satiren 1.6.51f., im Folgenden 1.6.60f.; Übersetzung nach G. Herrmann.
17 Martial, Epigramm 8.55 (56).5–11; Übersetzung nach P. Barié und W. Schindler.
18 Horaz, Satiren 2.6.1–4; Übersetzung G. Herrmann.
19 Sueton, *Horati vita*.
20 Horaz, Satiren 1.6.1–6; Übersetzung G. Herrmann.
21 Horaz, Oden 2.17.22–26; Übersetzung nach W. Richter.
22 Velleius Paterculus, *Historia Romana* 2.88.2.
23 Seneca, *Epistulae morales* 19.9.
24 Sueton, *De vita Caesarum*, Divus Augustus 86.
25 Seneca, *Epistulae morales* 114.4.
26 Andreae [6], S. 123.
27 Horaz, Satiren 1.5; Übersetzung G. Herrmann.
28 Cassius Dio, Römische Geschichte 48.28 (4).
29 Cassius Dio, Römische Geschichte 48.32 (1f.). Wegen der Namensgleichheit mit seinem Neffen ist unklar, welcher von beiden der auf Münzen nachweisbare Proprätor Balbus ist. Daher ist die kontrovers geführte Diskussion über möglicherweise seinem Konsulat vorausgehende Ämter letztlich wohl nicht zu entscheiden.
30 Plinius, *Naturalis historia* 7.44.
31 Cassius Dio, Römische Geschichte 48.35 (1).
32 Cassius Dio, Römische Geschichte 48.42. Nach Paterculus (*Historia Romana* 2.78.3) ließ Domitius den Primipilus von den eigenen Soldaten erschlagen.
33 Dies lässt das Fragment CIL VI.32338 einer wohl um 21/20 entstandenen Inschrift vermuten, auf dem CN DOM zu lesen ist.
34 Appian, Die Bürgerkriege 5.64.273.
35 Appian, Die Bürgerkriege 5.53.222.
36 Berdowski [18], S. 601.

37 Cassius Dio, Römische Geschichte 48.16 (3).
38 Appian, Die Bürgerkriege 5.66.278f.
39 Siehe Cassius Dio, Römische Geschichte 48.33 (3).
40 Cassius Dio, Römische Geschichte 48.30 (4–8).
41 Siehe Appian, Die Bürgerkriege 5.56.238.
42 Man kennt einen Münzmeister Publius Lurius Agrippa, der im Jahr 7 v. Chr. Münzen prägen ließ, und einen im 1. Jh. n. Chr. lebenden Konsular Lurius Varus (Tacitus, Annalen 13.32.2). In welcher Beziehung sie zu Marcus Lurius stehen, ist allerdings unklar. Zu den Ländereien ausführlich Parássoglou [111].
43 Cassius Dio, Römische Geschichte 48.31.
44 Cassius Dio, Römische Geschichte 48.36. Appian (Die Bürgerkriege 5.72) überliefert leicht abweichende Vertragsbedingungen.
45 Velleius Paterculus, *Historia Romana* 2.77.3.
46 Appian, Die Bürgerkriege 4.46.195–197. Zu Herkunft und Status Wiseman [164], Nr. 41.
47 Cassius Dio, Römische Geschichte 48.45 (6f).
48 Siehe Appian, Die Bürgerkriege 5.80.338.
49 Zum Zeitpunkt siehe Appian, Die Bürgerkriege 5.89.371.
50 Cassius Dio, Römische Geschichte 48.43 (1).
51 Die Zitate zu dieser Schlacht und der anschließenden in der Straße von Messina aus Appian, Die Bürgerkriege 5.81–88. Der bei Appian neben Demochares auftretende Flottenkommandant Papias ist mit ziemlicher Sicherheit dieselbe Person, weshalb hier durchgängig der Name Demochares verwendet wird.
52 Appian, Die Bürgerkriege 5.92.385f.
53 Cassius Dio, Römische Geschichte 48.49 (3).
54 Cassius Dio, Römische Geschichte 48.34 (3).
55 Cassius Dio, Römische Geschichte 48.50 (1–3) .
56 Strabo, Geografie 5.4.5.
57 Cassius Dio, Römische Geschichte 48.51 (5).
58 Sueton, *De vita Caesarum*, Divus Augustus 16.
59 Velleius Paterculus, *Historia Romana* 2.79.2.
60 Appian, Die Bürgerkriege 5.95.396–398.
61 Cassius Dio, Römische Geschichte 48.54; daraus auch das folgende Zitat.
62 Cassius Dio, Römische Geschichte 48.54 (7).
63 Appian, Die Bürgerkriege 5.96.400.
64 Nepos, Atticus 12.1.
65 Sueton, *De Grammaticis* 16.
66 Appian, Die Bürgerkriege 5.97.403–99.412.
67 Appian, Die Bürgerkriege 5.103.427.
68 Appian, Die Bürgerkriege 5.104.430–108.449.
69 Appian, Die Bürgerkriege 5.109.453–112.467.
70 Plinius, *Naturalis historia* 7.46.
71 Appian, Die Bürgerkriege 5.112.469f.
72 Appian, Die Bürgerkriege 5.113.473–116.481.
73 Siehe CIL X.8041.18.
74 Cassius Dio, Römische Geschichte 49.7 (6). Bisweilen wird diese Stelle auch so ausgelegt, dass sich Cornificius „auf Elfenbein“, also auf dem Amtssessel eines höheren Magistrats, heimbringen ließ.
75 Appian, Die Bürgerkriege 5.118.488f.
76 Appian, Die Bürgerkriege 5.118.490–119.495.
77 Appian, Die Bürgerkriege 5.121.501–122.505.
78 Siehe AE 1962,71.
79 Appian, Die Bürgerkriege 5.124.513–125.516.
80 Cassius Dio, Römische Geschichte 49.12 (3).

81 Appian, Die Bürgerkriege 5.126.523f.
82 Siehe Sueton, *De vita Caesarum*, Divus Augustus 16.
83 Appian, Die Bürgerkriege 5.130.538–542.
84 Cassius Dio, Römische Geschichte 49.15 (6).
85 Appian, Die Bürgerkriege 5.132.547.
86 Cassius Dio, Römische Geschichte 49.16 (2).
87 Plinius, *Naturalis historia* 37.4.
88 Plinius, *Naturalis historia* 1 zu den Büchern 37 bzw. 9 und 32.
89 Appian, Die Bürgerkriege 5.131.544f.
90 Cassius Dio, Römische Geschichte 49.16 (1).
91 Siehe hierzu Fishwick, Shaw [45].
92 Die Daten dieser und weiterer Triumphe nach CIL I^2, S. 76.
93 Josephus, Jüdische Altertümer 16.6.3. Zu seinem Amt 16.6.6.
94 Inschriften von Pergamon II.416.
95 Cassius Dio, Römische Geschichte 51.21 (6).
96 Tibull, Elegie 1.7.1–8; Übersetzung W. Fraustadt.
97 Siehe Cassius Dio, Römische Geschichte 53.22 (5).
98 Siehe McCracken [96].
99 Tibull, Elegie 1.7.57–62; Übersetzung W. Fraustadt.
100 Siehe Kreiler [79], S. 436f.
101 Cassius Dio, Römische Geschichte 49.14 (3f.).

Kampf um die Macht

1 Plinius, *Naturalis historia* 18.7.
2 Cassius Dio, Römische Geschichte 49.34 (1).
3 Zum Folgenden Appian, Die Illyrischen Kriege 17. Dass Appian den Krieg gegen die Salasser unter die illyrischen Kriege einreiht, hat unter den Historikern zu heftigen Kontroversen über deren Siedlungsgebiet geführt. Zur Datierung von Messallas Feldzug: Cassius Dio, Römische Geschichte 49.38.
4 Appian, Die Bürgerkriege 5.145.601.
5 Appian, Die Bürgerkriege 5.128.530.
6 Siehe Florus, Römische Geschichte 2.25.12.
7 Appian, Die Bürgerkriege 5.129.534–536.
8 Cassius Dio, Römische Geschichte 49.36 (1).
9 Appian, Die Illyrischen Kriege 16f.
10 Velleius Paterculus, *Historia Romana* 2.90.1. Dazu überzeugend Schmitthenner [125], S. 229.
11 Appian, Die Illyrischen Kriege 19–21.
12 Cassius Dio, Römische Geschichte 49.35.
13 Florus, Römische Geschichte 2.23.
14 Siehe Cassius Dio, Römische Geschichte 49.36 (4).
15 Cassius Dio, Römische Geschichte 49.37.
16 Appian, Die Illyrischen Kriege 27f.
17 Siehe Appian, Die Illyrischen Kriege 26.
18 Siehe Cassius Dio, Römische Geschichte 49.38 (4).
19 Cassius Dio, Römische Geschichte 49.42 (2).
20 Cassius Dio, Römische Geschichte 49.43 (1–4).
21 Cassius Dio, Römische Geschichte 50.2; daraus auch das folgende Zitat.
22 Siehe Appian, Die Bürgerkriege 5.55.231 und 5.50.212.
23 Plutarch, Marcus Antonius 57.
24 Siehe Cassius Dio, Römische Geschichte 49.18.

25 Velleius Paterculus, *Historia Romana* 2.83.1f.
26 Cassius Dio, Römische Geschichte 50.3 (3).
27 Plutarch, Marcus Antonius 58 (daraus auch das vorige Zitat). Plutarch legt diese Vorwürfe dem Calvisius in den Mund, doch wird diese Zuordnung bezweifelt.
28 Cassius Dio, Römische Geschichte 50.4 (3–5).
29 Cassius Dio, Römische Geschichte 50.10 (1).
30 Zum Folgenden Nepos, Atticus 21f.
31 Cassius Dio, Römische Geschichte 48.32 (2).
32 Cassius Dio, Römische Geschichte 50.11 (2f.).
33 Siehe Orosius VI.19.7.
34 Siehe Plutarch, Marcus Antonius 61.
35 Cassius Dio, Römische Geschichte 50.12; daraus auch die beiden folgenden Zitate.
36 Cassius Dio, Römische Geschichte 50.13 (3–5).
37 Cassius Dio, Römische Geschichte 50.14 (1f.). Dio berichtet sogar irrtümlich, dass Sosius bei dieser Schlacht umgekommen sei, was er später korrigiert (siehe 51.2 (4)).
38 Cassius Dio, Römische Geschichte 50.14 (3f.).
39 Horaz, Epoden 9.11–18; Übersetzung nach W. Richter.
40 Siehe Cassius Dio, Römische Geschichte 50.13 (6).
41 Plutarch, Marcus Antonius 59.
42 Velleius Paterculus, *Historia Romana* 2.84.2; zur Einsetzung durch Marcus Antonius: Cassius Dio, Römische Geschichte 49.32 (3).
43 Cassius Dio, Römische Geschichte 50.15.
44 Plutarch, Marcus Antonius 65.
45 Siehe Cassius Dio, Römische Geschichte 50.23 (2) und die daran anschließende Rede Octavians.
46 Cassius Dio, Römische Geschichte 50.31 (1f.).
47 Siehe Cassius Dio, Römische Geschichte 51.1 (1).
48 Dazu Cassius Dio, Römische Geschichte 50.12 (1); Orosius VI.19.9; Florus, Römische Geschichte 2.21.5.
49 Cassius Dio, Römische Geschichte 50.23 (2).
50 Plutarch, Marcus Antonius 66.
51 Velleius Paterculus, *Historia Romana* 2.85.2.
52 Plutarch, Marcus Antonius 66.
53 Cassius Dio, Römische Geschichte 50.32 (2–8).
54 Plutarch, Marcus Antonius 67.
55 Cassius Dio, Römische Geschichte 50.33 (1)–34 (2).
56 Siehe Orosius VI.19.15.
57 Cassius Dio, Römische Geschichte 51.5 (6).
58 Siehe Plutarch, Marcus Antonius 70.
59 Cassius Dio, Römische Geschichte 51.7.
60 Siehe Appian, Die Bürgerkriege 4.38.161.
61 Plutarch, Brutus 53.
62 Velleius Paterculus, *Historia Romana* 2.86.2.
63 Velleius Paterculus, *Historia Romana* 2.88.
64 Siehe Cassius Dio, Römische Geschichte 54.15 (4–6).
65 Cassius Dio, Römische Geschichte 51.1 (3f.).
66 Cassius Dio, Römische Geschichte 51.3 (1–6).
67 Cassius Dio, Römische Geschichte 51.4 (3–8).
68 Cassius Dio, Römische Geschichte 51.6 (5f.).
69 Siehe Cassius Dio, Römische Geschichte 51.8 (4).
70 Plutarch, Marcus Antonius 76.
71 Cassius Dio, Römische Geschichte 51.9 (1–5).

72 Cassius Dio, Römische Geschichte 51.11 (3–5).
73 Plutarch, Marcus Antonius 78–80.
74 Cassius Dio, Römische Geschichte 51.19 (4).
75 Cassius Dio, Römische Geschichte 51.4 (3).
76 Siehe Cicero, *Ad Brutum* 20.3; siehe auch die Briefe 3, 17, 19.
77 Cassius Dio, Römische Geschichte 51.17 (1).
78 Zu ihm ausführlich Alföldy [4].
79 Zu ihr ausführlich Hoffmann, Minas-Nerpel, Pfeiffer [65]; darin auch ein Lebenslauf des Gallus.
80 Vergil, Bucolica 6.64–66.
81 Siehe Anderson, Parsons, Nisbet [5].

Augustus

1 Siehe Sueton, *De vita Caesarum*, Divus Augustus 26.
2 Sueton-Donat, *Vita Vergili* 27f.
3 Siehe Vergil, *Georgica* 1.2 und 3.41. Die folgenden Zitate 1.155–159, 2.143f., 2.161–164, 2.167–172; Übersetzung J. Götte.
4 Die beiden folgenden Zitate aus Cassius Dio, Römische Geschichte 51.21.
5 Cassius Dio, Römische Geschichte 51.22 (5–9).
6 Sueton, *De vita Caesarum*, Divus Augustus 28f.
7 Cassius Dio, Römische Geschichte 51.23 (1).
8 Ovid, Ars amatoria 3.113f.; Übersetzung N. Holzberg.
9 Siehe Cassius Dio, Römische Geschichte 53.1 (2).
10 Siehe Cassius Dio, Römische Geschichte 52.42 (1–3) und 53.1 (3); zum Zeitpunkt der Zensur Augustus, *Res gestae* 8.
11 Siehe Augustus, *Res gestae* 34.
12 Cassius Dio, Römische Geschichte 53.2 (5).
13 Cassius Dio, Römische Geschichte 52.42 (8).
14 Cassius Dio, Römische Geschichte 53.1 (1).
15 Zumindest hat dies Iulius Caesar während seines ersten Konsulats so verfügt (siehe Sueton, *De vita Caesarum*, Divus Iulius 20).
16 Cassius Dio, Römische Geschichte 53.12 (2f.).
17 Noricum erhielt evtl. erst unter Kaiser Tiberius oder Kaiser Claudius Provinzstatus.
18 Cassius Dio, Römische Geschichte 53.16 (7f.).
19 Siehe Velleius Paterculus, *Historia Romana* 2.91.1 und 2.95.3.
20 Tacitus, Annalen 6.11.1–3.
21 Siehe Sueton, *De vita Caesarum*, Divus Augustus 26.
22 ILS 893 und 893a.
23 Zum Folgenden die bemerkenswerte, wenn auch spekulative Argumentation von Larsen [85].
24 Sallust, *De bello Catilinae* 17.4; im Folgenden 47.3f.
25 Tacitus, Annalen 12.59.
26 Cassius Dio, Römische Geschichte 53.23 (1)–24 (2).
27 Ovid, *Tristium* 2.446.
28 Sueton, *De vita Caesarum*, Divus Augustus 66.
29 Martial, Epigramme 9.59; Übersetzung P. Barié und W. Schindler.
30 Cassius Dio, Römische Geschichte 53.25 (5–8).
31 Cassius Dio, Römische Geschichte 53.26 (1).
32 Zu Iunius Silanus Cassius Dio, Römische Geschichte 46.38 (6f.); Velleius Paterculus, *Historia Romana* 2.77.3; Plutarch, Marcus Antonius 59.
33 Tacitus, Annalen 12.4.1.

34 Sueton, *De vita Caesarum*, Divus Vespasianus 23.
35 Siehe Carlsen [26], S. 79–81.
36 Cassius Dio, Römische Geschichte 53.26 (4).
37 Dahlheim [36], S. 252.
38 Siehe Cassius Dio, Römische Geschichte 53.26 (3) und Eutropius *Breviarium historiae Romanae* 7.10.
39 Ihn mit einem bei Appian (Die Bürgerkriege 4.49.210–214) auftretenden Marcus zu identifizieren, ist mehr als unsicher.
40 Cassius Dio, Römische Geschichte 53.27 (1–4).
41 Cassius Dio, Römische Geschichte 48.34 (3).
42 Sueton, *De vita Caesarum*, Divus Augustus 62.
43 Cassius Dio, Römische Geschichte 53.27 (5).
44 Cassius Dio, Römische Geschichte 54.3 (2–5). Zum Zeitpunkt des Prozesses und zur Identität des Murena siehe Bleicken [20], S. 345 und Bringmann [22], S. 140f.
45 Sueton, *De vita Caesarum*, Divus Augustus 66.
46 Horaz, Oden 2.2.5–8; Übersetzung nach W. Richter.
47 Plinius, *Naturalis historia* 36.59.
48 Cassius Dio, Römische Geschichte 53.32 (5f.).
49 Cassius Dio, Römische Geschichte 53.30 (1–3).
50 Velleius Paterculus, *Historia Romana* 2.93.1f.; daraus auch das folgende Zitat.
51 Josephus, Jüdische Altertümer 15.10.2.
52 So Augustus in seiner Grabrede für Agrippa (siehe S. 133).
53 Tacitus, Annalen 1.13.1f.
54 Tacitus, Annalen 1.8.3.
55 Tacitus, Annalen 6.48.2.
56 Cassius Dio, Römische Geschichte 54.6. Daraus auch die folgenden Zitate.
57 Tacitus, Annalen 4.40.6.
58 Sueton, *De vita Caesarum*, Divus Augustus 63.
59 Cassius Dio, Römische Geschichte 54.11 (2).
60 Strabo, Geografie 4.6.11.
61 Siehe Tacitus, Annalen 12.27.1 und 1.36.1.
62 Cassius Dio, Römische Geschichte 54.11 (2–6).
63 Siehe Augustus, *Res gestae* 12 und 26.
64 Cassius Dio, Römische Geschichte 54.11 (6).
65 Sueton, *De vita Caesarum*, Divus Augustus 64.
66 Cassius Dio, Römische Geschichte 54.19 (1–6).
67 Cassius Dio, Römische Geschichte 54.20 (4–6).
68 Zu Makedonien AE 1936,18 und Cassius Dio, Römische Geschichte 54.20 (3); zu Zypern IGR III.952 (zur Datierung siehe Mitford [97], S. 211).
69 Seneca, *De clementia* 1.15.
70 Cassius Dio, Römische Geschichte 40.54 (3).
71 Plinius, *Naturalis historia* 18.7.
72 Plinius, *Naturalis historia* 9.39; Seneca, *De ira* 3.40.
73 Cassius Dio, Römische Geschichte 54.23.
74 Strabo, Geografie 5.4.8.
75 Siehe etwa Cicero, *Ad Atticum* 1.19.6.
76 Siehe Zänker [166].
77 Ovid, *Fasti* 6.639–648; Übersetzung N. Holzberg.
78 Zum Folgenden Syme [143] und insbesondere Berdowski [17].
79 Tacitus, Annalen 12.60.4.
80 CIL IX.1556 und IX.1703.

81 CIL III.7124.
82 Cicero, *Ad Atticum* 6.1.25.
83 Plinius, *Naturalis historia* 5.5.
84 Siehe Ovid, Ars amatoria I.71f.
85 Siehe Gogos [56], S. 37ff.; Cassius Dio, Römische Geschichte 54.24 (4–6); Strabo, Geografie 16.2.19; FgrHist 90 F134.
86 Cassius Dio, Römische Geschichte 54.24 (7).
87 Cassius Dio, Römische Geschichte 54.28.
88 Polybios, Historien 6.53.
89 Siehe Cassius Dio, Römische Geschichte 54.29 (6).
90 Bringmann, Wiegandt [24], S. 177f.; dort auch ein Resümee der Debatte, die der Papyrusfund auslöste.
91 Dazu auch Cassius Dio, Römische Geschichte 54.12 (4) und 54.28 (1).
92 Nach Josephus, Jüdische Altertümer 15.10.2 schickte ihn Augustus in diesem Jahr in den Osten, um in den dortigen Provinzen nach dem Rechten zu sehen.
93 Cassius Dio, Römische Geschichte 54.28 (5). Im Weiteren 54.29.
94 Frontinus, *De aquaeductu urbis Romae* 98.
95 Frontinus, *De aquaeductu urbis Romae* 99.
96 Chronik 70 B (Ausgabe von 1536).
97 Plinius, *Naturalis historia* 7.24.
98 Siehe Frontinus, *De aquaeductu urbis Romae* 102. Wegen des hohen Alters des Tarius Rufus wird bisweilen vermutet, dass der Amtsinhaber der Sohn des Konsuls von 16 v. Chr. sei. Dagegen spricht allerdings die kurze Amtszeit.
99 Plinius, *Naturalis historia* 3.3. Zu Rekonstruktionsversuchen Schnabel [128].
100 Plinius, *Naturalis historia* 35.9.
101 Plinius, *Naturalis historia* 7.52.
102 Seneca, *Epistulae morales* 92.35.
103 Cassius Dio, Römische Geschichte 55.7. Wahrscheinlich hatte er die von Ciceros Sekretär Tiro entwickelte Schrift um einige Kürzel erweitert.
104 Horaz, Oden 3.29.10.
105 Siehe Sueton, *De vita Caesarum*, Divus Augustus 72.
106 Horaz, Oden 2.17.1–12; Übersetzung nach W. Richter.
107 Siehe Plutarch, Vergleich von Demosthenes und Cicero 3.
108 Tacitus, Annalen 3.30.2f.
109 Siehe Seneca, *De clementia* 1.10.1.
110 Horaz, Oden 2.2.1–4; Übersetzung nach W. Richter.
111 Plinius, *Naturalis historia* 34.2.
112 Siehe Horaz, Satiren 1.2.47–54.
113 Sueton, *De vita Caesarum*, Divus Augustus 63.
114 Siehe Cassius Dio, Römische Geschichte 55.10 (14).
115 Sueton, *De vita Caesarum*, Divus Augustus 65.
116 Tacitus, Annalen 3.24.2.
117 Sueton, *De vita Caesarum*, Divus Augustus 58.
118 Augustus, *Res gestae* 35.
119 Velleius Paterculus, *Historia Romana* 2.93.2.

Epilog

1 Cassius Dio, Römische Geschichte 55.10 (18).
2 Sueton, *De vita Caesarum*, Tiberius 12; Velleius Paterculus, Römische Geschichte 2.102.1.
3 Velleius Paterculus, *Historia Romana* 2.97.1.

4 Plinius, *Naturalis historia* 9.58.
5 Pollmann [116], S. 165.
6 Siehe etwa Tacitus, Annalen 3.48.2.
7 Dazu ausführlich Eck [42].
8 Cassius Dio, Römische Geschichte 55.10a (6–8).
9 Sueton, *De vita Caesarum*, Divus Augustus 65.
10 Seneca, *De beneficiis* 6.32.
11 Sueton, *De vita Caesarum*, Divus Augustus 23.
12 Martial, Epigramm 14.14.
13 Sueton, *De vita Caesarum*, Divus Augustus 70.
14 Sueton, *De vita Caesarum*, Divus Augustus 71.
15 Siehe Tacitus, Annalen 6.15.1.
16 Cicero, *Ad familiares* 13.61–65.
17 Siehe Velleius Paterculus, *Historia Romana* 2.96.1f.
18 ILS 8965.
19 Velleius Paterculus, *Historia Romana* 2.104.2.
20 Velleius Paterculus, *Historia Romana* 2.90.4. Siehe auch CIL II.3414.
21 Zur nichtsdestoweniger umfangreichen Literatur darüber siehe Zanier [165], S. 44–47.
22 Cassius Dio, Römische Geschichte 54.20 (2).
23 Siehe Cassius Dio, Römische Geschichte 60.27 (4).
24 Sueton, *De vita Caesarum*, Divus Augustus 64.
25 Seneca maior, *Controversiae* 2.5.20.
26 Tacitus, Annalen 11.12.2.
27 Tacitus, Annalen 11.12.3.
28 Siehe Tacitus, Annalen 11.35.2 und 11.37f.
29 Siehe Plutarch, Fabius Maximus 1.
30 Da in der Inschrift CIL II.2581 der Titel Augustus fehlt, datiert der Aufenthalt wohl vor 27.
31 Siehe Juvenal, *Satura* 7.94f.
32 Ovid, *Epistulae ex Ponto* 1.2.1f.,25f.,113–118; Übersetzung W. Willige.
33 Siehe Seneca maior, *Controversiae* 10.13.
34 Tacitus, Annalen 1.5.1f.
35 Plutarch, *De garrulitate* (*Moralia* 38) 11.
36 Zum Folgenden Tacitus, Annalen 1.6.
37 Tacitus, Annalen 2.39f.
38 Siehe Sueton, *De vita Caesarum*, Tiberius 50 und Tacitus, Annalen 1.53.
39 Tacitus, Annalen 3.30.3f.
40 Siehe Sueton, *De vita Caesarum*, Nero 6.

Abbildungsnachweise

Abb. 1 Wikimedia Commons (Glauco92)
Abb. 3 Fritz Rudolf Künker GmbH & Co. KG, Osnabrück (www.kuenker.de), Auktion 347, Los 921
Abb. 8 Numismatica Ars Classica NAC AG, Auktion 101, Los 25
Abb. 9 Links und Mitte Fritz Rudolf Künker GmbH & Co. KG, Osnabrück (www.kuenker.de), Auktion 347, Los 964
Abb. 10 Fritz Rudolf Künker GmbH & Co. KG, Osnabrück (www.kuenker.de), Auktion 347, Los 956
Abb. 11 Unter Verwendung von Wikimedia Commons (Marsyas)
Abb. 13 Gorny & Mosch, Giessener Münzhandlung, München, Auktion 207, Los 550
Abb. 14 Nikolaus Turner, Villa Massimo
Abb. 15 Epigraphische Datenbank Heidelberg F013911
Abb. 16 Numismatica Ars Classica NAC AG, Auktion 100, Los 1153
Abb. 17 Numismatica Ars Classica NAC AG, Auktion 120, Los 662
Abb. 19 Fritz Rudolf Künker GmbH & Co. KG, Osnabrück (www.kuenker.de), Auktion 347, Los 975
Abb. 20 Numismatica Ars Classica NAC AG, Auktion 125, Los 608
Abb. 22 Unter Verwendung von Wikimedia Commons (ColdEel, NASA STS066-101-039)
Abb. 23 Gorny & Mosch, Giessener Münzhandlung, München, Auktion 220, Los 1593
Abb. 24 Dr. Busso Peus Nachf., Frankfurt/Main, Auktion 417, Los 83
Abb. 25 Fritz Rudolf Künker GmbH & Co. KG, Osnabrück (www.kuenker.de), Auktion 270, Los 8549
Abb. 26 Wikimedia Commons (links Cleveland Museum, Tim Evanson; rechts Livioandronico2013)
Abb. 28 Wikimedia Commons (Rabax63)
Abb. 29 Wikimedia Commons (Tomi Mäkitalo)
Abb. 30 Unter Verwendung von Wikimedia Commons (Eric Gaba)
Abb. 31 bpk-Bildagentur, Staatliche Museen zu Berlin, Münzkabinett (Foto: Lutz-Jürgen Lübke, Lübke & Wiedemann)
Abb. 32 Wikimedia Commons, Classical Numismatic Group, Inc. http://www.cngcoins.com
Abb. 33 Wikimedia Commons (José Luiz)
Abb. 34 Gorny & Mosch, Giessener Münzhandlung, München, Auktion 276, Los 497
Abb. 35 Dr. Busso Peus Nachf., Frankfurt/Main, Auktion 428, Los 546
Abb. 36 Wikimedia Commons (Xocolatl)
Abb. 37 Numismatica Ars Classica NAC AG, Auktion 94, Los 68
Übrige Abbildungen vom Autor

Literaturverzeichnis

[1] Alföldi, A.: Die Geburt der kaiserlichen Bildsymbolik. In: Museum Helveticum 10, 103–124 (1953)

[2] Alföldi, A.: Der Einmarsch Octavians in Rom, August 43 v. Chr. In: Hermes 86, 480–496 (1958)

[3] Alföldi, A.: Octavians Aufstieg zur Macht. In: Antike und Abendland 21, 1–11 (1975)

[4] Alföldy, G.: Der Obelisk auf dem Petersplatz in Rom. In: Sitzungsberichte der Heidelberger Akademie der Wissenschaften, Philosophisch-historische Klasse 1990

[5] Anderson R. D., Parsons P. J. und Nisbet, R. G. M.: Elegiacs by Gallus from Qasr Ibrîm. In: The Journal of Roman Studies 69, 125–155 (1979)

[6] Andreae, B.: Die Bildnisse des Gaius Cilnius Maecenas in Arezzo und an der Ara Pacis. In: Mitteilungen des Deutschen Archäologischen Instituts, Römische Abteilung 112, 121–161 (2005/2006)

[7] Appian von Alexandria: Römische Geschichten, Viertes Bändchen. Darin: Römisch-illyrische Geschichte, übers. v. F. Dillenius, Metzler'sche Buchhandlung, Stuttgart 1830

[8] Appian von Alexandria: Römische Geschichte, Zweiter Teil: Die Bürgerkriege, übers. v. O. Veh, Anton Hiersemann, Stuttgart 2019

[9] Augustus: Res Gestae – Tatenbericht, hrsg. und übers. v. M. Giebel, Reclam Verlag, Stuttgart 2004

[10] Badian, E.: Caepio and Norbanus: Notes on the Decade 100–90 B.C. In: Historia 6, 318–346 (1957)

[11] Ball, R. J.: The Structure of Tibullus 1. 7. In: Latomus 34, 729–744 (1975)

[12] Bastomsky, S. J.: Proculeius and Augustus : A Note on a Friendship turned Sour. In: Latomus 36, 129–131 (1977)

[13] Bellen, H.: Grundzüge der römischen Geschichte I–III, Wissenschaftliche Buchgesellschaft, Darmstadt 1995–2003

[14] Benario, H. W.: The End of Sallustius Crispus. In: The Classical Journal 57, 321–322 (1962)

[15] Benario, H. W.: The Family of Statilius Taurus. In: The Classical World 64, 73–76 (1970)

[16] Bengtson, H.: Zu den Proskriptionen der Triumvirn. In: Sitzungsberichte der Bayerischen Akademie der Wissenschaften, Philosophisch-historische Klasse 1972

[17] Berdowski, P.: Ex amicis divi Augusti: P. Vedius Pollio. In: Palamedes 12, 93–140 (2017/2018)

[18] Berdowski, P.: Why Octavian Married Scribonia. In: KLIO 102, 601–616 (2020)

[19] Beutler, F.: Wer war ein Procurator usiacus? Die Verwaltung des Patrimoniums in Ägypten in der ersten Hälfte des 2. Jahrhunderts. In: Cahiers du Centre Gustave Glotz 18, 67–82 (2007)

[20] Bleicken, J.: Augustus – Eine Biographie, Alexander Fest Verlag, Berlin 2000

[21] Bringmann, K.: Geschichte der römischen Republik, Verlag C. H. Beck, München 2002

[22] Bringmann, K.: Augustus, Wissenschaftliche Buchgesellschaft, Darmstadt 2007

[23] Bringmann, K.: Cicero, Wissenschaftliche Buchgesellschaft, Darmstadt 2010

[24] Bringmann, K. und Wiegandt, D. (Hrsg. und Übers.): Augustus – Schriften, Reden und Aussprüche, Wissenschaftliche Buchgesellschaft, Darmstadt 2008

[25] Capponi, L.: Maecenas and Pollio. In: Zeitschrift für Papyrologie und Epigraphik 140, 181–184 (2002)

[26] Carlsen, J.: Cn. Domitius Calvinus: a Noble Caesarian. In: Latomus 67, 72–81 (2008)

[27] Cerroni, M. C. Spadoni: L'iscrizione di Lucio Nonio Atenione. In: Athenaeum 57, 308–310 (1979)

[28] Christ, K.: Geschichte der römischen Kaiserzeit, Verlag C. H. Beck, München 1995[3]

[29] Cicero, M. T.: An Bruder Quintus, an Brutus, Brieffragmente, Denkschrift über die Bewerbung, übers. v. H. Kasten, Heimeran Verlag, München 1965

[30] Cicero, M. T.: Epistulae ad Familiares, hrsg. v. D. R. Shackleton Bailey, B. G. Teubner, Stuttgart 1988

[31] Cicero, M. T.: Die politischen Reden, Band III, übers. v. M. Fuhrmann, Artemis & Winkler, Düsseldorf 1993

[32] Cicero, M. T.: Prozessreden-Reden, 2 Bände, übers. v. M. Fuhrmann, Artemis & Winkler, Düsseldorf 1997

[33] Cicero, M. T.: Atticus-Briefe, übers. v. H. Kasten, Artemis & Winkler, Düsseldorf 1998[5]

[34] Cicero, M. T.: An seine Freunde, übers. v. H. Kasten, Artemis & Winkler, Düsseldorf 2004[6]

[35] Cohen, H.: Description historique des monnaies frappées sous L' Empire Romain, Paris 1880–1892[2]

[36] Dahlheim, W.: Augustus – Aufrührer, Herrscher, Heiland, Verlag C. H. Beck, München 2013

[37] Demandt, A.: Das Privatleben der römischen Kaiser, Verlag C. H. Beck, München 1996

[38] Demougin, S.: Prosopographie des chevaliers romains julio-claudiens (43 av. J.-C.– 70 ap. J.-C.), Publications de l'École française de Rome 153, Rom 1992

[39] Dessau, H.: Gaius Rabirius Postumus. In: Hermes 46, 613–620 (1911)

[40] Dio, C.: Römische Geschichte I–V, übers. v. O. Veh, Wissenschaftliche Buchgesellschaft, Darmstadt 2007

[41] Eck, W.: Ordo equitum romanorum, ordo libertorum. Freigelassene und ihre Nachkommen im römischen Ritterstand. In: L'ordre équestre. Histoire d'une aristocratie (IIe siècle av. J.-C. – IIIe siècle ap. J.-C.) Actes du colloque international de Bruxelles-Leuven 1995, Publications de l'École française de Rome 257, 5–29 (1999)

[42] Eck, W.: Kolossalstatuen in Sagalassos. In: Eck, W.: Monument und Inschrift, Walter de Gruyter, Berlin 2010

[43] Eich, A.: Die römische Kaiserzeit, Verlag C. H. Beck, München 2014

[44] Everitt, A.: Cicero – Ein turbulentes Leben, DuMont, Köln 2003

[45] Fishwick, D. und Shaw, B. D.: The Formation of Africa Proconsularis. In: Hermes 105, 369–380 (1977)

[46] Flach, D.: Römische Geschichtsschreibung, Wissenschaftliche Buchgesellschaft, Darmstadt 2013^{4}

[47] Flavius Josephus: Jüdische Altertümer, 2 Bände, übers. v. H. Clementz, Verlag von Otto Hendel, Halle 1900

[48] Florus: Römische Geschichte, übers. v. G. Laser, Wissenschaftliche Buchgesellschaft, Darmstadt 2017

[49] Flower, H.: Augustus, Tiberius, and the End of the Roman Triumph. In: Classical Antiquity 39, 1–28 (2020)

[50] Frandsen, P. S.: M. Vipsanius Agrippa, Karl Aue, Altona 1836

[51] Frandsen, P. S.: C. Cilnius Maecenas, Johann Friedrich Hammerich, Altona 1843

[52] Friedländer, L.: Sittengeschichte Roms, Parkland Verlag, Stuttgart o. J.

[53] Fuhrmann, M.: Cicero und die römische Republik, Artemis & Winkler, Düsseldorf 1997^{4}

[54] Gesche, H.: Hat Caesar den Octavian zum Magister equitum designiert? In: Historia 22, 468–478 (1973)

[55] Gilliver, K.: Auf dem Weg zum Imperium, Konrad Theiss Verlag, Stuttgart 2003

[56] Gogos, S.: Die antiken Odeia von Athen, Phoibos Verlag, Wien 2015

[57] Grandazzi, A.: Urbs – Roms Weg zur Weltmetropole, Wissenschaftliche Buchgesellschaft, Darmstadt 2019

[58] Halfmann, H.: Itinera principum: Geschichte und Typologie der Kaiserreisen im Römischen Reich. Franz Steiner Verlag, Stuttgart 1986

[59] Harders, A.-C.: Die Identität der Iunia, δεκμου θυγατηρ und Ehefrau des P. Servilius Isauricus (cos. 48): Überlegungen zu BMusImp 3:3,1, PH 206 und IG XII Suppl. 60. In: KLIO 89, 403–416 (2007)

[60] Heil, M.: Maecenatentum in der Antike. In: Strobel, J. und Wolf, J. (Hrsg.): Maecenas und seine Erben, S. Hirzel Verlag, Stuttgart 2015

[61] Helfberend, M.: Kommentar zu Ciceros Rede *Pro Lucio Cornelio Balbo* (1–44), Dissertation, Düsseldorf 2017

[62] Heuss, A.: Cicero und Matius: Zur Psychologie der revolutionären Situation in Rom. In: Zeitschrift für Alte Geschichte 5, 53–73 (1956)

[63] Heuss, A.: Matius als Zeuge von Caesars staatsmännischer Größe. In: Zeitschrift für Alte Geschichte 11, 118–122 (1962)

[64] Hill, H.: Nobilitas in the Imperial Period. In: Historia 18, 230–250 (1969)

[65] Hoffmann, F., Minas-Nerpel, M. und Pfeiffer, St.: Die dreisprachige Stele des C. Cornelius Gallus, Walter de Gruyter, Berlin 2009

[66] Hölkeskamp, K.-J. und Stein-Hölkeskamp, E. (Hrsg.): Von Romulus zu Augustus, Verlag C. H. Beck, München 2000

[67] Hölscher, T.: Die Anfänge römischer Repräsentationskunst. In: Mitteilungen des Deutschen Archäologischen Instituts, Römische Abteilung 85, 315–357 (1978)

[68] Horaz: Oden und Epoden, nach der Übers. v. W. Richter, Wissenschaftliche Buchgesellschaft, Darmstadt 2010

[69] Horaz: Satiren und Briefe, nach der Übers. v. O. Schönberger, Wissenschaftliche Buchgesellschaft, Darmstadt 2015

[70] Itgenshorst, T.: Augustus und der republikanische Triumph: Triumphalfasten und summi viri-Galerie als Instrumente der imperialen Machtsicherung. In: Hermes 132, 436–458 (2004)

[71] Jacques, F. und Scheid, J.: Rom und das Reich in der Hohen Kaiserzeit, Band I, Verlag B. G. Teubner, Stuttgart 1998

[72] Jeffreys, R.: The Date of Messalla's Death. In: The Classical Quarterly 35, 140–148 (1985)

[73] Jeffreys, R. L.: The „infirmitas" of Messalla Corvinus. In: Latomus 46, 196–198 (1987)

[74] Kajanto, I.: Who was Sabinus Ille? In: ARCTOS – Acta Philologica Fennica 9, 47–55 (1975)

[75] Kenty, J.: Messalla Corvinus: Augustan Orator, Ciceronian Statesman. In: Rhetorica 35, 445–474 (2017)

[76] Kienast, D., Eck, W. und Heil, M.: Römische Kaisertabelle, Wissenschaftliche Buchgesellschaft, Darmstadt 2017^{6}

[77] Klodt, C.: Rezension über Mary Siani-Davies, Cicero's Speech Pro Rabirio Postumo. In: Gnomon 79, 597–605 (2007)

[78] König, I.: Kleine römische Geschichte, Reclam Verlag, Stuttgart 2001

[79] Kreiler, B. M.: Ober- und Unterkommandierende der römischen Republik 509–27 v. Chr., utzverlag, München 2020

[80] Kromayer, J.: Kleine Forschungen zur Geschichte des Zweiten Triumvirats. In: Hermes 29, 556–585; 33, 1–70; 34, 1–54 (1894/1898/1899)

[81] Kytzler, B.: Matius und Cicero. In: Historia 9, 96–121 (1960)

[82] Kytzler, B.: Beobachtungen zu den Matius-Briefen. In: Philologus 104, 48–62 (1960)

[83] Lange, C. H.: The Battle of Actium: A Reconsideration. In: The Classical Quarterly 61, 608–623 (2011)

[84] Lange, C. H.: Triumph and Civil War in the Late Republic. In: Papers of the British School at Rome 81, 67–90 (2013)

[85] Larsen, M.: Statilius Taurus, the Minotaur, and the Conspiracy of Catiline. In: KLIO 100, 224–241 (2018)

[86] Laspe, D.: Actium – Die Anatomie einer Schlacht. In: Gymnasium 114, 509–522 (2007)

[87] Le Bohec, Y.: Die römische Armee, Nikol Verlagsgesellschaft, Hamburg 2009

[88] Leidig, T.: C. Carrinas C. f.: Überlegungen zu zwei Bronzemünzen der Treverer. In: Zeitschrift für Papyrologie und Epigraphik 122, 211–218 (1998)

[89] Leisering, W. (Hrsg.): Putzger Historischer Weltatlas, Cornelsen Verlag, Berlin 1997^{102}

[90] Lepelley, C.: Rom und das Reich – Die Regionen des Reiches, Nikol Verlagsgesellschaft, Hamburg 2006

[91] Lindsay, H.: The tomb of the Arruntii: sponsoring burial arrangements for slaves and freedmen: the 18th century drawings and the inscriptions. In: Mediterranean Archaeology 24, 103–120 (2011)

[92] Malitz, J.: Die Kanzlei Caesars: Herrschaftsorganisation zwischen Republik und Prinzipat. In: Historia 36, 51–72 (1987)

[93] Malitz, J.: „O puer qui omnia nomini debes“ Zur Biographie Octavians bis zum Antritt seines Erbes. In: Gymnasium 111, 381–409 (2004)

[94] Martial: Epigramme, übers. v. P. Barié und W. Schindler, Akademie Verlag, Berlin 2013[3]

[95] Masciantonio, R.: Balbus the Unique. In: The Classical World 61, 134–138 (1967)

[96] McCracken, G.: Tibullus, Messalla and the via Latina. In: The American Journal of Philology 53, 344–352 (1932)

[97] Mitford, T. B.: Notes on Some Published Inscriptions from Roman Cyprus. In: The Annual of the British School at Athens 42, 201–230 (1947)

[98] Mommsen, Th.: Römische Kaisergeschichte, hrsg. von B. und A. Demandt, Verlag C. H. Beck, München 1992

[99] Moore, T. J.: Tibullus 1.7: Reconciliation through Conflict. In: The Classical World 82, 423–430 (1989)

[100] Morell, K., Osgood, J. Welch, K. (Hrsg.): The Alternative Augustan Age, Oxford University Press, New York 2019

[101] Mratschek-Halfmann, S.: Divites et praepotentes, Historia Einzelschriften 70, Franz Steiner Verlag, Stuttgart 1993

[102] Müller, M.: Das *Bellum Africum*: Ein historisch-philologischer Kommentar der Kapitel 1–47, Dissertation, Trier 2001

[103] Münzer, F.: Norbanus. In: Hermes 67, 220–236 (1932)

[104] Nepos, C.: Berühmte Männer – De viris illustribus, übers. v. M. Pfeiffer, Artemis & Winkler, Düsseldorf 2006

[105] Nikolaos von Damaskus: Leben des Kaisers Augustus, hrsg. und übers. v. J. Malitz, Wissenschaftliche Buchgesellschaft, Darmstadt 2011[3]

[106] Orosius, P.: Historiarum adversum paganos libri VII, Gerold, Wien 1882

[107] Osgood, J.: Eloquence under the Triumvirs. In: The American Journal of Philology 127, 525–551 (2006)

[108] Ovid: Briefe aus der Verbannung, übers. v. W. Willige, Artemis & Winkler, Mannheim 2011[5]

[109] Ovid: Fasti – Festkalender, übers. v. N. Holzberg, Akademie Verlag, Berlin 2012[4]

[110] Ovid: Liebeskunst – Ars amatoria, übers. v. N. Holzberg, Akademie Verlag, Berlin 2011[5]

[111] Parássoglou, G. M.: Imperial Estates in Roman Egypt, Adolf M. Hakkert, Amsterdam 1978

[112] Petzold, K.-E.: Die Bedeutung des Jahres 32 für die Entstehung des Principats. In: Historia 18, 334–351 (1969)

[113] Plinius: Naturgeschichte, 6 Bände, übers. v. G. C. Wittstein, Gressner & Schramm, Leipzig 1881/1882

[114] Plutarch: Marcus Antonius, übers. v. J. F. S. Kaltwasser, Keil, Magdeburg 1805

[115] Pollini, J.: Ahenobarbi, Appuleii and Some Others on the Ara Pacis. In: American Journal of Archaeology 90, 453–460 (1986)

[116] Pollmann, K.: Panegyrische Technik in Horaz, Ode 4,9. In: Würzburger Jahrbücher für die Altertumswissenschaft 22, 159–175 (1998)

[117] Pöschl, V.: Die große Maecenasode des Horaz. In: Sitzungsberichte der Heidelberger Akademie der Wissenschaften, Philosophisch-historische Klasse 1961

[118] Rathmann, M.: Untersuchungen zu den Reichsstraßen in den westlichen Provinzen des Imperium Romanum, Rheinisches Landesmuseum, Bonn 2003

[119] Reckford, K. J.: Horace and Maecenas. In: Transactions and Proceedings of the American Philological Association 90, 195–208 (1959)

[120] Ridley, R. T.: The Absent Pontifex Maximus. In: Historia 54, 275–300 (2005)

[121] Rogers, R. S.: Lucius Arruntius. In: Classical Philology 26, 31–45 (1931)

[122] Rosendorfer, H.: Die angebliche Adoption des Augustus durch Caesar. In: Antike Welt 30, 419–423 (1999)

[123] Schlange-Schöningen, H.: Augustus, Wissenschaftliche Buchgesellschaft, Darmstadt 2005

[124] Schmidt, O. E.: Ciceros Villen, Verlag B. G. Teubner, Leipzig 1899

[125] Schmitthenner, W.: Octavians militärische Unternehmungen in den Jahren 35–33 v. Chr. In: Historia 7, 189–236 (1958)

[126] Schmitthenner, W.: Augustus' spanischer Feldzug und der Kampf um den Prinzipat. In: Historia 11, 29–85 (1962)

[127] Schmitzer, U.: Satiren zur Ehre Messallas: Die literarkritische Bedeutung von Tibulls Elegie 2, 1. In: Wiener Studien 106, 111–132 (1993)

[128] Schnabel, P.: Die Weltkarte des Agrippa als wissenschaftliches Mittelglied zwischen Hipparch und Ptolemaeus. In: Philologus 90, 405–440 (1935)

[129] Schumacher, L.: Die imperatorischen Akklamationen der Triumvirn und die auspicia des Augustus. In: Historia 34, 191–222 (1985)

[130] Seaby, H. A.: Roman Silver Coins Vol. I, Seaby, London 1967[2]

[131] Seneca: Epistulae morales ad Lucilium – Briefe an Lucilius, 2 Bände, übers. v. G. Fink und R. Nickel, Artemis & Winkler, Düsseldorf 2007/2009

[132] Shackleton Bailey, D. R.: The Roman Nobility in the Second Civil War. In: The Classical Quarterly 10, 253–267 (1960)

[133] Siani-Davies, M.: Gaius Rabirius Postumus: A Roman Financier and Caesar's Political Ally. In: ARCTOS – Acta Philologica Fennica 30, 207–240 (1996)

[134] Signon, H.: Agrippa – Freund und Mitregent des Augustus, Societäts-Verlag, Frankfurt 1978

[135] Sommer, M.: Römische Geschichte II, Alfred Kröner Verlag, Stuttgart 2009

[136] Sonnabend, H.: Tiberius – Kaiser ohne Volk, wbg Philipp v. Zabern, Darmstadt 2021

[137] Stein-Hölkeskamp, E. und Hölkeskamp, K.-J. (Hrsg.): Erinnerungsorte der Antike – Die römische Welt, Verlag C. H. Beck, München 2006

[138] Sternkopf, W.: Die Verteilung der Römischen Provinzen vor dem Mutinensischen Kriege. In: Hermes 47, 321–401 (1912)

[139] Sueton: Das Leben der römischen Kaiser, übers. v. H. Martinet, Albatros Verlag, Düsseldorf 2001

[140] Sutherland, C.H.V.: Roman Coins, Barrie & Jenkins, London 1974

[141] Syme R.: Caesar, the Senate and Italy. In: Papers of the British School at Rome 14, 1–31 (1938)

[142] Syme, R.: Sabinus the Muleteer. In: Latomus 17, 73–80 (1958)

[143] Syme, R.: Who Was Vedius Pollio? In: The Journal of Roman Studies 51, 23–30 (1961)

[144] Syme, R.: Missing Persons III. In: Historia 11, 146–155 (1962)

[145] Syme, R.: Senators, Tribes and Towns. In: Historia 13, 105–125 (1964)

[146] Syme, R.: Sallust, University of California Press, Berkeley 2002

[147] Syme, R.: Review of Degrassi, A.: Inscriptiones Latinae Liberae Rei Publicae. In: The Journal of Roman Studies 51, 262–263 (1967)

[148] Syme, R.: The Augustan aristocracy, Clarendon Press, Oxford 1989

[149] Syme, R.: Die römische Revolution, Wissenschaftliche Buchgesellschaft, Darmstadt 2003

[150] Tacitus: Annalen, 3 Bände, übers. v. A. Städele, Wissenschaftliche Buchgesellschaft, Darmstadt 2011

[151] Tacitus: Historien, 2 Bände, übers. v. A. Städele, Wissenschaftliche Buchgesellschaft, Darmstadt 2014

[152] Tansey, P.: Q. Aemilius Lepidus (Barbula?) Cos. 21 B.C. In: Historia 57, 174–207 (2008)

[153] Tibull: Elegien, übers. v. W. Fraustadt, Heimeran Verlag, München 1940

[154] Temporini-Gräfin Vitzthum, H. (Hrsg.): Die Kaiserinnen Roms. Von Livia bis Theodora, Verlag C. H. Beck, München 2002

[155] Tränkle, H.: Appendix Tibulliana, Walter de Gruyter, Berlin 1990

[156] Velleius Paterculus: Historia Romana – Römische Geschichte, hrsg. und übers. v. M. Giebel, Reclam Verlag, Stuttgart 2014

[157] Vergil: Landleben, hrsg. v. J. u. M. Götte, dazu Vergil-Viten, hrsg. v. K. Bayer, Artemis & Winkler, Düsseldorf 1995[6]

[158] Vollbrecht, W.: Mäcenas, Bertelsmann, Gütersloh 1901

[159] Wallmann, P.: Untersuchungen zu militärischen Problemen des perusinischen Krieges. In: TAΛANTA 6, 58–91 (1975)

[160] Wesch-Klein, G.: Die Provinzen des Imperium Romanum, Wissenschaftliche Buchgesellschaft, Darmstadt 2016

[161] White, P.: Postumus, Curtius Postumus, and Rabirius Postumus. In: Classical Philology 90, 151–161 (1995)

[162] Wilkes, J. J.: Dalmatia, Routledge & Kegan Paul, London 1969

[163] Wiseman, T. P.: Some Republican Senators and Their Tribes. In: The Classical Quarterly 14, 122–133 (1964)

[164] Wiseman, T. P.: New Men in the Roman Senate 139 B.C.–A.D. 14, Oxford University Press, London 1971

[165] Zanier, W.: Das Alpenrheintal in den Jahrzehnten um Christi Geburt, Verlag C. H. Beck, München 2006

[166] Zänker, P.: Drei Stadtbilder aus dem Augusteischen Rom, Publications de l'École française de Rome 98, Rom 1987

[167] Zwierlein, O.: Die Chronische Unpässlichkeit des Messalla Corvinus. In: Hermes 125, 85–91 (1997)

Personenregister

Octavius/Octavian/Augustus ist nicht aufgeführt. Bei Historikern und Dichtern wird nur auf Fakten zu ihrem Leben verwiesen.

Orts- und Sachregister

Eine unterstrichene Seitenangabe verweist auf eine Landkarte. Bei Münzen sind nur Abbildungen aufgeführt.